# 列宁画传

列宁诞辰150周年纪念版

中共中央党史和文献研究院 编

## 《列宁画传》
**列宁诞辰 150 周年纪念版**
### 编纂委员会

主　　编　韦建桦
副 主 编　顾锦屏　柴方国　张海滨
编　　委　陈兴芜　沈红文　李京洲　戴隆斌
　　　　　付　哲　侯静娜　曹浩翰　李　楠

---

## 《列宁画传》
**列宁诞辰 150 周年纪念版**
### 编纂人员

韦建桦　顾锦屏　柴方国　张海滨　沈红文　李京洲
戴隆斌　付　哲　侯静娜　曹浩翰　戢炳惠　李晓萌
李宏梅　王昕然　李　楠　寿自强

# 出版说明

2020年4月22日，是列宁诞辰150周年。

列宁是伟大的无产阶级革命家、思想家。他创造性地运用马克思主义理论，在俄国建立了新型的无产阶级政党，领导俄国人民取得了十月社会主义革命的胜利，创建了世界上第一个社会主义国家，开创了人类历史的新纪元。苏维埃政权建立后，列宁对社会主义建设道路进行了卓有成效的探索，为世界社会主义运动的发展作出了划时代的贡献。列宁把马克思主义理论精髓与新形势下的实际情况相结合，深入探究和揭示资本主义发展到帝国主义阶段的内在规律，全面总结和提炼无产阶级革命和社会主义建设的经验，丰富和发展了马克思主义的基本原理，把马克思、恩格斯创立的科学理论体系推进到列宁主义阶段。列宁的思想理论和实践探索，对于中国共产党领导中国人民夺取革命、建设和改革事业的伟大胜利具有重要的指导意义。

为纪念这位伟大的革命导师，中共中央党史和文献研究院精心编纂了《列宁画传》（列宁诞辰150周年纪念版），奉献给广大读者。全书以文为经，以图为纬，经纬交织，图文互补，力求以丰富确凿的史实、完整合理的结构、简洁流畅的表述和生动活泼的形式，全面而立体地反映列宁的生平事业、理论贡献和崇高风范，帮助读者了解列宁的历史功绩和辉煌人生，感悟经典著作的科学智慧和理论力量。

在实现中华民族伟大复兴的新时代，中国共产党人高度重视思想建党、理论强党，以高瞻远瞩的战略眼光不断推进马克思主义中国化时代化大众化。习近平总书记强调："要深化经典著作研究阐释，推进经典著作宣传普及，不断推出群众喜闻乐见、贴近大众生活的形式多样的理论宣传作品，让理论为亿万人民所了解所接受，画出最大的思想同心圆。"习近平总书记的这一深刻论述，是本书编辑出版工作的根本遵循和重要指针。我们希望，这部《列宁画传》对于新形势下增强广大干部群众学习马克思主义经典著作的自觉性，进一步深入学习贯彻习近平新时代中国特色社会主义思想，坚定共产主义理想信念，推进中国特色社会主义伟大事业，能够发挥积极的促进作用。

# 序言

## 列宁：领袖风采·学者襟怀·战士本色
韦建桦

  2020年4月22日，是弗拉基米尔·伊里奇·列宁诞辰150周年。为了纪念这位伟大的无产阶级革命导师，我们对2012年版《列宁画传》进行了全面修订和大量增补；我们充分利用编译《列宁全集》中文第二版增订版（60卷本）过程中积累的知识与经验，广泛搜集有关列宁生平事业的历史文献与资料，认真借鉴国内外学术界的研究与考证成果，经过反复推敲和仔细讨论，编成这部全新的《列宁画传》纪念版，奉献给广大读者。这部传记力求以丰富确凿的史实、完整合理的结构、简洁流畅的表述和生动活泼的形式，向广大读者讲述列宁的故事，帮助大家完成一次穿越时空的旅行，走近列宁从事斗争的峥嵘岁月，走向列宁主义如日初升的地方，去真切地了解和感悟这位革命导师的实践经历、理论成就和精神境界。

  列宁是世界历史上罕见的兼具领袖风采、学者襟怀和战士本色的伟人。这里所说的领袖，是指工人阶级和劳苦大众真心拥戴的掌舵者和引路人；这里所说的学者，是指用思想的火炬照亮人类探索历史规律和寻求自身解放之路的哲人和智者；这里所说的战士，是指远大理想、崇高信念的亲身践行者和鞠躬尽瘁、死而后已的赤诚奉献者。我们要讲好列宁的故事，就必须把上述三个方面完整、准确、生动地反映出来，这确实不是一件轻而易举的事情。正是基于这种考虑，我们要求自己用编译经典的科学态度和严谨作风，努力做好编纂画传的工作。

  我们的努力集中在下列三个方面。

## 遵循"取精用弘"的原则
## 完整地再现列宁的生命航程

列宁出生于俄国历史上最黑暗的时期。沙皇政权的血腥统治和资本主义的残酷剥削,像两座沉重的大山压在劳苦大众身上。与此同时,被压迫阶级的斗争浪潮汹涌澎湃,进步思想的燧火迅速蔓延,一场雷霆万钧的历史性变革正在俄国社会的各个领域酝酿。

列宁就是在这样的时代风雨中踏上了人生征途。他早在青年时代就深切关注劳动人民的命运,勇敢地投身于推翻剥削阶级统治的斗争。他以百折不回的气概追求科学真理,以锲而不舍的精神钻研马克思恩格斯著作,在艰苦卓绝的斗争中锻炼成为坚定的马克思主义者和杰出的无产阶级革命家。他创造性地运用马克思主义理论,在俄国建立了新型的无产阶级政党,领导广大人民群众夺取了十月社会主义革命的胜利,创建了世界上第一个社会主义国家。这场伟大的革命实现了一次历史性飞跃,使社会主义从理论变成了现实,"不只是开创了俄国历史的新纪元,而且开创了世界历史的新纪元"(《毛泽东选集》第2版第1卷第303页)。苏维埃政权建立后,列宁对社会主义建设道路进行了卓有成效的探索,为世界社会主义运动的发展作出了划时代的贡献。在领导俄国革命和建设的同时,列宁热情支持世界各国无产阶级革命和被压迫民族的解放斗争,努力推进国际共产主义运动。

列宁把全部生命融入了人类进步事业。他毕生的实践活动既是国际共产主义运动史的重要篇章,又是感人肺腑、启人深思、催人奋进的生动教材。从青年时代起,列宁心中一直矗立着两座高峰,一座是马克思,另一座是恩格斯——列宁称他们是"现代无产阶级两位伟大导师"、"两位著名的科学社会主义创始人"、"两位伟大社会主义者"(《列宁专题文集·论马克思主义》第53、73、82页)。在列宁眼里,他们不仅是思想、学识和智慧的高峰,而且是品德、意志和人格的高峰。在数十年革命生涯中,列宁一方面精研这两位导师用心血凝成的理论著作,一方面熟读他们用行动铸就的"无字之书"。在此基础上,列宁撰写了一系列有关马克思、恩格斯生平事业、思想理论和崇高品质的文章,产生了巨大影响;尤其是《卡尔·马克思》和《弗里德里希·恩格斯》这两篇传略和对马克思主义的概述(《列宁专题文集·论马克思主义》第1—60页),堪称历久弥新的经典之作。这些文章立意高远、见解透辟,字里行间饱含着"高山仰止"的深情。

确实,在列宁的生命航程中,马克思、恩格斯的思想理论和品格情操始终是他仰望的灯塔。正因为如此,在尖锐复杂的斗争中,在前无古人的事业中,列宁成功地把握了无产阶级革命和社会主义建设的方向,经受了无数严峻的考验。他把马克思、恩格斯创立的理论运用于俄国革命和建设的实践,科学地分析和判断国内外形势,周密地擘画和制定革命战略与策略,引导全党同志和广大群众开展伟大斗争,创立了举世瞩目的辉煌勋业。在革命的征途上,他既表现出一个领袖运筹帷幄、指挥若定的远见卓识、非凡胆略和宏伟气魄,又表现出一名战士脚踏实地、冲锋陷阵、敢于牺牲的奋斗精神,因而赢得了人民群众的由衷爱戴,成为与马克思、恩格斯齐名而永垂青史的革命家和思想家。

我们正是在对丰富的史料进行考订、梳理和精选的基础上,用凝练的笔触再现列宁的人生轨迹,让读者全面地了解这位无产阶级革命领袖的壮丽人生。

## 运用"钩玄提要"的方法
## 准确地阐明列宁的理论贡献

马克思主义诞生后,不仅在欧洲发达资本主义国家的工人运动中产生了广泛影响,而且逐渐传播到俄国这样的经济文化相对落后的国家。这个时期,资本主义已经从自由竞争阶段发展到垄断阶段,进入帝国主义时代。在新的历史条件下,如何按照马克思主义的本质特征和基本要求,敏锐地发现、及时地回应、科学地解决时代提出的迫切问题,在斗争实践中既牢牢坚持马克思主义基本原理,又不断丰富这一革命理论的科学内涵，使马克思主义真正成为"发展着的理论"，成为"进一步研究的出发点和供这种研究使用的方法"（《马克思恩格斯文集》第 10 卷第 562、691 页），这是 19 世纪末、20 世纪初的马克思主义者面临的时代课题和庄严使命。

列宁就是在新的历史条件下发展马克思主义的典范。他深知"问题是时代的格言，是表现时代自己内心状态的最实际的呼声"（《马克思恩格斯全集》中文第 2 版第 1 卷第 203 页），因此，他总是带着强烈的问题意识学习理论、研究理论、运用理论、创新理论。在领导俄国无产阶级革命和社会主义建设的实践中，他坚持把马克思主义理论精髓与新形势下的实际情况相结合，深入探究和揭示资本主义发展到帝国主义阶段的内在规律，全面总结和提炼无产阶级革命和社会主义建设的经验，同时精辟概括社会科学和自然科学的最新成果，根据新的时代特征和新的斗争需要，提出新的战略思想和新的理论观点，丰富和发展了马克思主义的基本原理，把马克思、恩格斯创立的科学理论体系推进到列宁主义阶段。列宁在理论上的一系列独特建树，构成了列宁主义的核心内容：

——列宁根据马克思主义政治经济学基本原理，研究了资本主义各国经济与政治发展的客观进程和内在规律，深刻地总结了《资本论》问世以来世界资本主义的最新变化，创立了**关于帝国主义的理论**。他考察了资本主义从自由竞争向垄断的历史性转变，阐明了帝国主义的本质和特征，揭示了帝国主义时代经济和政治发展不平衡的规律，指出帝国主义是无产阶级社会主义革命的前夜。

——列宁在分析帝国主义时代特征的基础上，首次提出"社会主义可能首先在少数甚至在单独一个资本主义国家内获得胜利"的科学论断（《列宁专题文集·论社会主义》第 4 页），为新时代的无产阶级革命指明了方向；在领导俄国十月革命的伟大斗争中，他又进一步阐明了从民主革命向社会主义革命转变的理论和策略，从而丰富和发展了马克思、恩格斯创立的**无产阶级革命理论**，不仅切实地推动了俄国革命的进程，而且极大地促进了世界各国人民的革命运动。

——列宁在领导俄国革命的过程中，在与第二国际机会主义者针锋相对的斗争中，捍卫和发展了**马克思主义国家学说和无产阶级专政理论**。他揭示了国家的基本特征、主要职能及其产生和消亡的规律，阐明了无产阶级民主和资产阶级民主的根本区别。他明确地把是否承认无产阶级专政作为区分真假马克思主义者的试金石，全面地论述了无产阶级专政的实质和使命，指出无产阶级专政不仅要镇压剥削阶级的反抗、抵御敌对势力的入侵，而且要担负起组织社会主义建设的重任。

——列宁总结俄国革命斗争以及其他国家革命运动的历史经验，制定了**新型无产阶级政党的理论**。他指出，新型无产阶级政党应当是用马克思主义理论武装起来的无产阶级先锋队，是按照民主集中制原则建立起来的有组织的部队，是无产阶级革命、无产阶级专政和社会主义建设的领导力量。党在执政以后，必须加强自身的思想建设、组织建设和作风建设，始终保持党的先进性和纯洁性。

——列宁高度重视帝国主义时代的民族和殖民地问题，指出这是无产阶级革命的总问题的一部分。他深入考察民族关系和殖民地人民的反抗斗争，系统地提出了**关于民族和殖民地问题的理论**。他充分肯定被压迫民族解放运动的意义，强调这个运动是世界社会主义运动的组成部分，是改变世界格局的重要因素。他号召全世界无产者和被压迫民族联合起来，组成反对剥削阶级、反对帝国主义的联合战线，共同推进全人类的进步事业。

——列宁围绕经济文化相对落后的俄国如何发展社会主义的问题不断进行探索，经过大胆实验和反复思考，提出了**关于社会主义建设的理论思路**，其中包含一系列富有开创性和前瞻性的见解。他强调无产阶级夺取政权后要把主要力量转向经济建设，尽可能快地增加生产力的总量；为此必须勇于实践，积累经验，逐步掌握经济规律。他制定并实施了新经济政策，主张发展商品经济，调动广大群众积极性，同时借鉴和利用资本主义国家在管理和科学技术等方面的文明成果。他指出工人阶级政党的领导是社会主义事业取得胜利的根本保证，阐明了思想文化建设对于巩固社会主义阵地的极端重要性，论述了加强国家政权建设和发展社会主义民主的具体措施，强调必须对经济基础和上层建筑的各个环节经常采取改革措施，以促进社会主义经济、政治、文化的全面发展。列宁还对社会主义发展道路的特殊性和多样性问题作了深刻论述，指出各国在进行社会主义革命和建设时，既要遵循共同规律，又要把马克思主义与本国具体情况相结合。

以上所述各项，都是列宁主义的理论精要。列宁在一个崭新的时代，运用马克思和恩格斯在19世纪创立的世界观和方法论，研究这两位导师从未遇见过的新情况和新问题，提出了他们没有阐述过的新思想和新论断，极大地丰富了马克思主义的理论宝库，雄辩地证明了马克思主义的生命力和真理性，有力地推动了世界现代文明的伟大进程。

当然，上述新思想和新论断并没有囊括列宁毕生理论贡献的所有内容，而只是其中的荦荦大端。纵观列宁的全部著述，我们可以看到，在涉及无产阶级革命战略和策略的各个理论层面，在关系到人类社会发展和世界历史演进的所有思想领域，在哲学社会科学的许多重要学科，列宁都发表过精湛深刻的见解。他一生撰写了卷帙浩繁的著作，奉献了令人惊叹的智慧，在人类思想史上竖起了一座光昭日月、高接云天的丰碑。

这里需要特别指出的是，在长期的革命斗争实践中，列宁十分关注中华民族的前途和命运。他高度评价中华文明的辉煌成果，深刻分析近代中国面临危机和走向衰落的根本原因，热情支持中国人民反抗列强侵略、反对封建压迫的正义斗争，并对中国革命的性质、特点和发展方向作了科学的论述。实践已经证明，列宁的思想理论，包括他对社会主义建设道路的实践探索和理论思考，对于中国共产党人领导的革命、建设和改革事业具有极为重要的指导意义。

实践的品格和创新的锐气是列宁理论研究的鲜明特色。作为革命家和思想家，列宁一生都在实践与理论的相互关联、相互影响、相互融合和相互促进中不断地思索、探寻、开拓和创造。早在青年时代的理论著作中，列宁就指出："只有不可救药的书呆子，才会单靠引证马克思关于另一历史时代的某一论述，来解决当前发生的独特而复杂的问题。"(《俄国资本主义的发展》，见《列宁全集》中文第2版增订版第3卷第13页) 十月革命胜利后，在探索社会主义建设道路的过程中，列宁再次强调指出：

"'事在人为',工人和农民应当把这个真理牢牢记住。他们应当懂得,现在一切都在于实践,现在已经到了这样一个历史关头:理论在变为实践,理论由实践赋予活力,由实践来修正,由实践来检验。"(《怎样组织竞赛》,见《列宁全集》中文第2版增订版第33卷第212页)正是由于高度重视实践品格和创造精神,列宁的理论研究总是充满求真求实的热忱和求新求变的勇气;他的思想就像他所赞美的"生活之树"那样(参见《列宁全集》中文第2版增订版第33卷第213页),总是枝繁叶茂、四季常青;他的著述不仅蕴含着独特思路、新颖见解和缜密逻辑,而且总是彰显出磅礴气势、刚健风格和鲜明个性,让人百读不厌、回味无穷。

列宁在论述马克思、恩格斯的理论贡献时,常常把他们称做"学者和战士"。1895年9月,二十五岁的列宁撰文纪念刚刚辞世的恩格斯,他怀着崇敬的心情这样写道:"欧洲无产阶级可以说,它的科学是由这两位学者和战士创造的"。(《列宁专题文集·论马克思主义》第58页)"学者"和"战士",这两个质朴无华的名词也完全适用于毕生为传播、运用、捍卫和发展马克思主义而奋斗的列宁。同马克思、恩格斯一样,列宁不仅博闻强识、学问渊深,而且投身于社会变革、植根于人民实践,因而成为通晓古今之变、揭示人间正道的杰出学者。也正因为如此,他的思想总是受到教条主义者和修正主义者的诟病和攻击。为了坚持和捍卫真理,列宁长期与形形色色的错误观念和反动思潮进行斗争。在坚守无产阶级理论阵地的顽强斗争中,在敌对势力甚嚣尘上、猖獗一时的情况下,列宁始终恪守原则、绝不妥协,表现出"虽千万人,吾往矣"(《孟子·公孙丑上》)的浩然正气,因而在马克思主义理论传播史和发展史上成为万众钦仰的伟大战士。

我们正是在长期从事经典文献编译和研究工作的基础上,用言近旨远、深入浅出的方式,介绍列宁从事理论创造的时代背景、艰辛历程和重要特征,帮助读者准确把握列宁著作的科学内涵、实践价值和历史地位。

## 凭借"细针密缕"的功夫
## 真切地反映列宁的人格魅力

在革命战友和广大群众心目中，列宁身上最吸引人、最感动人的特点是什么？德国著名工人运动活动家克拉拉·蔡特金的回答是："我们在一个**伟大领袖**身上发现了一个**伟大的人**。列宁的形象，表现出**领袖的伟大**与**人的伟大**和谐地结合在一起。由于这个特点，列宁的形象在世界无产阶级群众心中永远地生了根。"（克拉拉·蔡特金《回忆列宁》，见《回忆列宁》第5卷第1页）蔡特金不愧为列宁的亲密战友，不愧为敏于观察的作家和善于概括的政论家。她对列宁特点的描述既简洁又精当；她所强调的"人的伟大"，实际上是指列宁人格的淳美与高尚。

我们现在就来看一看列宁人格的几个特质。

坚如磐石的信念，是列宁人格的第一个重要特质。早在人生启航阶段，列宁就通过钻研科学理论和参与实际斗争，把自己对劳苦大众的同情心升华为对人类解放事业的责任心，把朴素的社会正义感转化成马克思主义者的历史使命感。这样，他就为终身坚守共产主义信念打下了牢固的基础。有了这个基础，他就有了勇敢应对各种挑战的底气。在斗争遭遇挫折的关头，在革命陷入低潮的时候，有的人绝望了、沉沦了，有的人动摇了、叛变了，而列宁却更加踔厉风发地工作，更加昂扬奋勉地引导群众、激励群众、组织群众为实现革命目标而斗争。这种难能可贵的定力、激情和恒心来自哪里？来自列宁心中根深蒂固、坚不可摧的信念。

列宁也是有血有肉的人，在复杂的斗争和艰险的逆境中，他也会有焦虑和怫郁、痛苦与忧伤。但他和马克思、恩格斯一样，善于在逆流袭来时理顺思路、理顺心绪、理顺眼前情况与长远目标的关系，因而总能保持清醒的理性和淡定的心境。马克思、恩格斯、列宁能够做到这一点，当然同他们的学识、修养和气质有关，但归根结底还是由于他们的内心深处有着不可动摇的信念。

**万难不屈的意志，是列宁人格的第二个显著特质**。中国古代有一句箴言："艰难困苦，玉汝于成。"这八个汉字恰好可以用来描述列宁在青年时代成长和进步的经过，也可以用来概括他一生奋斗和成功的历程。1887年，十七岁的列宁刚刚走上反抗专制制度的道路，就受到反动当局的迫害：被警方拘捕，被学校开除，被放逐到乡村监视居住。过了几年，他因参加革命活动再次被捕，身陷囹圄达十四个月，接着又被判处三年流放。对于一般的年轻人来说，这些接踵而至的打击是难以承受的，然而列宁却坚韧沉毅、从容应对，丝毫也没有消沉和颓丧。他充分利用囚禁和流放的时间刻苦钻研马克思主义经典著作，深入思考问题，潜心撰写文章，同时以隐秘方式积极开展工作。幽暗的牢房和荒凉的流放地成了列宁求知的课堂、斗争的阵地和自我淬炼的熔炉。流放期满时，列宁已经到了而立之年，而此时此刻，他也确实历练成了顶天立地的革命者。

在后来的岁月，列宁始终果敢地披荆斩棘向前迈进。如果说斗争是他的生命要素，那么迎难而进、力克难关、排除万难就是他的生活常态。他在反动势力制造的白色恐怖下坚持斗争，他在流亡国外的艰苦条件下主动承担并出色完成重大任务，他在党内机会主义者和分裂势力的恶毒攻击面前力挽狂澜、坚持原则、顾全大局、维护团结，他排除干扰、统一思想、果断决策，不失时机地领导人民群众夺取革命的胜利。苏维埃政权建立后，他投入更加紧张繁忙的领导工作，经常焚膏继晷、通宵达旦地研究和处理经济、政治、军事、外交、民族、文化、党建等各个方面的重大问题。在革命刚刚取得胜利的日子里，在苏维埃政权经受严峻考验和磨难的时刻，列宁承受着巨大的压力。他以无与伦比的革命气魄和政治智慧，领导人民群众粉碎了国内外反动势力的进攻，克服了各种各样的困难，巩固了新生的红色政权。在此期间，他遭遇过敌对分子的谋杀，经受过反动势力无休无止的毁谤，面对过党内机会主义者有组织、有计划的围攻和中伤。然而，在千难万险的斗争中，在千辛万苦的工作中，列宁昂然屹立、坚毅如初，始终怀着满腔的革命热忱，一丝不苟地履行自己的神圣职责，努力将党的各项事业稳步推向前进。

列宁一生的最后几年，是在与疾病的顽强斗争中度过的。他很清楚自己的病情是多么严重,曾经不止一次地对医生说,他的病可能会突然导致生命的终结。尽管如此,他还是没有放下手中的工作,因为党和国家面临着许多重大问题,需要他妥善地加以解决。后来,由于身体日益虚弱,他按照组织决定来到莫斯科郊区休养,然而即使在这个时期,他也没有停止思考问题、研究问题、处理问题。甚至在病情恶化、肢体偏瘫、无法行走和书写的时刻,他仍然以超绝的毅力和非凡的才识,口授了他一生中最后一批书信和文章。这些文献蕴涵着一个无产阶级政治家对革命事业的深谋远虑和真知灼见,是一代又一代共产党人常学常新的经典。

列宁是热爱生命的。就在逝世前两天,他还让他的妻子克鲁普斯卡娅在病榻旁朗读了美国作家杰克·伦敦的小说《热爱生命》。列宁对生命的价值与意义有独特的理解和精辟的诠释。在他看来,只有把自己的年华、精力、热情和聪明才智充分地、有效地、及时地融入人类进步事业,才是对生命的真正热爱、尊重和珍惜。他就是怀着这种理念奋斗到最后一息,用五十四年的传奇人生,书写了一部慷慨悲壮、感天动地的英雄史诗。

**真诚笃厚的品性,是列宁人格的第三个典型特质**。列宁是一个坦率纯朴、信实谦和的人。在艰苦卓绝的斗争环境中,他总是恳挚地尊重每一个同志。在监狱中,他热诚关心因从事革命活动而被囚禁的难友;在流放地,他尽力帮助其他被放逐的同志;在斗争第一线,他尽可能保护同自己一起出生入死的战友;在异国他乡,他悉心关照那些被迫流亡、四处漂泊、孤苦无依的革命者,而他自己则节衣缩食,过着简朴清苦的生活。总之,无论在哪里,他都把自己的同志放在重要位置,也正因为如此,他具有强大的凝聚力与亲和力。

在革命队伍中,列宁享有崇高的威望,但他始终把自己定位为与大家风雨同舟、肝胆相照的战士。在同志们心目中,他既是出类拔萃的领导者,又是亲密无间的好兄弟。一说起列宁,大家就会想到他那光风霁月的胸怀、勇于担当的气概、清廉刚正的品节和耿介豪爽的风骨。

列宁的人品有口皆碑。最难能可贵的是:在他成为俄国共产党(布尔什维克）的领袖和苏维埃国家领导人之后，他对待同志的态度一如既往，甚至更加亲切平易，更加温暖如春。十月革命胜利后，作为一个百废待兴的大国的最高领导者，列宁宵衣旰食、日理万机。然而无论事务多么繁冗，他总要安排时间与各领域的同志进行沟通，特别是与各地区的工农代表亲切交谈。对他来说，能在克里姆林宫接待来自第一线的工人农民，这是特别愉快的事情。他向工农代表仔细询问生产和生活情况，认真征求他们对党和政府工作的意见，仔细记录他们的建议和希望。列宁感到每一次这样的会晤都给他带来了重要的信息、珍贵的启示和美好的心情，因此，他总是觉得有关部门安排的接待时间太短。当他与客人们一一握手道别的时候，那些质朴的工人和农民依依不舍地流下了热泪。在工农群众离开之后，列宁立即开始考虑如何解决他们反映的问题、如何采纳他们提出的建议。

这就是列宁，这就是他的为人之道和"为官之道"。从这里，我们看到了他内心深处的光芒。高尔基曾经形象地描述列宁在考虑问题时坚持的基本原则："他的思想就像罗盘的指针一样，总是指向劳动人民的阶级利益。"（高尔基《弗·伊·列宁》，见《回忆列宁》第 2 卷第 298 页）这句话只有寥寥数字，但意涵丰富，值得我们深长思之。

**高洁旷达的情怀，是列宁人格的第四个鲜明特质**。人们常常谈论列宁如何勇于斗争、善于斗争，却很少提到列宁如何热爱生活、热爱自然。有些传记作者甚至把列宁描写成一个孤行己见、师心自用、落落寡合、毫无情趣的人，仿佛只有这样才算符合一个革命家的特征。克鲁普斯卡娅对此很不满意，她明确指出："这不符合事实。"她反复强调，列宁"不是这样的人。他是一个同平常人没有什么两样的人"；"他热爱丰富多彩的生活"，善于"从生活中吸取营养"、"取得乐趣"；他"热爱大自然"，"喜欢观察生活"，"总是对人很感兴趣，经常被人所'吸引'"。（《回忆弗拉基米尔·伊里奇》，见《回忆列宁》第 1 卷第 750—756 页）克鲁普斯卡娅所说的列宁，才是可信可敬、可爱可亲的列宁。马克思生前喜爱的"人所具有的我都具有"这句素朴的格言（《马克思恩格斯全集》中文第 1 版第 31 卷第 589 页），同样也生动而又贴切地反映了列宁的人生理念。列宁和马克思一样，热爱平凡、简约而又充满生机和情趣的普通人的生活，赞美真诚、善良、美好的品德，喜欢幽默、机智、诙谐的性格，希望每个人都能得到自由全面的发展。正是基于这种深挚的人文关怀和社会理想，列宁的心中总是充满阳光。

我们不妨从几个侧面来了解一下列宁的情怀。

—— 列宁胸襟宽阔，交游很广，重情重义，而又坚持原则。在他的朋友圈里，既有无产阶级革命战士，又有为传播科学真理而作出贡献的学者；既有作家、音乐家、科学家以及各种专业的知识分子，又有普普通通的工人和农民。列宁一方面虚怀若谷地向朋友们学习和求教，一方面诚心诚意地引导他们坚持正确的政治立场和人生道路。

—— 列宁珍重亲情，忠于爱情，总是把内心情感与革命道义融汇在一起。他的哥哥亚历山大早年为反对沙皇专制献出了生命，这使得年轻的列宁受到强烈震撼。他一方面钦佩哥哥的反抗精神，一方面反思革命斗争的途径。通过学习马克思主义理论，列宁坚定地走上了正确的革命道路。他的姐姐、弟弟、妹妹都是忠诚坚定的共产党人，母亲则始终热情支持子女们投身于正义事业。他的妻子克鲁普斯卡娅是优秀的共产主义战士、卓越的马克思主义教育家，在长期斗争中与列宁相濡以沫、琴瑟和谐，患难与共、生死相依。在这个革命家庭里，列宁时时感受着亲情、爱情、同志情、战友情的温暖和力量。他与全家人相互关心、相互支持、相互勉励，共同为无产阶级革命事业贡献力量。

—— 列宁一生都离不开书籍，读书、思考、写作是他最喜欢做的事情。他的理论兴趣和研究范围极其广泛，不仅包括哲学、政治经济学和社会主义学说，而且涵盖政治学、法学、社会学、史学、民族学、宗教学、军事学、语言学、教育学、文学艺术和自然科学。为此，他利用一切能够利用的时间博览群书、探赜索隐，留下了大量的摘录、笔记和批注。即便在监狱中、在流放地、在躲避敌人追捕的匿居地、在颠沛流离的流亡途中，他也孜孜矻矻，研精覃思，手不释卷，笔耕不辍。也正是在常人难以想象的艰苦环境和紧张工作中，他以坚韧不拔的毅力和敏捷超群的才思撰写了数十卷内容宏富的著作，为无产阶级和全人类留下了极其宝贵的精神财富。

——列宁十分喜爱文学艺术。他熟悉荷马史诗和古希腊悲剧，熟悉欧洲文艺复兴以来英国、德国、法国、意大利、西班牙等国涌现的文坛巨星，但他更关注俄罗斯的杰出作家，特别是普希金、果戈理、赫尔岑、莱蒙托夫、屠格涅夫、涅克拉索夫、托尔斯泰、契诃夫和高尔基，以及伟大的文学评论家和思想家别林斯基、车尔尼雪夫斯基、杜勃罗留波夫和皮萨列夫。从青春岁月直到垂暮之年，在风雨兼程的跋涉中，这些文学名家的传世之作始终伴随着列宁，不仅滋润他的心灵、陶冶他的情操，而且拓展他的视野、开启他的思路、点燃他的激情、触发他的灵感，促使他从文学鉴赏进而转入文学研究。他用唯物史观和唯物辩证法透彻地分析这些作家的思想和作品，阐述文学发展的时代条件、社会影响和内在规律，丰富了马克思主义的文艺思想和美学理论。

——列宁热爱生机蓬勃的大自然。俄罗斯的辽阔原野和雄奇山川使他感到无比自豪。他喜欢在山间和林中跑步，在海边和湖畔徜徉。他也常常在松涛和泉声中驻足，在夕阳和星空下沉思。无论是身居国内还是侨居域外，只要工作允许，列宁总是要"想方设法投入大自然的怀抱"（克鲁普斯卡娅《回忆弗拉基米尔·伊里奇》，见《回忆列宁》第1卷第751页），这是因为在他的眼中，大自然是一部永远读不完的书，其中蕴藏着精深的哲理、无穷的诗意和源源不竭的力量，需要人们经常怀着敬畏之心去体悟、去品鉴、去吸收。

我们在上文提到了列宁的坚定信念、顽强意志、淳厚品性和高洁情怀。一个人即使只做到其中的任何一项并加以坚持，也绝非易事；而列宁却将这四者融为一体，终身践履，力行不怠。这样的心灵世界，可以用中国的一句哲理名言来形容："充实之谓美，充实而有光辉之谓大。"（《孟子·尽心下》）可以说，精神充实、风操优美、心地光明、气度恢宏，这就是列宁人格的真实写照。

我们正是依据这个感人至深的事实，从列宁的自述及其亲人和战友的回忆中进一步钩稽鲜为人知的细节，通过生动的叙述，让读者感悟这位革命家的崇高风范。

我们纪念列宁，是因为我们热爱并坚信他所揭示的科学真理、捍卫并光大他所开创的千秋伟业；我们缅怀列宁，是因为我们崇仰他所诠释的人生真谛、向往他所体现的人生价值。在修订这部《列宁画传》的过程中，我们从始至终都融入了这种信念和感情，并要求自己真正做到精心构思、潜心考订、用心编纂、尽心完成。为此，我们紧紧抓住一系列关键环节。

首先，我们努力通过对列宁著作和相关文献的仔细研究，确保史实记叙的准确性和理论阐述的科学性，使这部作品成为导向正确、学风谨严、真实可靠的信史，从而对学习列宁著作具有切实的参考价值，对研究列宁生平事业具有独立的学术价值。其次，我们力求在阐释方式和叙述风格上开拓创新，按照历史与逻辑相统一的原则，尝试开辟一条使编年叙事与专题介绍有机结合、相互补充的新路，同时对全书的篇章结构、条贯脉络、各章导言、单元说明、要论摘引和大事年表进行反复斟酌，力求全面反映列宁的光辉业绩、理论贡献和人生境界。第三，我们注重发挥画传特有的图文互补的优势，既借鉴传统经验，又吸收现代元素，通过合理的编排，让文字说明、历史图片和艺术珍品彼此呼应、融合无间，使思想的感召力和艺术的感染力交相辉映、相得益彰，从而将遥远的历史情境清晰地呈现在当代读者眼前，同时尽可能使抽象的论述变得生动具体、亲切感人。

我们把画传的编纂工作看做是经典著作编译工程的延伸与补充。我们希望通过理论研究和理论普及的紧密结合，构筑一座座桥梁，让更多的读者走向马克思列宁主义经典。我们热爱这项具有挑战性和开拓性的工作。今后，我们将继续在马克思主义大众化的园地上开掘和耕耘，争取为读者提供更多更好的新作品。

2019 年 9 月 27 日初稿<br>
2020 年 4 月定稿于北京西斜街 36 号

# 目录

**出版说明**

**序　言**
列宁：领袖风采·学者襟怀·战士本色（韦建桦）

002 / **第一章**
童年和中学时代

014 / **第二章**
早期的革命活动

052 / **第三章**
为建立和巩固新型无产阶级政党而斗争

108 / **第四章**
反对第二国际机会主义　捍卫和发展马克思主义

128 / **第五章**
领导十月革命　建立世界上第一个社会主义国家

166 / **第六章**
捍卫和巩固新生的苏维埃政权

206 / **第七章**
支持各国无产阶级革命运动和被压迫民族解放运动

226 / **第八章**
创造性地探索社会主义建设道路

260 / **第九章**
列宁著作在中国的传播

301 / **列宁生平大事年表**

**编后记**

第一章
# 童年和中学时代

弗拉基米尔·伊里奇·列宁（原姓乌里扬诺夫）1870年4月22日（俄历4月10日）出生于俄国伏尔加河畔的辛比尔斯克市（今乌里扬诺夫斯克市）。列宁的父亲伊里亚·尼古拉耶维奇·乌里扬诺夫是平民知识分子，先后任中学教员、辛比尔斯克省国民教育视察员和总监。母亲玛丽亚·亚历山德罗夫娜出身于医生家庭，喜爱音乐和文学，婚后全身心地教育子女和管理家务。列宁有五个兄弟姐妹，他是家里的第三个孩子，从小就受到良好的家庭教育。1879年，列宁进入辛比尔斯克古典中学学习。他天资聪颖，勤奋好学，各科成绩优异，每次升级都受到学校的奖励。

19世纪下半叶，正是俄国历史上最黑暗的时期。广大农民强烈的不满情绪和多次发生的反抗事件，迫使沙皇政府不得不在1861年颁布法令废除农奴制。此后，俄国资本主义得到迅速发展，但农奴制经济关系的残余还大量存在，沙皇专制制度的反动统治更加残酷。大批农民失去了土地，受到地主变本加厉的剥削；许多破产和贫困的农民被迫背井离乡、外出谋生，沦为工厂主的廉价劳动力。沙皇专制政权和资本主义制度的双重压迫，使广大劳动人民生活在水深火热之中。在这种情况下，被压迫阶级的反抗斗争猛烈而又持久，民主精神和革命思想的传播广泛而又深入，这两方面因素汇合在一起，形成了促进社会变革的强大力量。

列宁年少时目睹了辛比尔斯克城市贫民和附近农民的困苦生活和悲惨遭遇，内心激起了对劳动群众的深切同情和对社会现状的强烈不满。他广泛阅读进步书籍，特别是俄国革命民主主义者维·格·别林斯基、尼·加·车尔尼雪夫斯基等人的著作，深受革命民主主义思想的影响。在中学高年级的时候，他第一次看到了在彼得堡上大学的哥哥亚历山大带回家的《资本论》，开始接触马克思主义。

1887年5月，在列宁即将中学毕业之际，哥哥亚历山大因参与民意党组织的谋刺沙皇的行动被反动当局逮捕杀害。哥哥的英勇就义使17岁的列宁坚定了反对沙皇专制制度的决心，并思考未来要走的革命道路。

1870年4月22日（俄历4月10日），弗拉基米尔·伊里奇·列宁（原姓乌里扬诺夫）出生于俄国伏尔加河畔的辛比尔斯克市（今乌里扬诺夫斯克市）。当时正是俄国社会各种矛盾相互交错、极为尖锐的时期。在沙皇专制政权和资本主义制度的双重压迫下，劳动人民过着饥寒交迫的生活，反抗压迫、剥削的斗争此起彼伏，争取民主、自由的思想广为传播。

列宁生活在一个进步的知识分子家庭，从小就受到良好的家庭教育。在父母的引导和影响下，童年时代的列宁逐渐养成了诚实正直的品格和喜欢读书、热爱劳动、严于自律的良好习惯。五岁左右，他就在家里学习文化知识，逐渐对历史、文学以及各种自然知识产生了浓厚的兴趣。（01-03）

01. 四岁的列宁
02. 列宁出生的房子（辛比尔斯克射手街）
03. 19世纪末的辛比尔斯克

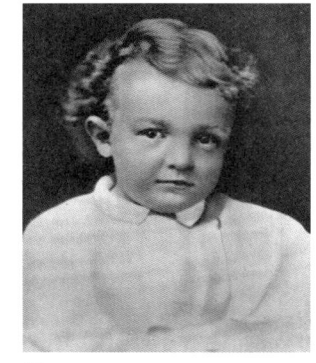

01　　　　　　　　02

03

…古拉耶维奇·乌里扬诺夫出身于阿斯特拉罕城的一个贫苦市民家庭，受…思想开明，一生从事教育事业。他当过中学教员，深受学生的爱戴，后来…育视察员，任职多年，一直勤勉工作，在兴办学校、培训师资方面取得了…国民教育总监。由于工作过度劳累，伊里亚·尼古拉耶维奇1886年突发脑溢…

…亚·亚历山德罗夫娜是医生的女儿。她心地善良，为人正直，同情贫苦群众，…家庭里，她是一位尽心尽责的妻子和母亲。为了支持丈夫、教育子女，她付出…丈夫去世以后的岁月里，她的子女们相继走上革命道路。无论环境多么险恶、压…尊重子女们的选择，支持他们的事业，而且一辈子都与他们同尝甘苦、共赴患难。…有感人至深的高尚品德、坚强意志和宽广胸怀。（04—07）

04

05

06

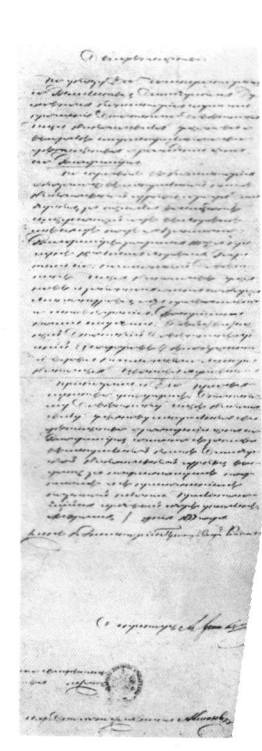

07

04. 父亲伊里亚·尼古拉耶维奇·乌里扬诺夫（1831—1886）
05. 母亲玛丽亚·亚历山德罗夫娜·乌里扬诺娃（1835—1916）
06. 乌里扬诺夫一家合影（1879年辛比尔斯克）
07. 列宁的出生证

列宁有五个兄弟姐妹,他排行第三。姐姐安娜·伊里尼奇娜是家里的长女,生于1864年。她继承了父母质朴刚毅的品质,具有鲜明的是非观念和强烈的责任意识。列宁的哥哥亚历山大·伊里奇生于1866年,是一个品行端正的孩子。他学习认真,成绩优异,处事公正,乐于助人,深得弟弟妹妹们的喜爱。在列宁心目中,哥哥是他学习的榜样。

妹妹奥丽珈·伊里尼奇娜生于1871年,与列宁只相差一岁,他们从小关系特别亲密,一起读书和游戏。弟弟德米特里和小妹妹玛丽亚先后于1874年、1878年出生。和谐的家庭氛围与良好的启蒙教育使孩子们从小就养成了健全的人格,内心充满清纯的阳光。(08-11)

3. 姐姐安娜和哥哥亚历山大
   列宁和妹妹奥丽珈
   弟弟德米特里和妹妹玛丽亚

| 童年和中学时代 007

11. 少年时代的列宁（中国画） 高莽

乌里扬诺夫一家从 1878 年 8 月起居住在辛比尔斯克市的莫斯科街，一直到 1887 年 6 月。1879 年，九岁的列宁进入辛比尔斯克古典中学一年级学习，是班上最小的孩子。他好学敏求，勤于思考，领悟能力很强，广泛阅读课外书籍，孜孜不倦地汲取各种知识。他对拉丁文、古典作家作品、历史、地理特别感兴趣，喜爱写作，文笔很好。作为全班成绩最好的学生，列宁经常热心地帮助其他同学。这个品学兼优、朝气蓬勃的少年每次升级都获得学校的嘉奖。（12-19）

12. 辛比尔斯克莫斯科街乌里扬诺夫一家的住所
13. 列宁的卧室
14. 乌里扬诺夫一家经常散步的花园
15. 中学一年级时的列宁

16. 古典中学　E. 库马尼科娃
17. 列宁 1882 年在古典中学获得的奖状
18. 列宁 1887 年古典中学毕业时获得的金质奖章
19. 列宁的古典中学毕业证书

16

17

18

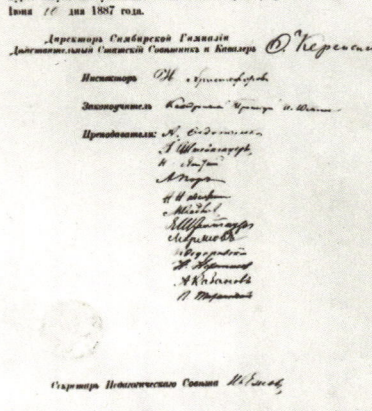

19

列宁在伏尔加河流域度过了少年时代。他亲眼见到了城乡劳苦大众的悲惨处境和奋起抗争的情景，内心产生了深切的同情。他感到现存社会制度极不合理，认为必须彻底改变。上中学后，他认真阅读了俄国革命民主主义者维·格·别林斯基、亚·伊·赫尔岑、尼·加·车尔尼雪夫斯基、尼·亚·杜勃罗留波夫、德·伊·皮萨列夫等人的著作，受到了民主精神和革命思想的影响。进入中学高年级以后，他在哥哥亚历山大那里第一次看到了马克思的《资本论》，开始初步接触马克思主义。（20–21）

20. 列宁少年时代读过的一些书籍

维·格·别林斯基　　亚·伊·赫尔岑　　尼·加·车尔尼雪夫斯基　　尼·亚·杜勃罗留波夫　　德·伊·皮萨列夫

21. 俄国革命民主主义者

1886年初，列宁的父亲不幸去世。仅仅一年后，1887年春天，在列宁即将中学毕业之际，哥哥亚历山大因谋刺沙皇未遂，英勇就义。姐姐安娜也因这一事件被捕，并被判处流放。这一切给全家带来了沉重的打击。

原来，亚历山大出于对沙皇专制制度的痛恨和对祖国命运的关切，在彼得堡大学学习期间加入了民意党组织，并参与了谋刺沙皇的秘密行动，因行动失败，被捕入狱。在审讯期间，他义正辞严地表明自己从事的是忠于祖国的正义事业，独自面对当局的指控，尽力保护其他同志免受牵连。结果，他被当局处以绞刑。

亚历山大为反对专制制度献出了年轻的生命，这使得列宁的内心受到了强烈的震撼。他一方面由衷钦佩哥哥反抗黑暗势力的革命精神，一方面深入反思革命斗争的途径和方法问题。他逐步认识到，采取密谋行动和恐怖手段不可能消除社会弊端；要实现社会的变革，必须探寻一条正确的道路。（22-24）

---

22. 列宁的哥哥亚历山大·伊里奇·乌里扬诺夫
23. 亚历山大被关押的囚室
24. 我们不走这条路！（油画）
　　П.别洛乌索夫

1887年7月，列宁中学毕业后，全家由辛比尔斯克迁往喀山。列宁怀着失去父兄的痛苦离别了故乡，同时也带着寻求真理的愿望走向新的生活。在全家悲痛的日子里，列宁表现得无比镇静和坚强。他尽可能陪伴和安慰母亲，关心和照顾弟弟妹妹，在这个艰难的时刻，他成了全家精神上的支柱。他出色地完成了中学毕业考试，成为全班唯一荣获金质奖章的学生。他认真思考未来的人生道路，决心勇敢坚定地投身于斗争实践，去经受各种磨炼和考验。（25-26）

25. 列宁（1887年）
26. 再见吧，辛比尔斯克！
　　（素描）　尼·茹科夫

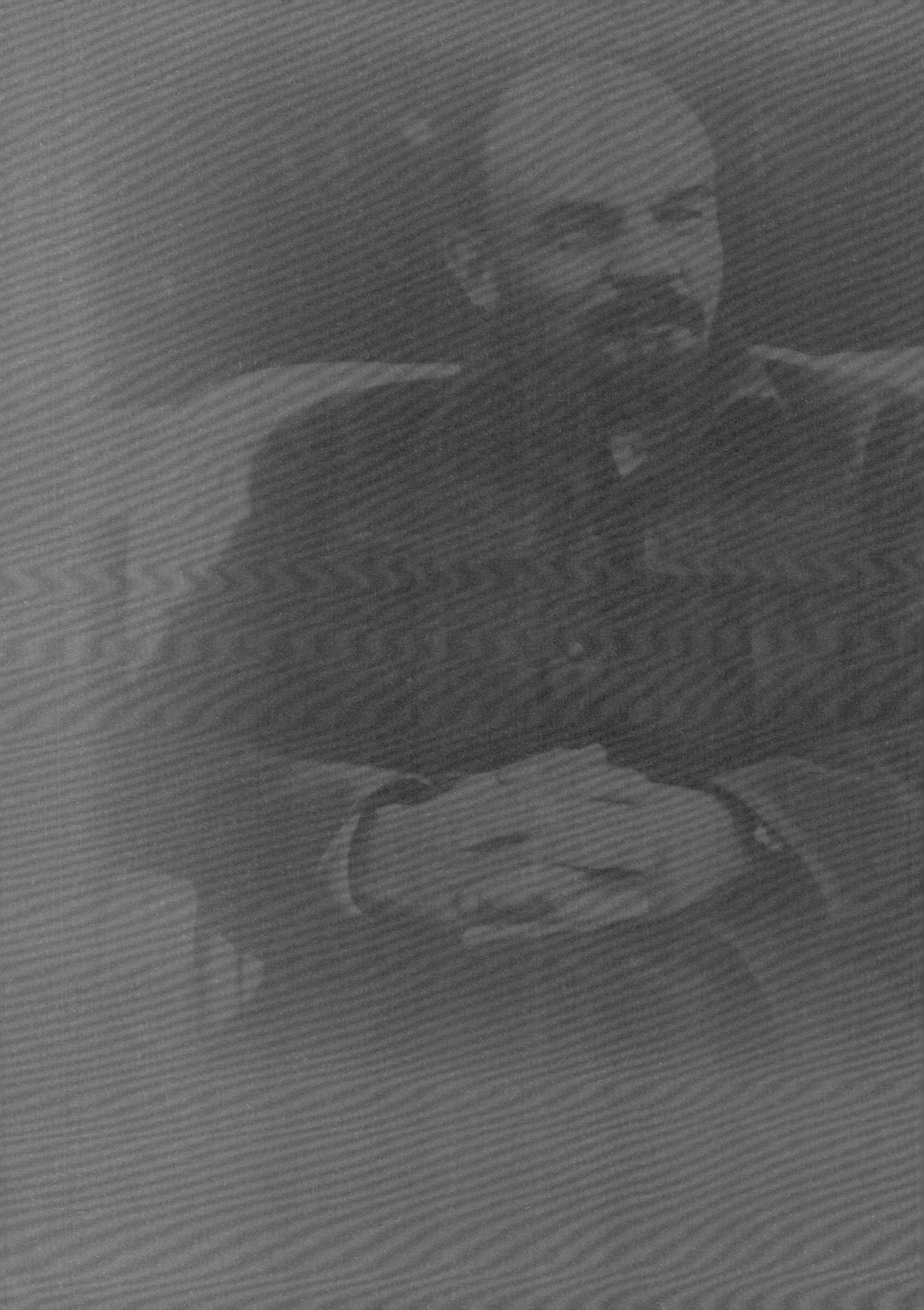

第二章
# 早期的革命活动

1887年7月，列宁全家来到喀山定居。8月，列宁进入喀山大学法律系学习，年底因参加进步学生运动被捕并遭放逐。翌年秋列宁返回喀山，加入尼·叶·费多谢耶夫组织的马克思主义小组，开始系统学习和研究马克思和恩格斯的著作，成为马克思主义者。

1889年，列宁随全家迁居萨马拉。他刻苦自修，在一年多时间内学完了大学四年的课程，1891年以校外生资格通过彼得堡大学法律系考试，获得该校毕业证书，后来取得律师助理资格。他经常在萨马拉地方法院出庭为贫苦农民辩护。1892年，列宁组织了萨马拉第一个马克思主义小组，认真开展马克思主义学习和宣传活动。

1893年9月，列宁来到彼得堡。他组织和领导马克思主义小组活动，积极传播马克思主义，同影响工人运动的错误思潮作斗争。1894年列宁撰写《什么是"人民之友"以及他们如何攻击社会民主党人？》，批判了自由主义民粹派的理论观点和政治纲领，系统阐述了马克思恩格斯创立的唯物史观的基本原理；阐明了人民群众是历史的创造者，阶级斗争是阶级社会发展的动力；论述了无产阶级的历史地位和伟大使命，提出了建立工人政党的任务。

1895年春，列宁前往西欧，同在国外的俄国马克思主义团体劳动解放社领导人格·瓦·普列汉诺夫等人建立联系，并考察西欧工人运动。同年10月，列宁回国后将彼得堡的所有马克思主义小组联合起来，成立彼得堡工人阶级解放斗争协会，第一次在俄国实现了马克思主义和工人运动的结合。1895年底列宁因内奸告密而被捕入狱，1897年5月被流放到西伯利亚东部舒申斯克村。1898年娜·康·克鲁普斯卡娅也因在彼得堡从事革命活动被流放到这里。在流放地，列宁与克鲁普斯卡娅结成终身伴侣。

列宁在流放地完成了他在彼得堡监狱时就开始写作的《俄国资本主义的发展》一书。列宁在书中运用马克思主义的经济学说，全面考察了俄国资本主义的发展历程，科学分析了俄国的社会经济制度和阶级结构，阐明了一系列与俄国资本主义发展相关的重大理论问题，指出资本主义既有进步的历史作用，即促进社会生产力的提高和劳动的社会化，同时又造成了最深刻的全面的社会矛盾，因而必然具有历史暂时性；俄国资本主义的发展为社会主义革命创造了物质前提，准备了阶级力量。这部著作批判了自由主义民粹派和右翼社会民主党人的理论错误，指出俄国革命的正确发展方向只能是依靠工人阶级和农民群众对整个社会进行真正的和根本的社会主义改造。

列宁在流放地密切关注俄国社会民主运动的发展。1897年底他撰写了《俄国社会民主党人的任务》，论述了俄国社会民主党人的政治纲领和策略，认为政治斗争不应当由密谋家而应当由依靠工人运动的革命政党来领导。他呼吁建立统一的社会民主工党，强调革命理论对于无产阶级解放斗争的重要意义。他还同俄国工人运动中的机会主义派别经济派进行针锋相对的斗争。经济派主张工人只进行经济斗争，否认工人阶级政党的领导作用，崇拜工人运动的自发性。1899年列宁看到经济派的纲领后立即写了《俄国社会民主党人抗议书》，揭露了经济派的机会主义面目，阐述了马克思主义关于统一的阶级斗争必须把政治斗争和经济斗争结合起来的原理，强调当无产阶级没有政治自由或者政治权利受到限制的时候，始终必须把政治斗争提到首位。

01. 列宁（1897年）

| 早期的革命活动

　　1887 年 8 月，列宁进入喀山大学法律系，开始攻读他自己选择的法律专业课程，同时积极参加进步学生运动，投身于反对沙皇专制的革命斗争。在喀山大学革命学生小组里，列宁与同学们定期研读革命民主主义著作，认真分析斗争的形势和任务，并深入到工人群众之中，开展宣传鼓动工作。（02-06）

02. 19 世纪的喀山
03. 乌里扬诺夫一家在喀山的住所
04. 列宁的喀山大学出入证
05. 喀山大学
06. 辛比尔斯克古典中学校长为列宁进入喀山大学所写的推荐信

19世纪80年代，沙皇政府采取各种手段，残酷镇压各地的学生运动。警方在大学安插侦探和特务，取缔所有的学生组织，对学生任意进行搜查和拘禁。这些倒行逆施的做法激起了学生的愤慨。1887年12月16日，在莫斯科学生运动的影响下，喀山大学学生举行集会，对当局提出强烈抗议，要求废止一系列迫害学生的政策和措施。列宁果敢而又坚决地参加了这一行动，他的言行从一开始就受到大学学监和警察当局的监视。翌日凌晨，列宁被捕入狱，并被开除学籍，接着又被放逐到科库什基诺村，受警察暗中监视。在将近一年的流放生活中，列宁坚持读书，开始钻研马克思主义理论。（07–11）

07. 列宁在1887年12月17日写给喀山大学校长的退学申请
08. 1887年12月17日列宁在这所房子里被捕
09. 1887年羁押过列宁的喀山监狱
10. 列宁第一次被放逐的地方（喀山省莱舍夫县科库仁基诺村）
11. 列宁在学潮中（油画）　O.韦什尼亚科夫

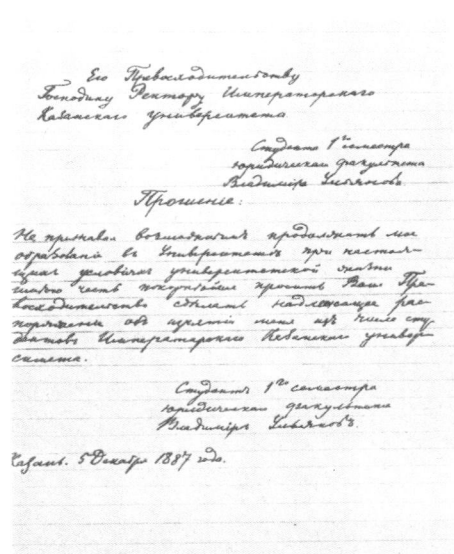

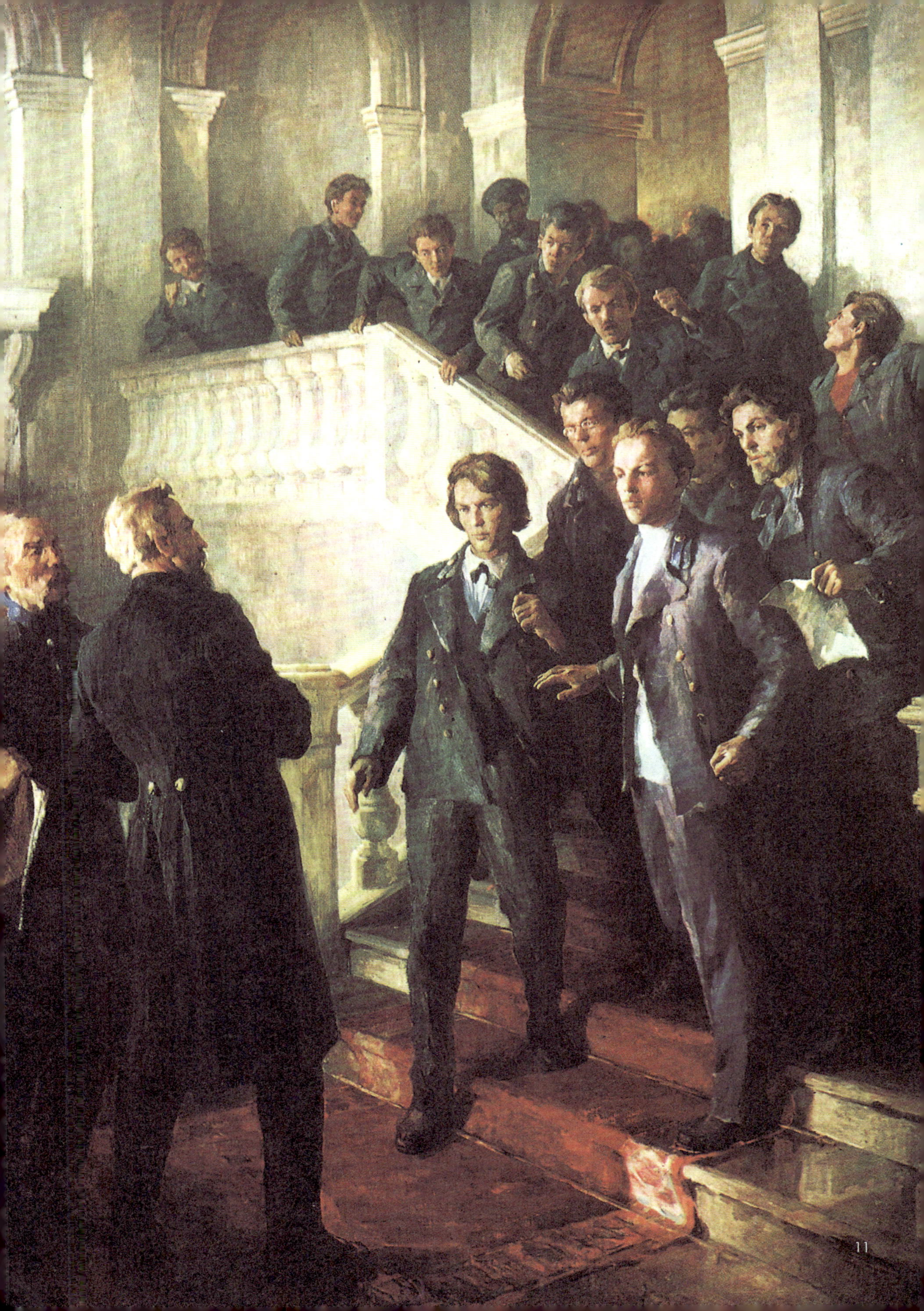

> 我记得，我和费多谢耶夫在通信中谈到当时产生的关于马克思主义世界观或社会民主主义世界观的问题。我记得特别清楚的是，费多谢耶夫作为一个对自己的事业无限忠诚的旧时代革命家的典型，博得了所有认识他的人特殊的好感；可能是他的某些言论或对宪兵的不慎举动使自己的境遇恶化了。
>
> ——列宁《关于尼·叶·费多谢耶夫的点滴回忆》

1888年秋，列宁获准返回喀山。不久他加入了俄国早期的马克思主义宣传家尼·叶·费多谢耶夫建立的马克思主义小组。在这里，他同其他年轻的革命者一起，认真阅读马克思恩格斯的著作。他反对以学究式的态度对待马克思主义理论，主张联系俄国社会的实际问题，特别是联系工人阶级和劳苦大众斗争的方向和道路问题向马克思恩格斯请教，以期获得认识问题的正确立场和解决问题的科学方法。在此期间，他还积极从事革命活动，并在斗争实践中进一步思考马克思恩格斯著作阐述的理论命题。（12—13）

12. 《忆费多谢耶夫》一书所载的列宁回忆文章，文中称费多谢耶夫是对革命事业无限忠诚的革命家。
13. 尼·叶·费多谢耶夫

> 记得每天晚上我下楼来跟他聊天时,他就热情洋溢地给我讲解马克思学说的基本原理和这一学说所开拓的新的天地。他坐在厨房里堆满报纸的炉灶上起劲地做着手势的情景,至今还历历在目。他那朝气蓬勃、信心十足的表情,也使谈话的对方受到感染。在那个时候,他就已经善于用自己的话说服人,吸引人。在那个时候,他就不能不把研究的某个问题、发现的新的道路同别人交流,为自己争取拥护者。他很快在喀山找到了拥护者——那些也在研究马克思主义并怀有革命情绪的年轻人。
> ——安·伊·乌里扬诺娃-叶利扎罗娃《回忆伊里奇》

在喀山期间,列宁系统地研读马克思恩格斯的著作,特别是马克思的《资本论》第一卷。在马克思主义理论指引下,经过革命斗争实践的锤炼,列宁逐步成长为坚定的马克思主义者。他利用一切机会热情宣传马克思主义理论,很快就吸引并团结了一批志同道合的革命青年。(14-16)

14. 19世纪60年代的马克思和恩格斯
15. 《资本论》1867年德文版的扉页
16. 《共产党宣言》1848年德文版封面(左)和1882年俄文版封面(右)

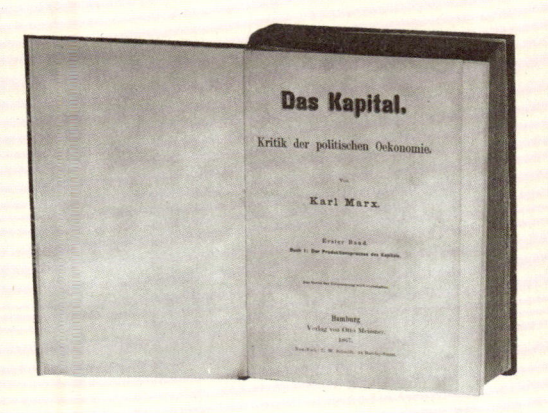

1889 年 5 月，列宁一家迁往萨马拉，先后在郊区和市内居住。9 月，列宁结识了萨马拉秘密革命小组的早期组织者阿·巴·斯克利亚连科并参加了他领导的小组。在这里，列宁对马克思主义经典著作的研究更加广泛深入。他不仅继续钻研《资本论》，而且研读《哲学的贫困》、《英国工人阶级状况》、《反杜林论》等重要著作。为了阅读原著，列宁刻苦学习德文、法文、英文等外语。他曾把《共产党宣言》从德文译成俄文，使这部科学社会主义的纲领性文献在萨马拉等地的进步青年中广为流传。（17–19）

17. 19 世纪末的萨马拉
18. 列宁一家在萨马拉的住所
19. 列宁一家在萨马拉郊区阿拉卡耶夫卡村附近购置的田庄

列宁在认真研究马克思主义理论的同时，还有计划地勤奋自学高等学校的法律课程。他仅仅用了一年多时间，就全面系统地掌握了大学法律专业讲授的知识。列宁在克服了重重障碍之后，于1891年两次前往彼得堡，以校外生资格参加彼得堡大学法律系课程的春季和秋季国家考试。他总共参加了十三个科目的口试和一个科目的笔试，每一次考试都获得高分。因此，他被彼得堡大学授予一级毕业证书。（20-23）

20. 弗·伊·列宁（1891年）
21. 19世纪的彼得堡大学
22. 列宁的彼得堡大学毕业证书
23. 列宁在彼得堡大学应试（油画） B. 奥列什尼科夫

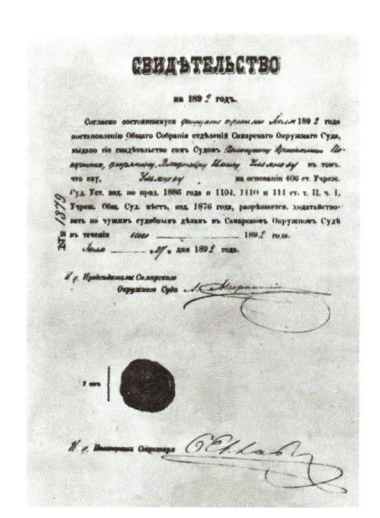

1892年和1893年，列宁领到了萨马拉地方法院诉讼案件承办权证书，取得律师助理资格。他多次承办诉讼案件，并出庭为贫苦农民辩护，尽心竭力地帮助他们维护自己的正当权益。通过这些法律实践，列宁增长了知识，开阔了视野，了解了许多真实的社会情况。（24-25）

24. 列宁的诉讼案件承办权证书
25. 萨马拉地方法院

1892年，列宁在萨马拉建立了当地第一个马克思主义研究和宣传小组，其成员有斯克利亚连科、伊·克·拉拉扬茨等人。在这个小组里，列宁带领大家学习马克思主义著作，讨论俄国革命的形势，批判包括民粹主义在内的形形色色的错误思潮。列宁还走出萨马拉，同伏尔加河沿岸许多城市的进步人士建立密切的联系，一方面宣传马克思主义理论，一方面进行社会调查。在萨马拉的四年，列宁提高了理论水平，经受了实践磨炼，积累了斗争经验。然而，这里毕竟只是一个比较偏僻的小城，对于了解政治形势和推动革命事业存在着客观的局限性。列宁渴望到大工业生产的中心去，到革命运动的中心去，以便更好地投身于工人阶级波澜壮阔的斗争。（26-29）

26 在萨马拉马克思主义小组里（油画）
A. 莫拉沃夫
27 阿·巴·斯克利亚连科
28 伊·克·拉拉扬茨
29 萨马拉公共图书馆，列宁曾在此从事研究和写作。

1893年9月，列宁来到首都彼得堡。过了不久，他就加入了以工艺学院学生为主的秘密马克思主义小组，积极宣传马克思恩格斯的学说。19世纪90年代，俄国马克思主义者在思想理论战线面临的一个重要任务，就是驳斥民粹派反对马克思主义的谬论，而市场问题就是当时俄国马克思主义者和民粹派辩论的焦点之一。民粹派认为，由于人民大众生活贫困，俄国不可能出现真正的资本主义市场，不可能具备产生资本主义生产方式的根基，因而也就不可能出现真正的工人阶级和工人运动。列宁敏锐地认识到这种说法的欺骗性和危害性，决心对民粹派的观点进行深刻的分析和彻底的批判，力求在批判中既阐明马克思主义的理论要义，又讲清俄国经济和社会各阶级的真实情况，从而为明确政治斗争的方向奠定思想基础。（30）

30. 19世纪末的彼得堡

> "人民大众的贫穷化"（这是民粹派所有关于市场的议论的不可或缺的组成部分）不仅不阻碍资本主义的发展，相反，它本身就反映了资本主义的发展，是资本主义的条件并且在加强资本主义。资本主义需要"自由工人"，而贫穷化也就在于小生产者变为雇佣工人。
> ——列宁《论所谓市场问题》

1893年秋，列宁撰写了《论所谓市场问题》一文，用马克思的经济理论分析了俄国的经济制度，并联系俄国城乡的实际情况，详尽描述了社会分工使自然经济转化为商品经济、进而转化为资本主义经济的过程，同时清晰地说明了这一经济演进过程同市场的关系。针对民粹派围绕市场问题散布的错误观点，列宁一针见血地指出，"没有市场这个说法是否认马克思的理论适用于俄国的最主要的论据之一"，必须进行严正的批驳。这篇文章的主要结论后来在《俄国资本主义的发展》一书中得到了进一步的阐发。（31–33）

---

31. 1893年列宁《农民生活中新的经济变动》手稿第1页，这是现存列宁最早的一篇著作。
32. 1893年秋列宁《论所谓市场问题》手稿第1页
33. 彼得堡新亚历山大街23号，列宁曾在此为马克思主义小组讲课。

> 市场不过是商品经济中社会分工的表现，因而它也和分工一样能够无止境地发展。
>
> ——列宁《论所谓市场问题》

列宁曾在彼得堡马克思主义小组阐述《论所谓市场问题》一文的主要观点，使小组成员深受启发。此后，这篇文章就在彼得堡以及其他城市的社会民主主义小组中广为流传，使许多追求真理的进步人士受到了深刻的教育，划清了马克思主义与民粹主义的界限，认清了俄国经济与政治的发展趋势以及工人阶级的领导地位，从而逐步明确了革命斗争的方向。（34）

列宁

阿·亚·瓦涅耶夫　彼·库·扎波罗热茨　格·波·克拉辛　格·马·克尔日扎诺夫斯基　娜·康·克鲁普斯卡娅

亚·列·马尔琴科　季·巴·涅夫佐罗娃　斯·伊·拉德琴柯　米·亚·西尔文　瓦·瓦·斯塔尔科夫

34. 彼得堡学生马克思主义小组的主要成员

在彼得堡，列宁利用一切机会深入到工人群众中去开展工作。他认为，要推进革命事业，就必须把马克思主义与工人运动结合起来。为此，他走访了许多工厂，结识了大批工人，仔细了解他们的生产环境、生活状况、思想情绪、斗争经历和迫切要求。他组织工人小组，亲自给工人们讲课，认真回答他们提出的问题。他联系实际，生动具体地讲解《资本论》第一卷的理论内容，使工人群众受到了深刻的启发。列宁的讲课吸引了越来越多的听众，在这些听众中涌现出了一批骨干，后来成了无产阶级政党的优秀活动家。列宁还在彼得堡、莫斯科等地参加工人集会，撰写革命传单，进行宣传鼓动。在这些活动中，他进一步感受到了真理的力量、群众的力量。（35-36）

| 伊·瓦·巴布什金 | 阿·伊·博德罗夫 | 普·斯·格里巴金 | 波·伊·季诺维也夫 |
| 菲·伊·博德罗夫 | 弗·阿·克尼亚泽夫 | 瓦·安·舍尔古诺夫 | 伊·伊·雅科夫列夫 |

35. 列宁在1893—1895年领导的工人小组的主要成员

36. 第一张传单（油画） Ф.哥卢勃科夫

列宁在彼得堡从事革命活动期间，结识了娜捷施达·康斯坦丁诺夫娜·克鲁普斯卡娅。克鲁普斯卡娅出身于革命知识分子家庭，当时在彼得堡工人星期日夜校任教。在那里，她不仅辅导工人们学习文化知识，而且向他们讲解马克思主义理论。她阅读过列宁撰写的《论所谓市场问题》等文章，对列宁的政治魄力和理论造诣极为钦佩。列宁也十分敬重克鲁普斯卡娅的品格、智慧和情操，共同的理想和事业使他们的交往日益密切。在并肩战斗的征途上，他们的深厚友谊逐渐发展成了坚贞的爱情。（37–38）

37. 娜·康·克鲁普斯卡娅（1895年）
38. 彼得堡涅瓦关卡外的工人星期日夜校旧址

> *1885年的暴乱的进程向我们表明，工人们团结一致的反抗具有多么巨大的力量。不过必须注意更自觉地去运用这种力量，不要让它白白地浪费在对个别厂主的报复上，浪费在捣毁某家可恨的工厂上，而要引导这种愤怒和仇恨的力量去反对全体厂主，去反对整个厂主阶级，去同他们进行不断的顽强的斗争。*
>
> *——列宁《对工厂工人罚款法的解释》*

1893—1895年期间，列宁撰写了许多文章和专著，并在萨马拉、彼得堡、莫斯科等地的一些集会上作报告，揭露自由主义民粹派的错误观点及其严重危害，联系俄国的实际阐明马克思主义的基本原理和策略原则。与此同时，列宁特别重视宣传鼓动工作，把为工人群众写作看成是自己义不容辞的责任。他从工人群众生活实际出发，用通俗易懂的语言向他们讲解革命道理，指出争取自身解放的道路。（39）

39. 在秘密集会上批判民粹派（油画） A. 莫拉沃夫

> 自从《资本论》问世以来,唯物主义历史观已经不是假设,而是科学地证明了的原理。在我们还没有看见另一种科学地解释某种社会形态(正是社会形态,而不是什么国家或民族甚至阶级等等的生活方式)的活动和发展的尝试以前,没有看见另一种像唯物主义那样能把"有关事实"整理得井然有序,能对某一社会形态作出严格的科学解释并给以生动描绘的尝试以前,唯物主义历史观始终是社会科学的同义词。唯物主义并不像米海洛夫斯基先生所想的那样,"多半是科学的历史观",而是唯一科学的历史观。
>
> ——列宁《什么是"人民之友"以及他们如何攻击社会民主党人?》

为了回击自由主义民粹派在《俄国财富》杂志上对马克思主义和社会民主党人的进攻,1894年列宁写了《什么是"人民之友"以及他们如何攻击社会民主党人?》一书。在这部著作中,列宁批判了自由主义民粹派的思想领袖尼·康·米海洛夫斯基的唯心史观及其在社会学研究中的主观唯心主义方法,系统地阐述了马克思恩格斯创立的唯物史观的基本原理,着重论述了人民群众是历史的创造者、阶级斗争是阶级社会发展的动力,阐明了无产阶级的社会地位和历史作用。列宁在书中阐述了社会民主党人的基本纲领和策略,强调工人阶级是推翻沙皇专制制度和资产阶级统治的领导力量;提出了工农联盟和将民主革命转变为社会主义革命的思想,同时还论述了如何正确对待马克思主义理论的重要问题。(40—41)

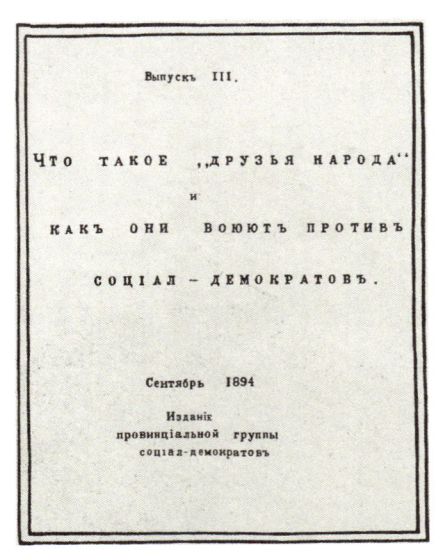

40.《什么是"人民之友"以及他们如何攻击社会民主党人?》一书胶印本第三编封面

41.《什么是"人民之友"以及他们如何攻击社会民主党人?》第一编第3版和第二编第1版印刷的地方(弗拉基米尔省哥尔克镇阿·亚·甘申的住所)

为了考察西欧工人运动,并同在国外的俄国劳动解放社建立联系,列宁于 1895 年 5 月 7 日启程前往西欧。5 月中旬至 6 月初,列宁在日内瓦和苏黎世先后会见了劳动解放社领导人格·瓦·普列汉诺夫和该社重要成员帕·波·阿克雪里罗得。劳动解放社是俄国第一个马克思主义团体,1883 年创建于日内瓦,曾为在俄国传播马克思主义理论、批评民粹派的错误观点做过许多有益的工作。但这个团体的成员长期侨居国外,其理论研究和实践活动没有与俄国工人运动紧密结合。列宁在访问期间建议劳动解放社多关注俄国工人运动,为推进国内革命事业发展作出贡献;同时建议他们出版一份刊物,以便及时反映俄国工人运动情况。劳动解放社接受了列宁的建议,不久就加强了与俄国工人运动的联系,并且创办了《工作者》文集,经常刊发与俄国工人运动相关的理论文章和通讯报道。(42—43)

格·瓦·普列汉诺夫 　　帕·波·阿克雪里罗得 　　维·伊·查苏利奇

列·格·捷依奇 　　瓦·尼·伊格纳托夫

42. 劳动解放社成员

1895年6月和9月，列宁先后在巴黎和柏林会见了法国工人运动活动家保·拉法格和德国社会民主党领袖威·李卜克内西。在亲切的交谈和深入的讨论中，列宁了解了法德工人运动的主要经验与深刻教训，了解了国际共产主义运动的历史传统和发展趋势，获得了许多有益的启示。（44—45）

44. 保·拉法格

45. 威·李卜克内西

43. 列宁与普列汉诺夫（素描）　A. 亚尔-克拉夫琴科

> 卡尔·马克思（1883年逝世）之后，恩格斯是整个文明世界中最卓越的学者和现代无产阶级的导师。自从命运使卡尔·马克思和弗里德里希·恩格斯相遇之后，这两位朋友的毕生工作，就成了他们的共同事业。
>
> ——列宁《弗里德里希·恩格斯》

1895年9月，列宁为悼念恩格斯逝世撰写了《弗里德里希·恩格斯》一文，扼要叙述了恩格斯的光辉一生，高度评价了恩格斯同马克思一起创立马克思主义理论和为无产阶级解放事业而斗争的不朽功绩，赞颂了恩格斯作为严峻的战士和严正的思想家所具有的崇高品格以及他同马克思的伟大友谊。（46-48）

---

46. 晚年恩格斯
47. 劳动解放社编辑的《工作者》文集第1—2期合刊
48. 《工作者》文集刊载的列宁《弗里德里希·恩格斯》一文

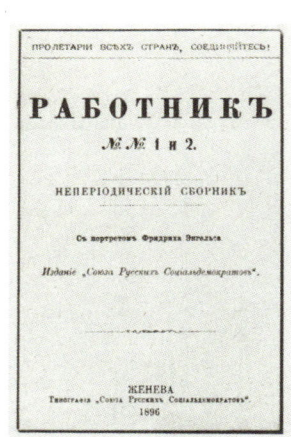

1895年10月，列宁回国后，主持召开了彼得堡革命马克思主义者会议。在这次会议上，彼得堡所有的马克思主义小组联合成为一个统一的政治组织。同年12月27日，该组织正式定名为"工人阶级解放斗争协会"。这个协会是俄国马克思主义革命政党的萌芽。在列宁亲自领导下，协会着力从政治上教育工人，提高他们的阶级觉悟，使工人群众的分散、自发的斗争变成有科学理论指导的统一、自觉的阶级斗争，从而在俄国第一次实现了马克思主义和工人运动的结合。从此，俄国工人运动在马克思主义旗帜指引下不断向前推进。（49–51）

49. 彼得堡旗帜街，工人阶级解放斗争协会的成员曾在这条街上的克鲁普斯卡娅住处集会。
50. 彼得堡维堡区辛比尔斯克街，列宁同彼得堡马克思主义者曾在此楼内商定建立工人阶级解放斗争协会。
51. 彼得堡工人阶级解放斗争协会领导成员，从左至右为：瓦·瓦·斯塔尔科夫、格·马·克尔日扎诺夫斯基、亚·列·马尔琴科、列宁、彼·库·扎波罗热茨、尔·马尔托夫、阿·亚·瓦涅耶夫（1897年2月）。

1895年12月，列宁因开展革命活动遭到反动当局的拘捕，被关押在彼得堡监狱。幽暗的牢房限制了列宁的人身自由，但无法禁锢列宁的思想，也无法阻止他从事革命工作。入狱以后，列宁采用隐蔽方式同狱外战友保持通信联系，继续指导彼得堡工人阶级解放斗争协会的活动。与此同时，他深入思考建立俄国无产阶级政党的重大问题，在狱中撰写了党纲草案和党纲说明，创造性地运用马克思主义建党学说，论述了无产阶级政党的斗争目标和战略任务。在此期间，列宁还深入研究政治经济学理论和俄国经济状况，开始撰写《俄国资本主义的发展》一书。在极其艰难的条件下，列宁度过了14个月的铁窗生活。他始终保持着高昂的斗志，认真安排每一天的学习、工作和锻炼，使囚禁的生活变得充实而富有意义。（52–54）

52. 在狱中写作（木刻）　高荣生
53. 沙皇当局保安处案卷中保存的列宁被捕后的照片
54. 彼得堡拘留所内拘押列宁的193号囚室

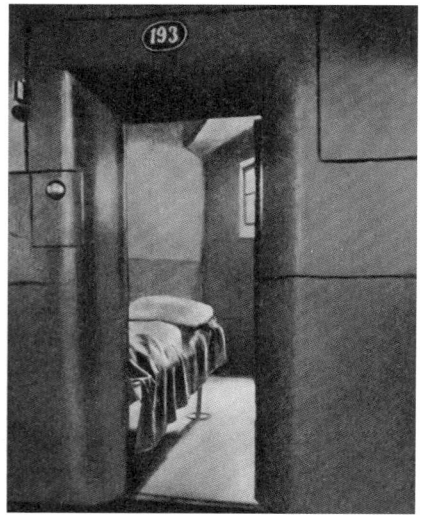

1897年2月，列宁结束了牢狱生活，被判处流放三年。3月1日，他从彼得堡启程前往西伯利亚东部的流放地。途中经过莫斯科等地时，他尽可能争取时间去当地图书馆查阅有关俄国资本主义发展情况的文献资料。5月，列宁抵达流放地——叶尼塞斯克省米努辛斯克专区的舒申斯克村。（55–58）

55. 列宁（1897年）
56. 流放地舒申斯克村
57. 列宁流放途中由克拉斯诺亚尔斯克到米努辛斯克时乘坐的"圣尼古拉"号汽船
58. 列宁在舒申斯克村居住过的农民阿·济里亚诺夫的房屋

在舒申斯克村，列宁克服各种困难，逐步适应了流放生活。他同彼得堡、莫斯科以及其他地区的马克思主义团体和工人组织进行频繁的通信，同国外的劳动解放社保持密切的联系，因而能在偏僻的乡村始终对国内外形势保持全面清醒的认识，并及时指导各地的革命运动。与此同时，列宁潜心研究重要的理论和现实问题，继续撰写《俄国资本主义的发展》一书。

1898年，克鲁普斯卡娅因参加彼得堡工人阶级解放斗争协会的活动被判处流放西伯利亚三年。当年5月，她在母亲陪伴下到达舒申斯克村，7月同列宁在流放地举行了婚礼。（59-61）

59. 19世纪90年代的克鲁普斯卡娅
60. 克鲁普斯卡娅和母亲伊丽莎白·瓦西里耶夫娜（1898年）
61. 列宁婚后居住的舒申斯克村农妇 П.彼得罗娃的房屋

克鲁普斯卡娅在忠于被压迫者、劳苦大众的事业上，无疑是一位首屈一指的妇女。对生活目的和意义看法完全一致，使她和列宁结合起来。她是列宁的得力助手，是他主要的秘书，也是最好的秘书，是他在思想上最坚定的同志，是最能够阐发他的观点的人，她不知疲倦地、聪慧得体地争取朋友和追随者，也同样不知疲倦地在工人中宣传他的思想。

——克拉拉·蔡特金《回忆列宁》

在流放的日子里，克鲁普斯卡娅既是列宁生活中的亲密伴侣，又是列宁工作上的得力助手。列宁和她一起研读马克思恩格斯的著作，一起讨论如何用马克思主义理论分析复杂形势、解决疑难问题。克鲁普斯卡娅常常是列宁著作手稿的誊写者和第一读者，列宁非常愿意倾听她的直率而又中肯的意见。在多年跌宕起伏的斗争生活中，克鲁普斯卡娅表现出百折不回的坚强意志，即使面对反动当局的拘捕、审讯、监禁和流放，她也毫无惧色。她不顾个人安危，始终伴随在列宁身边，不仅悉心关注他的健康，而且热情支持他的工作。他们相濡以沫、并肩战斗，共同为无产阶级革命事业作出了不朽的贡献。（62）

62. 舒申斯克村的春天（油画）　З.科兹洛夫

> 本书根据对种种统计资料进行的经济学上的研究和批判性的审查，分析了俄国社会经济制度，因而也分析了俄国阶级结构。这个分析，现在已为一切阶级在革命进程中的公开政治行动所证实。无产阶级的领导作用完全显露出来了。无产阶级在历史运动中的力量比它在人口总数中所占的比例大得多这一点也显露出来了。本书论证了这两种现象的经济基础。
> ——列宁《〈俄国资本主义的发展〉第二版序言》

列宁在流放地完成了他早在彼得堡监狱中就开始写作的《俄国资本主义的发展》一书。列宁认为，要批判民粹派的观点，就必须全面考察俄国资本主义的发展历程，用马克思主义经济学说分析俄国的社会经济制度和阶级结构。《俄国资本主义的发展》就是为完成这个重要任务而撰写的一部巨著。该书分析了1861年俄国废除农奴制度以后的经济和阶级关系，阐明了俄国资本主义产生和发展的历史必然性，揭示了资本主义不仅在工业中，而且在农业中迅速发展的进程；批判了自由主义民粹派和右翼社会民主党人的理论错误；指出俄国资本主义的发展为社会主义革命创造了物质前提，准备了阶级力量。这部著作不仅论述了资本主义经济运动的一般规律，而且创造性地运用马克思的经济学说研究俄国社会和经济问题，对俄国革命实践具有重大的指导意义。该书的写作和出版得到了列宁的姐姐和姐夫的全力帮助。（63-65）

63. 《俄国资本主义的发展》一书封面（1899年彼得堡第1版）
64. 列宁的姐姐安娜
65. 列宁的姐夫马尔克·季莫费耶维奇·叶利扎罗夫

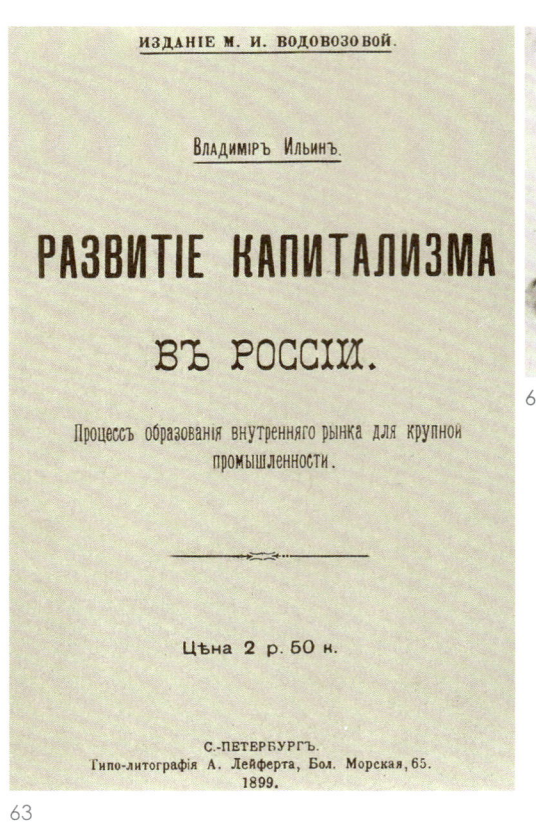

| 早期的革命活动　043

　　列宁在流放期间特别重视调查研究。他的考察重点是农业生产状况、农村社会情况和农民生活实况。为此，他深入到流放地和周边乡村的农舍、田间、林地和牧场，与农民亲切交谈，获得了大量真实、鲜活的第一手资料，特别是深切地了解了农民的思想与情绪、困难与愿望。在频繁的接触和交往中，列宁与一些贫苦农民建立了深厚友谊。他经常向农民朋友提供法律咨询和维护自身权益的建议。列宁的这些实践活动对他日后领导农村革命、推进农民工作、制定农业政策具有重要的意义。（66）

66. 在农民中间（油画）　　B.巴索夫

> 我们又遭到一次突如其来的搜查。……搜查是在1899年5月间进行的。信被他们找到了，信是丝毫没有问题的。他们检查了别的信件，但也没有发现什么问题。照彼得堡的老习惯，秘密文件和书信我们是另外保存的。的确，这些东西都摆在书柜下面的搁板上，弗拉基米尔·伊里奇递给了宪兵一把椅子，为的是让他们先从上面的搁板开始搜查，那上面放的是各种统计资料汇编。他们都搜查得累了，当要看下层搁板时，我说那里是我的一些教育书籍，他们连看也没有看便相信了。搜查平安无事地过去了。
>
> ——娜·康·克鲁普斯卡娅《在流放中》

列宁和克鲁普斯卡娅在流放地的活动一直受到反动当局的监视，他们的信函和各种邮件也受到警方的秘密审查。有时候，宪兵会突然来到他们的住所进行搜查。在这种危险的环境中，列宁和克鲁普斯卡娅时刻保持高度的警惕，不给敌人以可乘之机。即使在宪兵和警察突然闯入进行威胁的时候，他们也表现得镇静自若，每一次都能从容应对，化险为夷。正是凭借这种魄力、勇气和智慧，他们在艰苦岁月里不仅保护了自己，而且保护了革命的组织和许许多多的革命同志。（67）

67. 警察搜查列宁和克鲁普斯卡娅在舒申斯克村的住所（油画）　　B.拉夫罗娃-索尔达托娃

| 早期的革命活动 045

在艰险的处境中，列宁总是惦记着流放地的革命者。他关心这些同志的生活和健康，更关注他们的思想情况和精神状态。他努力通过各种方式与这些同志保持联系，利用节日聚会的形式同他们一起学习科学理论，一起分析斗争形势，一起讨论重大问题，一起批判错误思潮。在列宁的启发和鼓励下，这些被流放的革命者认清了形势，提高了认识，振奋了精神，加强了团结，进一步坚定了为革命事业而奋斗的信念。（68）

68. 新年聚会（油画）　潘世勋

反动当局用囚禁、流放和监视等手段对列宁进行迫害，企图以此来动摇和瓦解列宁的革命意志。然而，列宁却在千磨万击中更加坚韧和顽强，显示出藐视一切困难的革命乐观主义精神。流放期间，列宁在紧张工作之余喜欢阅读文学作品，喜欢漫步在山野和森林，喜欢去跑步、游泳、滑冰和打猎。在大自然的阳光下、清风里，这位年轻的革命家感到周身充满了无穷的力量。（69）

69. 打猎归来（油画） 孙向阳

> 没有革命的理论，就不会有革命的运动。
> ——列宁《俄国社会民主党人的任务》

列宁在流放期间密切关注俄国社会民主运动的发展。1897年底，他撰写了《俄国社会民主党人的任务》，专门论述俄国社会民主党人的政治纲领和策略，呼吁建立统一的社会民主工党，强调革命理论对于无产阶级解放斗争的指导意义。1899年秋，列宁在流放地看到了俄国经济派撰写的《信条》。经济派是伯恩施坦修正主义的忠实追随者，他们歪曲和诋毁马克思主义基本原理，肆意宣扬经济主义的理论主张和策略思想，否定在马克思主义指导下建立无产阶级革命政党的必要性。列宁立即草拟了《俄国社会民主党人抗议书》，这是一篇以17名被流放的马克思主义者名义声讨经济主义的檄文。《抗议书》批驳了经济派的《信条》对工人运动的错误分析以及由此提出的经济主义纲领，阐述了马克思主义关于统一的阶级斗争必须把政治斗争和经济斗争结合起来的原理，强调只有马克思主义理论才能成为工人运动的旗帜。（70-72）

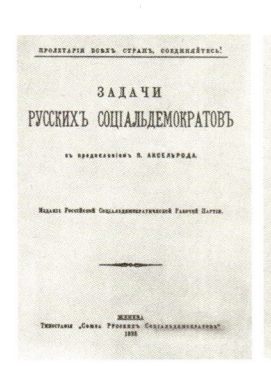

70. 列宁在流放期间撰写的《俄国社会民主党人的任务》一书（1898年日内瓦版）
71. 《俄国社会民主党人抗议书》及刊载该文的《〈工人事业〉编辑部指南》文集封面（1900年日内瓦版）
72. 米努辛斯克专区叶尔马科夫斯克村的一所农舍，在这里，包括列宁和克鲁普斯卡娅在内的17名被流放的俄国社会民主党人讨论并签署了列宁草拟的《俄国社会民主党人抗议书》。

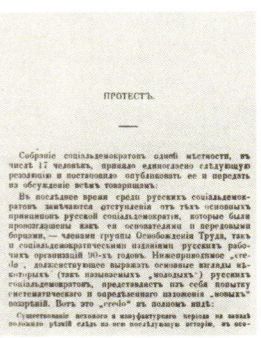

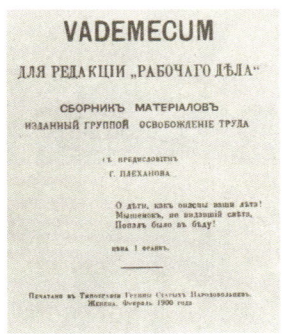

> 只有革命马克思主义的理论，才能成为工人阶级运动的旗帜。
> ——列宁《俄国社会民主党人抗议书》

列宁起草的《俄国社会民主党人抗议书》在国内外的社会民主党人中广为流传，得到了各地革命者的热烈拥护和坚决支持。这不仅打击了俄国的经济派，而且也打击了西欧的伯恩施坦修正主义，为坚持马克思主义原则、廓清经济主义谬误、维护俄国工人阶级革命队伍的团结奠定了基础。（73）

| 叶·瓦·巴拉姆津 | 阿·亚·瓦涅耶夫 | 多·瓦·瓦涅耶娃 | 格·马·克尔日扎诺夫斯基 |
| 季·巴·克尔日扎诺夫斯卡娅 | 娜·康·克鲁普斯卡娅 | 维·康·库尔纳托夫斯基 | 弗·威·林格尼克 |
| 奥·汝·勒柏辛斯卡娅 | 潘·尼·勒柏辛斯基 | Н.Н.帕宁 | 米·亚·西尔文 |
| 瓦·瓦·斯塔尔科夫 | А.М.斯塔尔科娃 | 亚·西·沙波瓦诺夫 | 奥·亚·恩格贝格 |

73. 在列宁起草的《俄国社会民主党人抗议书》上签名的16位俄国社会民主党人

在流放的后期,列宁集中精力思考如何建立新型无产阶级政党的问题。他认为,要解决好这个问题,首先必须创办一份以马克思主义为指导的全俄政治报纸,以便在思想上、组织上进行充分的准备。为此,列宁夜以继日地工作,仔细地拟订实施计划。

1900年2月列宁流放期满,因被禁止在彼得堡、莫斯科等大城市和工业中心居住,便选择在离彼得堡较近的普斯科夫定居。列宁不顾沙皇当局的禁令仍秘密前往彼得堡、莫斯科、里加等地进行革命活动,又被警方逮捕并被押送到母亲的住处——莫斯科附近的波多利斯克。(74-76)

74. 列宁在普斯科夫的住所
75. 克鲁普斯卡娅在乌法流放时的住所
76. 列宁的亲属(左起:姐夫叶利扎罗夫、母亲玛丽亚·亚历山德罗夫娜、弟弟德米特里、妹妹玛丽亚)

1900年6月，列宁在母亲和姐姐的陪同下前往乌法，去探望在那里流放的妻子克鲁普斯卡娅。在列宁的关心和鼓励下，克鲁普斯卡娅在流放地积极开展革命活动。这次旅行途中，列宁设法与一些社会民主党人见面，向他们介绍关于建立新型无产阶级政党的思路以及创办报纸的计划，努力争取他们的支持。（77-78）

77

78

77. 1900年春列宁来到里加（油画）　B.基里洛夫
78. 1900年列宁与流放乌法的社会民主党人会面（油画）　A.莫拉沃夫

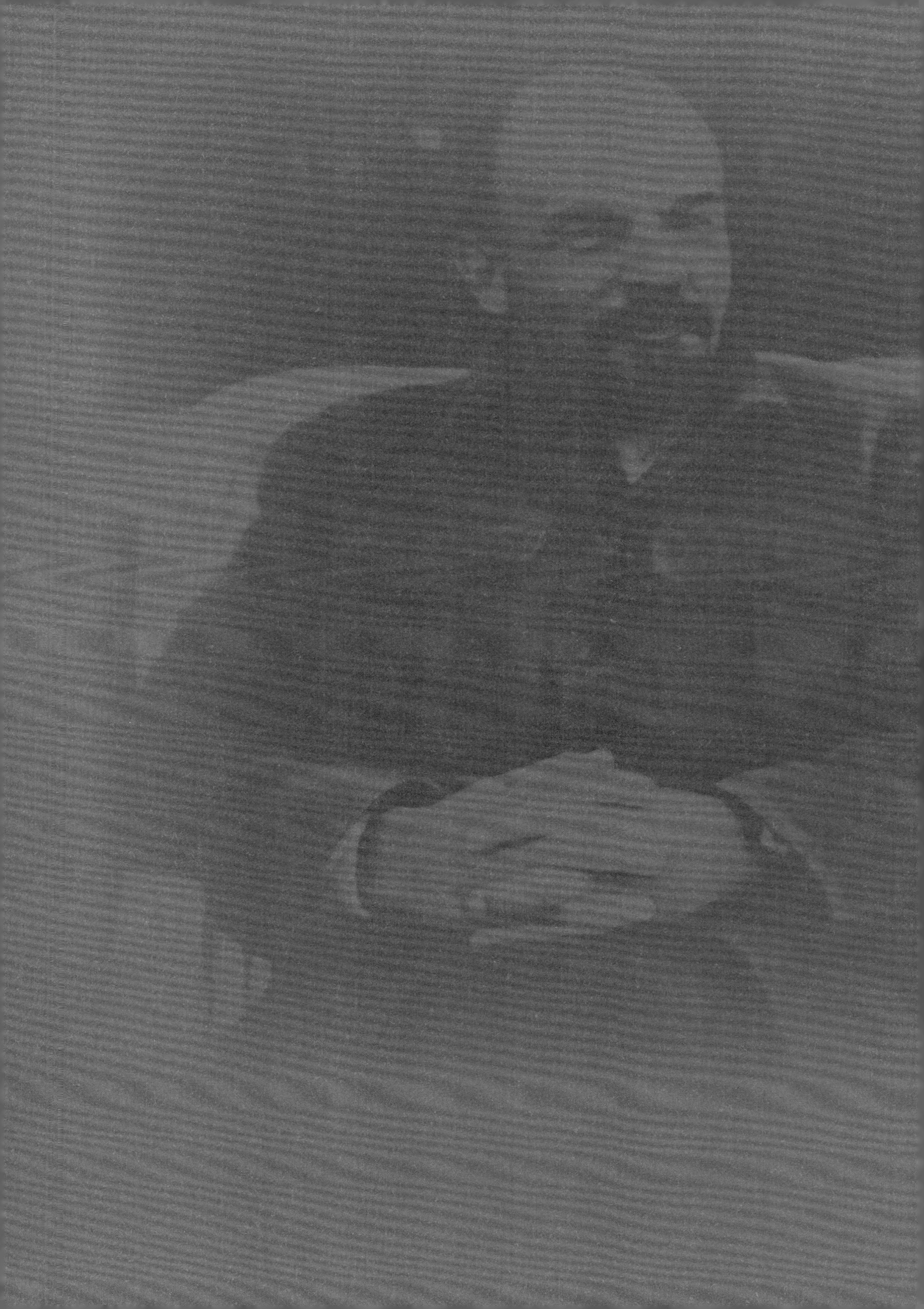

# 第三章
# 为建立和巩固新型无产阶级政党而斗争

1900年7月，列宁摆脱沙皇警察当局的监视，到国外筹办俄国马克思主义者的第一份全俄政治报纸《火星报》，为建立新型无产阶级政党作思想和组织准备。12月，《火星报》在莱比锡正式创刊。此后，列宁随该报编辑部的迁移而辗转于慕尼黑、伦敦、日内瓦等地，通过《火星报》与俄国国内的社会民主党组织和委员会保持紧密联系。1901—1902年列宁写了《怎么办？》一书，指出经济主义是伯恩施坦修正主义在俄国的变种，批判俄国经济派崇拜工人运动自发性、否定工人阶级政党领导地位和革命理论指导作用的机会主义观点，强调必须建立统一的马克思主义政党，指出只有以先进理论为指南的党，才能实现先进战士的作用。

在列宁的倡议和亲自参与下，《火星报》编辑部制定了党纲草案，筹备了俄国社会民主工党第二次代表大会。这次大会于1903年召开，因组织原则上的尖锐分歧而形成两派——以列宁为首的布尔什维克派（多数派）和以马尔托夫为首的孟什维克派（少数派）。1904年列宁写了《进一步，退两步》一书，揭露孟什维克在党的组织问题上的机会主义，全面论述了建立新型无产阶级政党的思想，强调组织统一对于无产阶级具有决定性的意义，指出党是工人阶级先进的有觉悟的有组织的部队，是用马克思主义武装起来的部队。

1905年初，彼得堡发生了"流血星期日"事件，沙皇政府的暴行激起了工人阶级和广大人民群众的愤慨与抗争，从而揭开了俄国第一次资产阶级民主革命的序幕。4月列宁在伦敦主持召开俄国社会民主工党第三次代表大会，制定了党在民主革命中的策略路线。7月列宁写成《社会民主党在民主革命中的两种策略》一书，批判孟什维克的机会主义策略，全面阐述布尔什维克的革命策略，对无产阶级在民主革命中的领导权、工农联盟、工农民主专政、民主革命转变为社会主义革命等重大问题作了深刻论述，丰富和发展了马克思主义关于无产阶级革命和无产阶级专政的理论。11月，列宁在革命形势的紧要关头由国外回到彼得堡，直接领导布尔什维克的工作。

1905年12月，莫斯科工人举行武装起义，在全国各地产生了巨大反响，成为俄国第一次革命的高潮。在1906年4月和1907年5月召开的俄国社会民主工党第四次（统一）代表大会和第五次（伦敦）代表大会上，列宁围绕无产阶级革命新形势下出现的一系列重大问题阐述布尔什维克的基本立场和原则态度。1907年6月，沙皇政府发动六三政变，俄国第一次资产阶级民主革命以失败告终。

1907年底列宁再度出国，开始为期近十年的第二次流亡生活。列宁在颠沛流离的侨居生活中从未间断理论著述和研究工作。他针对革命失败后出现的思想混乱，在1908年撰写《唯物主义和经验批判主义》一书。列宁在这部著作中驳斥了俄国马赫主义者对马克思主义的攻击，揭露了马赫主义的唯心主义实质，系统阐明了辩证唯物主义和历史唯物主义的基本原理，特别是辩证唯物主义认识论的基本原理。这部著作对于布尔什维克党坚持以马克思主义科学世界观为指导起了重要作用。

这期间列宁还致力于总结俄国革命经验，领导布尔什维克实行秘密工作和合法工作相结合的斗争策略，同召回派和孟什维克取消派作斗争。1912年列宁在布拉格主持召开俄国社会民主工党第六次全国代表会议，把孟什维克取消派清除出党。在列宁的领导下，布尔什维克党在思想上和组织上得到巩固和发展，成为领导俄国革命的核心力量。

01. 列宁（1900年）

1898年3月，俄国社会民主工党在明斯克召开的第一次代表大会上宣告成立。这次大会没有通过明确的党纲，大会选出的中央领导机构很快就遭到沙皇政府的破坏，而地方党组织又十分涣散，因此统一的无产阶级政党实际上没有真正建立起来。为了建立一个以马克思主义为指导思想的新型无产阶级政党，列宁于1900年7月去国外同劳动解放社商议创办全俄秘密政治报纸《火星报》，为建党作思想和组织准备。经列宁不懈努力，《火星报》创刊号于1900年12月24日面世，题词是："星星之火将燃成熊熊烈焰！"列宁为创刊号撰写了题为《我们运动的迫切任务》的社论，总结了俄国社会民主运动的历史教训，指出俄国社会民主工党必须把社会主义思想灌输到无产阶级群众中去，引导群众进行自觉的革命斗争。创刊号还发表了列宁的《对华战争》一文，这是列宁论述中国问题的最早的一篇文章。（02-03）

---

02. 1900年12月24日在莱比锡出版的《火星报》创刊号
03. 1898年俄国社会民主工党第一次代表大会会址（明斯克）

>**俄国社会民主党所应该实现的任务：把社会主义思想和政治自觉性灌输到无产阶级群众中去，组织一个和自发工人运动有紧密联系的革命政党。**
>
>**——列宁《我们运动的迫切任务》**

《火星报》编委会由列宁、普列汉诺夫等6人组成，列宁主持编辑部工作。1901年，克鲁普斯卡娅流放期满，来到慕尼黑与列宁并肩战斗，担任编辑部秘书。《火星报》得到了欧洲工人运动活动家的支持。（04–05）

列宁

格·瓦·普列汉诺夫　尔·马尔托夫　维·伊·查苏利奇

帕·波·阿克雪里罗得　亚·尼·波特列索夫　娜·康·克鲁普斯卡娅（编辑部秘书）

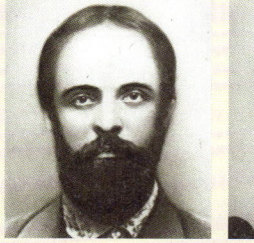

04.《火星报》编委

克·蔡特金（德国和国际工人运动活动家）　阿·布劳恩（德国社会民主党人）　尤·马尔赫列夫斯基（侨居慕尼黑的波兰革命者，印刷工人）

05. 支持《火星报》出版的工人运动活动家

列宁为办好《火星报》殚精竭虑。他亲自确定办报方针，拟定每号报纸的出版计划，物色撰稿人，编审稿件，指导《火星报》代办员的活动。除了承担编辑部的繁重工作，他还撰写大量文章，阐述党的理论建设、组织建设和俄国无产阶级革命斗争的重大问题，批判机会主义思潮，评述国内国际重大政治事件。为了保证《火星报》出版的安全，编辑部于 1902 年 4 月由慕尼黑迁往伦敦。（06–09）

06. 1900—1902 年《火星报》编辑部经常开会的地方（慕尼黑利奥波德大街 41 号）
07. 列宁 1900 年 9 月—1901 年 4 月在慕尼黑居住过的地方
08. 列宁 1902—1903 年编辑《火星报》的地方（伦敦克勒肯韦尔草坪甲 37 号）
09. 列宁 1902—1903 年在伦敦居住的地方（伦敦霍尔福广场 30 号）

> 我们这里大家都争相阅读《火星报》，不管运来多少，都能散发出去。由于有了这份报纸，现在感觉工人们热情高涨。
>
> ——《火星报》代办员伊·瓦·巴布什金给编辑部的信

为了使《火星报》能够顺利出版并不断扩大在国内的影响，列宁亲自组织领导了该报的印刷、运送和发行等秘密工作。经列宁缜密巧妙安排，《火星报》得以避开沙皇警察密探的监视，在俄国大量发行。到1903年夏，在俄国100多个城市都能看到《火星报》。（10–12）

10. 《火星报》创刊号的印刷所（德国莱比锡俄国人街48号）
11. 设在基什尼奥夫的俄国第一个《火星报》秘密印刷所
12. 用来秘密运送《火星报》的双层底手提箱

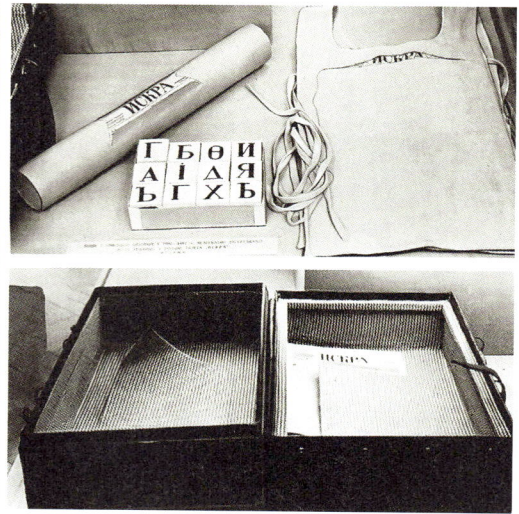

> 报纸的作用并不只限于传播思想、进行政治教育和争取政治上的同盟者。报纸不仅是集体的宣传员和集体的鼓动员,而且是集体的组织者。
>
> ——列宁《从何着手?》

列宁以《火星报》为依托进行建党的宣传和组织工作,通过在国内的职业革命家、《火星报》代办员组建火星派小组和委员会,培养党的骨干,团结和壮大党的力量。到1902年底,几乎所有重要的社会民主党委员会都明确表示拥护《火星报》。《火星报》组织为筹备和召开俄国社会民主工党第二次代表大会作出了重要贡献。(13)

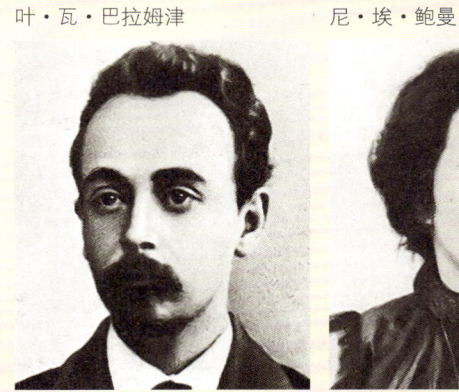

| 伊·瓦·巴布什金 | 叶·瓦·巴拉姆津 | 尼·埃·鲍曼 |
| --- | --- | --- |
| 策·萨·博勃罗夫斯卡娅 | 格·马·克尔日扎诺夫斯基 | 季·巴·克尔日扎诺夫斯卡娅 |
| 弗·扎·克茨霍韦利 | 马·马·李维诺夫 | 弗·威·林格尼克 |

13.《火星报》国内代办员

> 在《火星报》的旗帜下，革命力量开始在俄国逐步积聚起来，这股力量以后将以前所未有的规模显示出列宁的策略和列宁的"行动中的马克思主义"的无坚不摧的威力。
>
> ——格·马·克尔日扎诺夫斯基《回忆弗拉基米尔·伊里奇》

在列宁的倡导和鼓励下，俄国各地的《火星报》代办员不顾反动当局的威胁和迫害，以大无畏的革命精神积极开展工作，使这份革命的报纸得以广为传播。列宁经常会见来自国内的《火星报》代办员，并与他们保持频繁的通信联系。列宁的关心、启发和引导使一大批革命者迅速成长起来。（13）

| | | |
|---|---|---|
| 潘·尼·勒柏辛斯基 | 维·巴·诺根 | 格·伊·奥库洛娃 |
| 约·阿·波亚特尼茨基 | 伊·伊·拉德琴柯 | 米·亚·西尔文 |
| 叶·德·斯塔索娃 | 彼·格·斯米多维奇 | 玛·伊·乌里扬诺娃 |

13.《火星报》国内代办员

*没有革命的理论，就不会有革命的运动。*
*只有以先进理论为指南的党，才能实现先进战士的作用。*

*——列宁《怎么办？》*

列宁在1901年秋至1902年撰写的《怎么办？》一书，是批判在俄国流行的经济主义观点、阐明新型无产阶级政党学说的重要著作。列宁批判了经济派崇拜工人运动的自发性、贬低革命理论的指导作用、抹杀无产阶级政党领导地位的机会主义观点，强调指出：工人运动不会自发产生社会主义思想，无产阶级政党必须用科学社会主义理论武装工人运动，"对社会主义意识形态的任何轻视和任何脱离，都意味着资产阶级意识形态的加强"；无产阶级政党不仅要领导劳苦大众进行经济斗争，而且要引导他们开展广泛深入的政治斗争；当前的首要任务是"建立一个能使政治斗争具有力量、具有稳定性和继承性的革命家组织"，建立"一个由职业革命家组成而由全体人民的真正的政治领袖们领导的组织"。《怎么办？》一书为俄国社会民主工党第二次代表大会召开作了思想准备。（14-16）

14. 《怎么办？》一书封面（1902年斯图加特版）
15. 《怎么办？》一书的出版者德国社会民主党人约·狄茨
16. 沙皇警察当局关于《怎么办？》一书的案卷

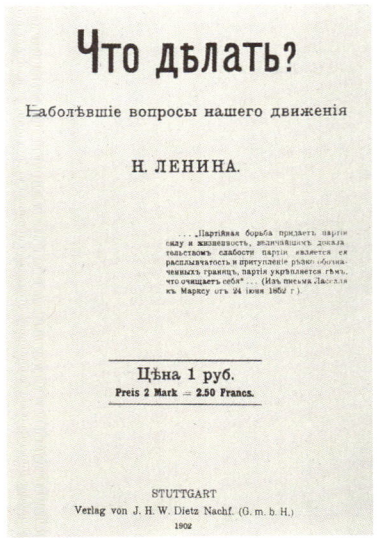

在为建立新型无产阶级政党而进行的斗争中，列宁特别关注农民和土地问题，强调这是无产阶级革命事业中的具有根本性的问题。列宁撰写了《工人政党和农民》、《土地问题和"马克思的批评家"》、《俄国社会民主党的土地纲领》以及《告贫苦农民》等重要文章，批判了自由主义民粹派在农民和土地问题上的错误观点，阐述了无产阶级政党的基本立场和策略原则，并用通俗易懂的语言向广大农民说明了俄国社会民主党人的奋斗目标。（17-18）

17. 1902年列宁《俄国社会民主党的土地纲领》手稿第1页
18. 1903年列宁《告贫苦农民》小册子封面

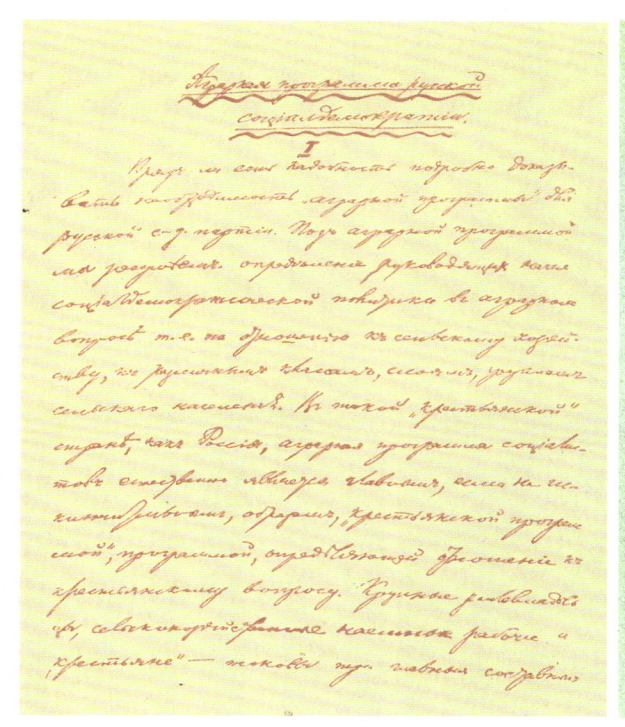

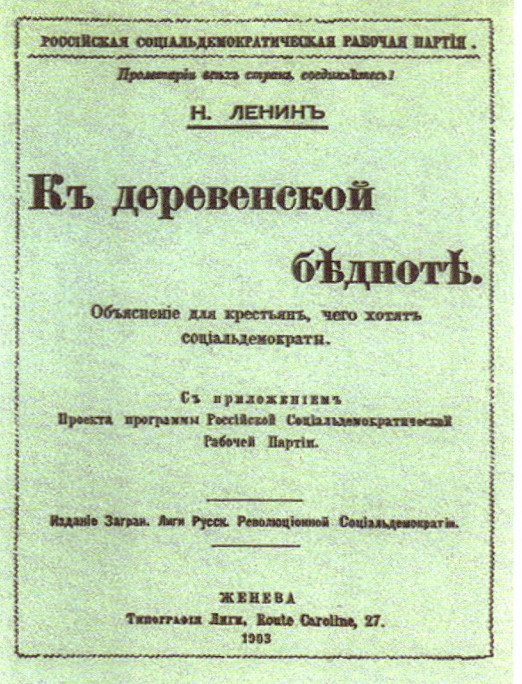

1903年7月30日—8月23日，俄国社会民主工党第二次代表大会先后在布鲁塞尔和伦敦举行。《火星报》编委会为大会的召开做了大量准备工作，草拟了党纲和党章草案。代表大会开幕后，列宁被选入代表大会常务委员会，作为会议主席团成员主持了一系列重要会议，并就各项议题发表了精辟见解，做了大量释疑解惑的工作。大会经过激烈争论，通过了普列汉诺夫和列宁草拟的党纲和党章，选举了党的中央领导机关：《火星报》编委会、中央委员会、总委员会。大会确定《火星报》为党的中央机关报。这次代表大会完成了建立一个集中统一的革命政党的任务。（19）

19. 在俄国社会民主工党第二次代表大会上（油画）　Ю. 维诺格拉多夫

在制定和讨论党纲的过程中，列宁发挥了重要作用。在涉及党的政治路线、策略思想和组织路线的重大问题上，列宁坚持马克思主义理论原则，纠正普列汉诺夫在理论和实践方面的片面性，科学地分析了俄国资本主义发展的特点，阐明了工人阶级在革命中的领导作用，论述了建立无产阶级专政的必要性，总结了俄国和国际无产阶级革命斗争的经验，为党领导的革命事业指明了前进的方向。（20-23）

---

20. 俄国社会民主工党第二次代表大会主席团成员
21. 《俄国社会民主工党第二次代表大会记录》一书封面
22. 俄国社会民主工党第二次代表大会通过的党纲（1905年日内瓦版）
23. 1902年列宁《俄国社会民主工党纲领草案》手稿

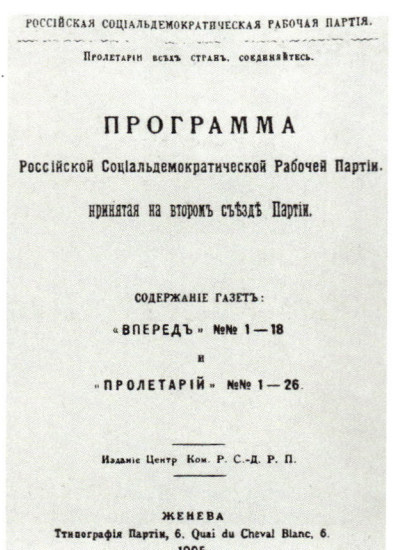

列宁　　格·瓦·普列汉诺夫　　彼·阿·克拉西科夫

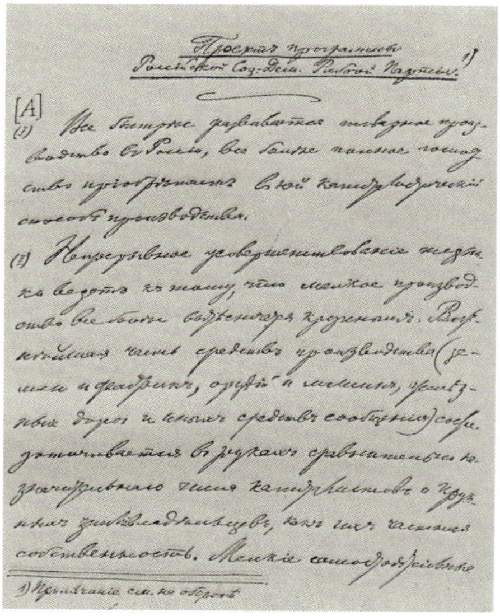

> 布尔什维主义作为一种政治思潮，作为一个政党而存在，是从 1903 年开始的。只有布尔什维主义存在的整个时期的历史，才能令人满意地说明，为什么它能够建立为无产阶级胜利所必需的铁的纪律并能在最困难的条件下坚持住这种纪律。
>
> ——列宁《共产主义运动中的"左派"幼稚病》

大会代表在讨论党纲和党章等重大议题过程中形成了两派：以列宁为代表的彻底的火星派和以尔·马尔托夫为代表的"温和的"火星派。在选举党的领导机关时，列宁及其拥护者成为多数，被称为布尔什维克（俄语'多数派"的音译），马尔托夫及其追随者成为少数，被称为孟什维克（俄语"少数派"的音译）。（24-25）

列宁　　　　　　　　格·瓦·普列汉诺夫　　　　　　尔·马尔托夫

24. 俄国社会民主工党第二次代表大会选出的中央机关报成员

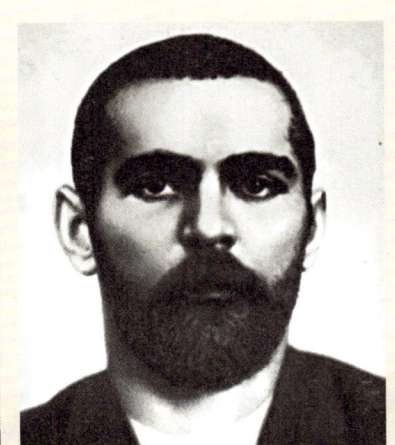

格·马·克尔日扎诺夫斯基　　　弗·威·林格尼克　　　　弗·亚·诺斯科夫

25. 俄国社会民主工党第二次代表大会选出的中央委员会成员

没有革命理论,就不会有坚强的社会党,因为革命理论能使一切社会党人团结起来,他们从革命理论中能取得一切信念,他们能运用革命理论来确定斗争方法和活动方式……我们决不把马克思的理论看做某种一成不变的和神圣不可侵犯的东西;恰恰相反,我们深信:它只是给一种科学奠定了基础,社会党人如果不愿落后于实际生活,就应当在各方面把这门科学推向前进。

——列宁《为〈工人报〉写的文章》

俄国社会民主工党第二次代表大会结束后,列宁和多数派代表到伦敦海格特公墓拜谒马克思墓。(26)

26. 在马克思墓前(油画)　A.莫拉沃夫

| 为建立和巩固新型无产阶级政党而斗争

> *无产阶级在争取政权的斗争中，除了组织，没有别的武器。*
> ——列宁《进一步，退两步》

党的第二次代表大会后，孟什维克拒不执行大会决议，成立少数派常务局，制定派别活动的纲领和控制党中央的措施。1903年10月，在普列汉诺夫的支持下，孟什维克夺取了《火星报》领导权，在总委员会中窃取了多数席位。这些分裂和破坏活动造成了党内的严重危机。列宁于11月1日退出《火星报》编委会和总委员会，以示抗议。1904年2—5月他写了《进一步，退两步》一书。列宁着重批判孟什维克在组织问题上的机会主义，指出孟什维克是要建立一个组织涣散、没有定型、成分复杂的政党。列宁系统阐述了马克思主义的建党学说，指出：无产阶级政党是由工人阶级中最优秀、最忠于革命事业的人组成的，是工人阶级的先进的有觉悟的部队；党只有成为由统一意志、统一行动和统一纪律团结起来的部队，才能起先进部队的作用；党必须根据集中制原则组织起来，少数服从多数，下级组织服从上级组织；党是工人阶级一切组织中的最高形式，它领导工人阶级的其他组织。（27—30）

27. 列宁《给〈火星报〉编辑部的信》（《我为什么退出了〈火星报〉编辑部？》）（1903年12月在日内瓦印成单页）
28. 《进一步，退两步》一书封面（1904年日内瓦版）
29. 列宁填写的日内瓦读者协会登记表（1904年12月12日）
30. 日内瓦大学图书馆阅览室，列宁曾在此写作《进一步，退两步》一书。

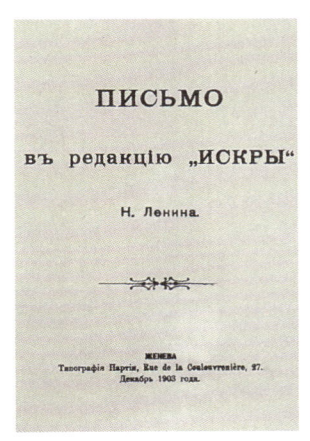

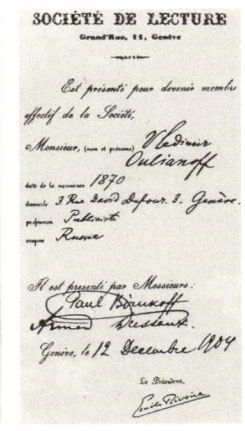

> 党内危机正在无限期地延续下去，摆脱这个危机愈来愈困难了。……每个稍微了解危机的进程，稍微珍视党的荣誉和尊严的人早已明白，除了召开党代表大会以外，不可能有别的出路。
> ——列宁《关于成立多数派委员会常务局的通知（草案）》

鉴于孟什维克的分裂活动日益加剧，列宁认为摆脱党内危机的出路在于召开党的第三次代表大会。1904年8月，列宁在日内瓦的卡鲁日主持召开了有22位布尔什维克参加的会议，为召开党的第三次代表大会作准备。同年9—12月间，俄国国内的多数派地方委员会也呼吁召开第三次代表大会。（31-34）

列宁　　亚·亚·波格丹诺夫　　谢·伊·古谢夫　　罗·萨·捷姆利亚奇卡　　马·马·李维诺夫　　马·尼·利亚多夫　　彼·彼·鲁勉采夫

31. 多数派委员会常务局成员

32. 日内瓦的兰多尔特咖啡馆，列宁1903—1904年常在这里会见俄国社会民主党人。
33. 列宁设计的保存秘密文件的有暗箱的棋桌
34. 日内瓦的卡鲁日

> 《前进报》的方针就是旧《火星报》的方针。《前进报》为了捍卫旧《火星报》正在同新《火星报》进行坚决的斗争。
> ——列宁《俄国社会民主工党分裂简况》

　　1904年底，根据列宁的倡议，俄国社会民主工党多数派委员会常务局创办《前进报》（周报）。《前进报》于1905年初问世。这是布尔什维克的第一份秘密报纸，它为批判孟什维克的机会主义、传播布尔什维克的科学理论、筹备召开俄国社会民主工党第三次代表大会起了重要作用。（35-37）

35. 载有列宁《专制制度和无产阶级》一文的《前进报》创刊号
36. 《前进报》的征订广告

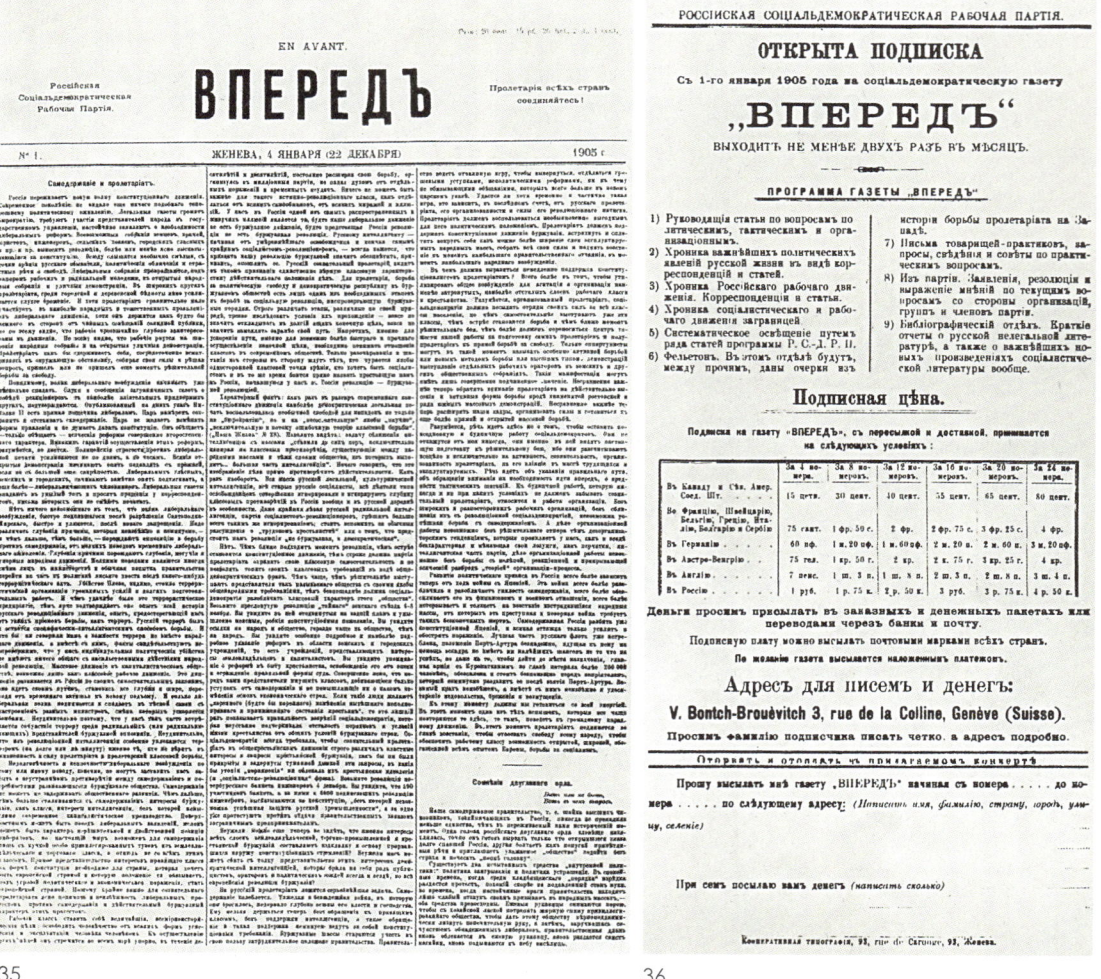

> 现在我们情绪高涨,大家都拼命干。昨天发表了我们《前进报》出版的广告。所有的多数派都空前地欢欣鼓舞。……多数派的委员会正在联合起来,已经选出了常务局,现在机关报将把它们完全联合在一起。乌拉!不要泄气,现在我们会愈来愈有生气。
>
> ——列宁 1904 年 12 月 24 日给玛·莫·埃森的信

| 列宁 | 弗·德·邦契-布鲁耶维奇 | 瓦·瓦·沃罗夫斯基 |
| 维·阿·卡尔宾斯基 | 阿·瓦·卢那察尔斯基 | 米·斯·奥里明斯基 |

《前进报》编辑部成员

1905 年 1 月 16 日彼得堡普梯洛夫工厂爆发了罢工，很快发展成全市大罢工。1 月 22 日星期日当天，14 万工人及家属在格·阿·加邦神父煽动和组织下，前往宫廷广场向沙皇请愿，结果惨遭沙皇军警镇压，一千多人被杀，数千人受伤，史称"流血星期日"。沙皇政府的暴行激起工人和全国人民的极大愤慨。这一事件揭开了 1905—1907 年俄国第一次资产阶级民主革命的序幕。（38-40）

38. 1905 年 1 月 22 日彼得堡普梯洛夫工厂门前的罢工群众
39. 1905 年 1 月 22 日沙皇军队在彼得堡冬宫前向和平请愿的工人开枪
40. 彼得堡瓦西里耶夫岛的"流血星期日"（油画） B. 马科夫斯基

40

> 工人阶级从国内战争中得到了巨大教训；无产阶级在一天当中所受到的革命教育，是他们在浑浑噩噩的、平常的、受压制的生活中几个月、几年都受不到的。英勇的彼得堡无产阶级的口号"不自由毋宁死！"，现在已经响彻全俄国。事件正以惊人的速度发展着。
>
> ——列宁《俄国革命的开始》

"流血星期日"事件发生后，列宁以无产阶级革命家的敏锐洞察力，立即指明了这次事件的性质和影响。他在《前进报》上先后发表《俄国革命》、《俄国革命的开始》等文章，指出俄国工人阶级已经觉醒，并开始了推翻沙皇专制制度的伟大斗争，这一斗争将成为世界历史的转折点。列宁强调工人阶级政党必须根据形势的变化及时确定自己的斗争方向和工作重点，履行自己的使命，真正发挥先锋队的作用。（41）

41.《俄国革命的开始》一文，载于1905年1月31日《前进报》第4号。

俄国革命运动的发展迫切需要无产阶级革命政党的正确领导。在列宁的周密部署和有力推动下，俄国社会民主工党第三次代表大会于 1905 年 4 月 25 日至 5 月 10 日在伦敦召开；孟什维克拒绝参加，而在日内瓦单独召开了代表会议。列宁主持了代表大会，为大会起草了有关武装起义、临时革命政府、党的公开政治活动和农民运动等问题的决议。代表大会制定了党在革命中的策略路线；修订了党章，采用了列宁关于党员资格的表述；选举产生了中央委员会作为党的唯一领导中心；决定创办新的中央机关报《无产者报》取代《前进报》。中央委员会任命列宁为《无产者报》主编和中央驻国外代表。俄国大多数党组织拥护第三次代表大会的决议，把它当做争取民主革命胜利的战斗纲领。（42—44）

42. 在俄国社会民主工党第三次代表大会上（油画）　A. 柳比莫夫
43. 列宁出席俄国社会民主工党第三次代表大会的代表证书
44. 《俄国社会民主工党第三次代表大会记录》封面（1906 年日内瓦版）

> 现在，我们应当向无产阶级和全体人民指出，只提革命这个口号是不够的，必须清楚而毫不含糊地、彻底而坚决地把革命的内容本身确定下来。而能够这样确定革命内容的就是那个唯一能够正确表明革命"彻底胜利"的口号：无产阶级和农民的革命民主专政。
> ——列宁《社会民主党在民主革命中的两种策略》

为了贯彻党的第三次代表大会精神，捍卫布尔什维克的策略路线，批判孟什维克的机会主义路线，列宁于1905年6—7月写了《社会民主党在民主革命中的两种策略》一书。列宁阐释了布尔什维克关于革命的性质、前途、动力和各阶级在革命中的作用等问题的基本观点。他指出：无产阶级应当而且能够成为资产阶级民主革命的领导；工农联盟是革命取得胜利的根本保证；人民武装起义是革命胜利的最重要手段。列宁在书中阐发了马克思主义关于不断革命的思想，指出民主革命和社会主义革命是既有联系又有区别的两个革命阶段，无产阶级在取得民主革命的胜利后，应当不失时机地向社会主义革命过渡。（45-46）

45. 《社会民主党在民主革命中的两种策略》一书封面（1905年日内瓦版）
46. 《社会民主党在民主革命中的两种策略》手稿第1页

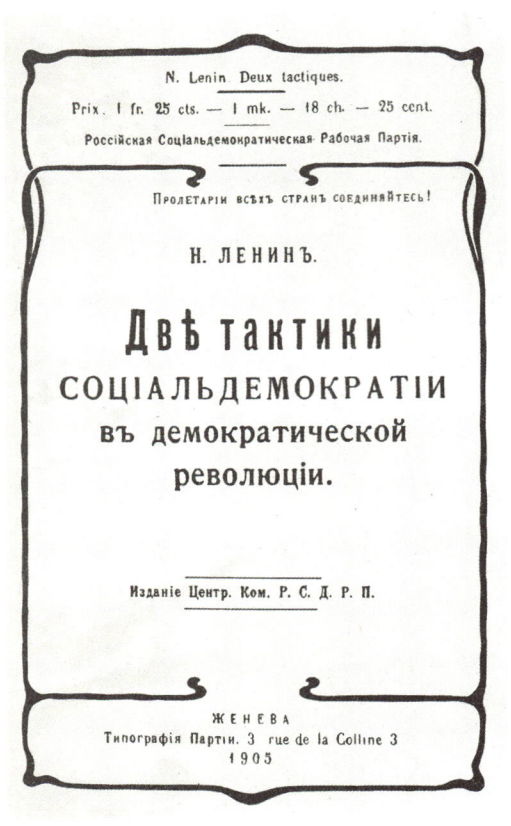

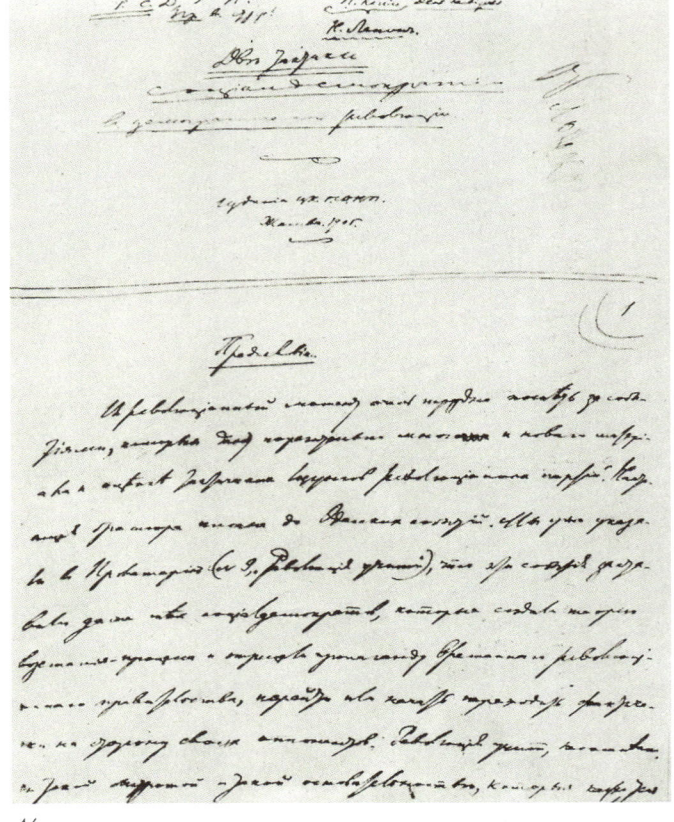

> 革命军队之所以必要,是因为只有靠暴力才能解决伟大的历史问题,而在现代斗争中,暴力组织就是军事组织。
>
> ——列宁《革命军队和革命政府》

1905年,工人罢工风起云涌,农民运动蓬勃发展,军队中的革命情绪也不断高涨。6月,沙俄海军的"波将金"号装甲舰举行起义。列宁对起义给予高度评价。他在《革命军队和革命政府》一文中指出,这次起义标志着反对专制制度的革命运动的发展又向前迈进了一大步。(47-51)

---

47. 《革命军队和革命政府》一文手稿
48. "波将金"号装甲舰

49

| 为建立和巩固新型无产阶级政党而斗争 | 079

> 整个俄国怒火燃烧,高呼着砸碎奴役制度的锁链!政府想要血洗全国,却忘了军队是由被压迫人民的子弟组成的。"波将金"号全体舰员已经迈出了决定性的第一步。我们再也不愿充当屠杀我国人民的刽子手。我们的口号是:誓死为全俄国人民的自由而战!
> ——摘自"波将金"号的宣言

49. "波将金"号装甲舰起义(油画) H.舍斯托帕洛夫
50. "波将金"号装甲舰起义的领导者和组织者
51. 列宁1905年在日内瓦会见水兵阿·尼·马秋申科(油画) M.特鲁法诺夫 H.捷列波夫

水兵阿·尼·马秋申科  水兵格·尼·瓦库连丘克

50

51

> 莫斯科的革命事变,是暴风雨来临时的第一道闪电,它照亮了一个新的战场。
> ——列宁《莫斯科的政治罢工和街头斗争》

1905年10月,俄国国内的阶级斗争形势出现新的局面,政治罢工浪潮不断高涨,从莫斯科、彼得堡扩展到全国所有的工业中心和城市,甚至蔓延到各边疆地区,形成全俄政治总罢工,参加罢工的人数达200多万人。在罢工的城市还成立了领导罢工的政治组织——工人代表苏维埃,有的地方还成立了士兵代表苏维埃和工农代表苏维埃。十月罢工显示出无产阶级运动的力量和声势,迫使沙皇于10月30日颁布宣言,许诺公民有言论、集会、结社的自由,并许诺召开具有立法职能的国家杜马。(52)

52. 1905年11月2日莫斯科民众举行示威,为在游行中遇害的布尔什维克革命家尼·埃·鲍曼送葬。

> 沙皇的让步确实是革命的极其伟大的胜利,但是这一胜利还远远不能决定整个自由事业的命运。沙皇还远远没有投降。专制制度根本没有不复存在。它只不过是把战场留给敌人,从战场上退却了,在一场异常激烈的战斗中退却了,但是它还远远没有被击溃,它还在集结自己的力量,革命的人民还要解决许多极其重大的战斗任务,才能使革命取得真正的完全的胜利。
>
> ——列宁《革命第一个回合的胜利》

沙皇的诏书颁发以后,列宁立即看穿了反动当局的欺骗手法。他撰写了《革命第一个回合的胜利》等文章,揭露沙皇的让步只是一纸空文,是缓兵之计。列宁要求工人阶级擦亮眼睛,认清形势,丢掉幻想,继续战斗,坚决彻底地铲除沙皇专制制度。(53-54)

53. 1905年10月基辅人民的集会
54. 1905年10月彼得堡工人举行游行示威

55. 回国途中（素描）

> 出版物现在有十分之九可以成为，甚至可以"合法地"成为党的出版物。出版物应当成为党的出版物。……社会主义无产阶级应当提出党的出版物的原则，发展这个原则，并且尽可能以完备和完整的形式实现这个原则。
>
> ——列宁《党的组织和党的出版物》

鉴于国内革命形势迅猛发展，列宁于1905年11月21日从国外回到彼得堡，直接领导布尔什维克的工作。11月22日列宁召开《新生活报》编辑部布尔什维克编辑人员和党的积极分子会议，确定了编辑部成员和办报方针。《新生活报》是俄国布尔什维克的第一份合法报纸，实际上成了党中央的机关报。列宁高度重视党报的政治方向，强调党的出版物必须毫不动摇地坚持党性原则。为此，他专门撰写了《党的组织和党的出版物》一文，对这个重要问题作了深刻的论述。在列宁亲自领导和推动下，《新生活报》的影响力不断提升，发行量高达3万份，对党的各项工作发挥了重要指导作用。12月15日，《新生活报》遭沙皇政府查封。（55—57）

56. 布尔什维克的合法报纸《新生活报》创刊号
57. 《新生活报》的出版者和主要撰稿人

列宁

玛·费·安德列耶娃　瓦·瓦·沃罗夫斯基　阿·马·高尔基

阿·瓦·卢那察尔斯基　米·斯·奥里明斯基　伊·伊·斯克沃尔佐夫－斯捷潘诺夫

> 无产阶级的群众性的斗争走到了各种组织的前面，由罢工发展成了起义。这是俄国革命在1905年12月取得的最伟大的历史成果，这个成果也同从前的一切成果一样，是用极大的牺牲作代价换来的。
> ——列宁《莫斯科起义的教训》

1905年12月，莫斯科的政治总罢工转变为武装起义，莫斯科工人奋不顾身地战斗了9天时间，虽然最终遭到沙皇政府残酷镇压，但是，十二月武装起义却成为俄国第一次革命的高潮，标志着无产阶级的群众性斗争进入新的阶段。列宁撰写了一系列文章，对莫斯科起义的深远意义作了全面论述，对这次起义的经验教训作了科学总结。他明确指出，莫斯科工人表现出了令人难忘的英雄气概，为俄国劳动人民树立了斗争的榜样。他强调伟大的群众性的斗争就要到来了，这将是武装起义，觉悟的无产阶级政党应当履行它在这一伟大斗争中的职责。列宁的论述丰富了马克思主义理论宝库，对于后来十月社会主义革命的胜利具有指导意义。（58—59）

58. 列宁《莫斯科起义的教训》，载于1906年9月11日《无产者报》第2号。
59. 1905年12月的莫斯科街垒战（油画）  Г.萨维茨基

1906年4月23日至5月8日，俄国社会民主工党第四次（统一）代表大会在瑞典斯德哥尔摩召开。大会的主要议题是当前革命形势、党的土地纲领、武装斗争、对待杜马的态度等问题。列宁就这些议题作了报告和发言，阐明了布尔什维克的基本立场和策略原则。这次大会虽然是由布尔什维克和孟什维克召开的统一代表大会，但两派在思想上没有实现真正的统一。由于孟什维克在代表大会上占有票数优势，大会通过了他们提出的赞成土地地方公有、拒绝武装起义、支持杜马的决议。（60-62）

60. 俄国社会民主工党第四次（统一）代表大会会址（瑞典斯德哥尔摩人民宫）
61. 列宁《关于俄国社会民主工党统一代表大会的报告》封面（1906年莫斯科版）
62. 列宁《修改工人政党的土地纲领》封面（1906年彼得堡版）

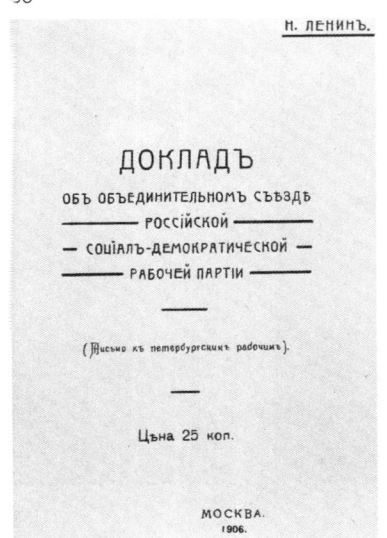

代表大会闭幕后,列宁立即写了《前"布尔什维克"派出席统一代表大会的代表告全党书》,出席代表大会的26名布尔什维克签名表示赞同。《告全党书》阐明了社会民主工党在当前历史时期的战略任务,指出代表大会对这些任务的理解和说明不完全正确,代表大会关于土地纲领、武装斗争和杜马的决议"暴露了在代表大会上占多数的前'孟什维克'派的错误观点","我们应当而且一定要在思想上同这些决议作斗争"。《告全党书》声明反对任何分裂行为。"我们深信,工人的社会民主党组织应当是统一的,但是,在这些统一的组织里,应当对党内的问题广泛地展开自由的讨论,对党内生活中各种现象展开自由的、同志式的批评和评论。"(63)

63. 参加俄国社会民主工党第四次(统一)代表大会的布尔什维克代表在列宁起草的《告全党书》上签名(油画)

　　Н. 帕夫洛夫

1906年5月22日，列宁化名卡尔波夫在彼得堡帕宁娜伯爵夫人民众文化馆群众大会上发表演说，约3 000人出席大会。列宁在演说中揭露了立宪民主党靠牺牲人民利益同沙皇政府搞交易的政策，批驳了为立宪民主党辩护的发言人的言论。大会通过了列宁提出的决议案。决议提醒全体公民要警惕专制政府用暴力回答人民对自由的要求和农民对土地的要求；号召杜马中的工人团和农民团摆脱立宪民主党的影响，提出各自的独立的要求。决议指出："专制政府的行为以及农民和全体人民的需要完全得不到满足的事实，已经使杜马外的决战不可避免，这是一场使人民争取掌握全部政权的决战，只有它能保障人民的自由和需要。"（64）

64. 在彼得堡帕宁娜伯爵夫人民众文化馆群众大会上发表演说（油画）　M. 索科洛夫

> 我国革命正处在困难时期，需要有团结一致的无产阶级政党那种坚强的意志、坚韧不拔的毅力和不屈不挠的精神，才能顶住怀疑、消极、冷淡和不愿意斗争的情绪。
> ——列宁《俄国社会民主工党第五次代表大会文献》

1907年5月13日至6月1日，俄国社会民主工党第五次代表大会在伦敦召开。代表大会的主要议题是如何对待资产阶级政党问题。列宁就这个问题作了报告，认为对黑帮政党和大地主大资产阶级政党应进行坚决斗争，对自由资产阶级的立宪民主党应揭露其假民主、真维护沙皇专制制度的本质，驳斥了孟什维克认为在国家杜马内可以同立宪民主党人结成联盟的错误主张。代表大会通过了列宁提出的决议案，规定了对待所有非无产阶级党派的政治态度和策略原则。这次大会表明，列宁的思想理论和布尔什维克的革命路线获得了巨大的胜利。（65-67）

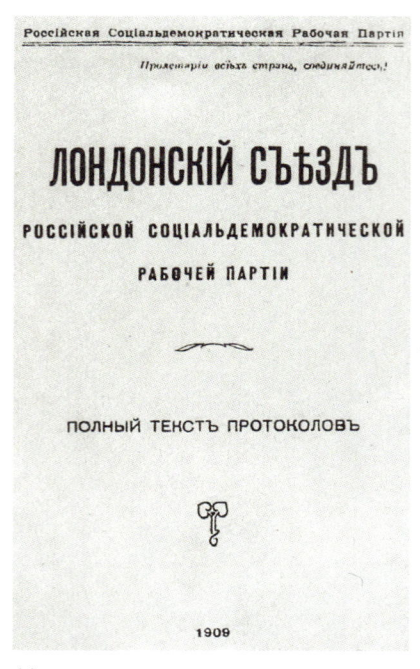

65.
66.
67.

65. 俄国社会民主工党第五次代表大会会址（伦敦兄弟会教堂）
66. 《俄国社会民主工党伦敦代表大会记录》封面（1909年版）
67. 伦敦英国博物馆的阅览大厅，俄国社会民主工党第五次代表大会后列宁曾在此校订他在代表大会上的发言速记稿。

> *这将是一场顽强的战争。我们善于在革命以前长期进行工作。人们说我们坚如磐石，这不是没有原因的。社会民主党人已建立起无产阶级的党，这个党决不会因第一次军事进攻遭到失败而心灰意懒，决不会张皇失措，决不会热衷于冒险行动。这个党在走向社会主义，而没有把自己和自己的命运同资产阶级革命某个阶段的结局联结在一起。正因为如此，它就不会有资产阶级革命的种种弱点。这个无产阶级的党正在走向胜利。*
>
> ——列宁《政治短评》

1907年6月16日（俄历6月3日），沙皇政府解散第二届国家杜马，大臣会议主席彼·阿·斯托雷平实施白色恐怖政策，逮捕了杜马中的社会民主党党团全部代表。这就是俄国历史上的反革命"六三政变"，这一事件标志着俄国第一次资产阶级民主革命的结束和斯托雷平反动时期的开始。在这个时期，成千上万革命者被流放，被投入监狱或被处死。革命的工人组织不能公开存在，无产阶级革命政党只得转入地下。在革命处于低潮的情况下，列宁坚定不移地领导党组织和革命群众开展斗争。在孟什维克散布悲观失望情绪的时候，列宁撰写了一系列文章，阐明革命事业的光明前途，增强工人阶级与全党同志的信心和斗志。（68-69）

68. 俄国第一次革命失败后被监禁或流放的一些布尔什维克革命家

费·埃·捷尔任斯基　米·伊·加里宁　西·阿·捷尔－彼得罗相　谢·米·基洛夫

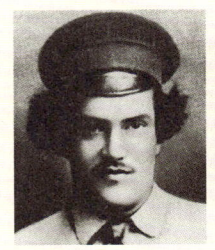

瓦·弗·古比雪夫　格·康·奥尔忠尼启则　雅·米·斯维尔德洛夫　米·瓦·伏龙芝

69. 车里雅宾斯克州监狱转移犯人

1906年夏—1907年冬，列宁为摆脱沙皇警察的迫害，移居芬兰的库奥卡拉、赫尔辛福斯等地。他在芬兰继续指导布尔什维克的工作，秘密出版《无产者报》，为党的刊物撰写文章，总结革命经验。列宁在1907年11—12月撰写了《社会民主党在1905—1907年俄国第一次革命中的土地纲领》这部重要著作。他依据俄国1905—1907年土地运动的经验，批判了地主资产阶级政党和小资产阶级政党的土地纲领以及孟什维克的土地地方公有化纲领。列宁阐明了布尔什维克的土地纲领，指出：俄国革命只有作为农民土地革命才能获得胜利，而如果不实行土地国有化，土地革命的历史使命就不可能真正完成；只有无产阶级领导农民推翻沙皇制度并建立无产阶级和农民的革命民主专政，才能实现土地国有化。

　　1907年底，沙皇警察在芬兰到处搜寻列宁。列宁离开芬兰，经斯德哥尔摩去瑞士，开始了长达近十年的第二次国外流亡生活。（70-74）

70. 列宁1906年夏—1907年冬住过的库奥卡拉的"瓦萨"别墅
71. 列宁和克鲁普斯卡娅1907年6—7月居住过的斯季尔苏坚村舍
72. 列宁1907年11月在赫尔辛福斯附近奥盖尔比住过的地方
73. 列宁《社会民主党在1905—1907年俄国第一次革命中的土地纲领》一书手稿最后一页

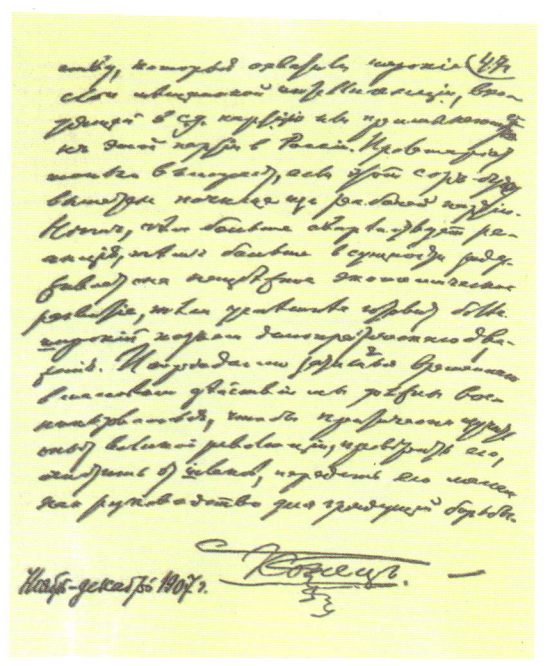

当我在彼得堡奔忙的时候,伊里奇险些死在去斯德哥尔摩的旅途中。……有个芬兰同志劝他在最近的海岛上船。这样做,就俄国警察不能在那里逮捕人这一点来说,是安全的,但是到岛上去大约要在冰上步行三俄里。虽然已是12月了,可是冰并没有到处都冻结实。没有人愿意冒生命的危险,所以没有找着向导。后来两个喝得有些醉意的芬兰农民愿意送伊里奇,他们真是不知深浅的人。就这样,夜里在冰上走的时候,他们同伊里奇险些一同丧命——脚下一块地方的冰流动了。他们好容易才跑了出来。

——娜·康·克鲁普斯卡娅《从俄国到国外去》

74. 履冰涉险,流亡国外(油画)  A.李洛夫

> 在一切工人政党中，必然要形成明显程度不同的右翼，这个右翼在观点、策略和组织"路线"上表现出小资产阶级机会主义倾向。……了解一下这种倾向在俄国社会民主党的不同发展时期的不同表现形式，对于巩固革命的马克思主义，对于俄国工人阶级在自己的解放斗争中得到锻炼，是十分必要的。
>
> ——列宁《〈十二年来〉文集序言》

列宁在颠沛流离的革命生涯中从未停止理论著述活动。1907年他在避居芬兰期间审阅了《十二年来》文集第1卷的校样并写了序言。1907年12月底，他在出国途经斯德哥尔摩短暂停留期间，还去瑞典皇家图书馆进行研究工作。（75–77）

75. 《十二年来》文集的扉页
76. 彼得堡高等法院查禁《十二年来》文集的决定
77. 斯德哥尔摩皇家图书馆的主阅览厅（左上角为列宁在登记簿上的签名：约·弗雷）

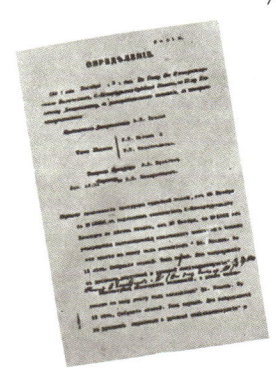

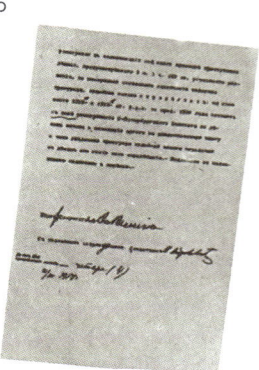

列宁根据布尔什维克中央的决定，把 1906 年 9 月创办的秘密报纸《无产者报》迁至日内瓦出版。从 1908 年春天起，列宁继续为《无产者报》撰写文章，并在日内瓦、巴黎、安特卫普和伦敦等地的各种会议上发表演说。他运用马克思主义理论系统总结第一次俄国革命的历史经验和重要教训，深入阐述俄国革命的性质、特点和发展前途，逐条批驳孟什维克歪曲俄国革命性质的种种谬论。列宁的文章和演说澄清了革命队伍内部一度出现的思想混乱，使无产阶级和革命群众明确了斗争方向，积极地准备新的革命高潮的到来。（78）

---

78. 载有列宁《革命和反革命》、《第三届杜马》、《新土地政策》、《世界政治中的易燃物》等文章的《无产者报》

*您应当明了，当然，您也完全明了：一个党员一旦认识到某种学说极端错误和有害时，就必须起来反对这种学说。如果我不是绝对相信（我愈是阅读巴扎罗夫、波格丹诺夫之流的晦涩的原作，就愈相信）他们的著作从头至尾，从叶至根（直到马赫和阿芬那留斯）都完全是荒谬、有害、庸俗、说教的作品，我也不会来争论的。*

——列宁 1908 年 3 月 24 日给阿·马·高尔基的信

列宁和阿·马·高尔基有着深厚的革命友谊。1908 年 4 月下旬，列宁应高尔基夫妇邀请来到意大利的卡普里岛小住。两位好友重逢，分外亲切。他们倾心交谈，一同游览名胜古迹，一起探访渔民生活。他们还就无产阶级革命文学的创作问题进行了深入的讨论。当时亚·亚·波格丹诺夫、弗·亚·巴扎罗夫和阿·瓦·卢那察尔斯基也在那里。他们都是俄国社会民主工党的理论家，自称"马克思主义者"，但在哲学上却竭力宣扬唯心主义观点。在这方面，列宁同他们存在着重大分歧。高尔基想借此机会缓和列宁同他们因哲学争论而形成的紧张关系。但列宁深知，同他们的争论涉及捍卫马克思主义科学世界观的根本问题，因此在同他们的会面和交谈中，列宁始终坚定地恪守自己的原则立场。(79-81)

79. 列宁和高尔基（素描） П.瓦西里耶夫
80. 列宁与波格丹诺夫对弈
81. 列宁和高尔基在卡普里岛与渔民在一起（油画） Д.纳尔班江

> 尽管这是一本和俄国"马赫主义者"进行论战的著作,可是我希望,它作为一本介绍马克思主义哲学即辩证唯物主义以及介绍从自然科学的最新发现中所得出的哲学结论的参考书,将有所裨益。
> ——列宁《〈唯物主义和经验批判主义〉第二版序言》

为了揭露哲学修正主义对马克思主义的歪曲,捍卫和发展马克思主义哲学,列宁进行了大量的研究工作。1908年2—10月,列宁撰写《唯物主义和经验批判主义》,这是列宁批判唯心主义哲学思潮、阐明马克思主义科学世界观的重要著作。列宁批判了波格丹诺夫、巴扎罗夫等人对马克思主义的歪曲和攻击,系统阐明了辩证唯物主义和历史唯物主义的基本原理,特别是辩证唯物主义认识论的基本原理,阐明"生活、实践的观点,应该是认识论的首要的和基本的观点"。列宁用辩证唯物主义观点总结了19世纪末20世纪初自然科学的新成果,批判了物理学研究中的唯心主义和形而上学。在这部著作中,列宁还论述了唯物主义和唯心主义斗争的实质,阐明了哲学的党性原则。(82-84)

---

82. 《唯物主义和经验批判主义》一书封面(1909年莫斯科版)
83. 列宁为《无产者报》编辑部成员约·费·杜勃洛文斯基参加波格丹诺夫举办的哲学报告会草拟的《向报告人提十个问题》的手稿
84. 《向报告人提十个问题》的发言人杜勃洛文斯基

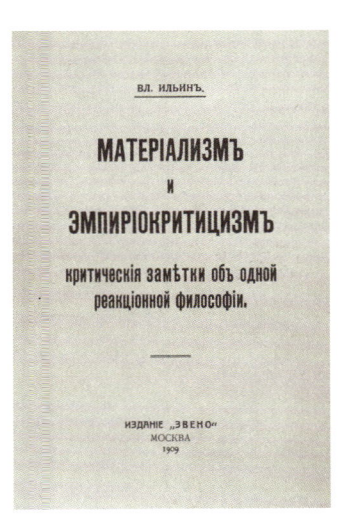

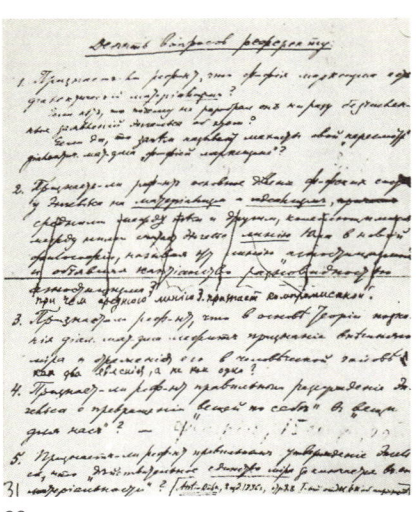

1908年初，列宁尽管忙于编辑出版《无产者报》和党的其他工作，但仍然挤出时间在日内瓦各图书馆从事哲学研究，专心致志地撰写《唯物主义和经验批判主义》。为了详细了解当代哲学和自然科学新文献，他还在5月前往伦敦英国博物馆图书馆工作了一个月。在这部著作中，列宁引用的各类文献达200种。（85）

85. 在日内瓦图书馆撰写《唯物主义和经验批判主义》（油画） П.别洛乌索夫

> 一个能够通过联系群众而得到巩固以进行坚持不懈的工作的党，一个能够组织本阶级先锋队的先进阶级的党，一个努力以社会民主党的精神去影响无产阶级每一个现实表现的先进阶级的党，是一定会取得胜利的。
>
> ——列宁《走上大路》

1908年12月，列宁迁居法国巴黎。1909年1月，他参加了俄国社会民主工党第五次全国代表会议，并就"目前形势和党的任务"作了报告。会议期间，列宁领导布尔什维克同党内各种机会主义派别和错误倾向进行了坚决的斗争。会议最终根据列宁在报告中阐发的思想形成并通过了决议，确立了党的革命路线和组织原则。列宁高度评价这次代表会议的意义，指出这次会议"把我们的党引上了大路"，成为"俄国工人运动发展中的一个转折点"。（86—88）

86. 俄国社会民主工党第五次代表会议的主要决议以及列宁论述这次代表会议意义的《走上大路》一文
87. 俄国社会民主工党第五次代表会议会址（巴黎阿列西亚街99号）
88. 巴黎国立图书馆，列宁1909—1912年曾在此从事写作和研究。

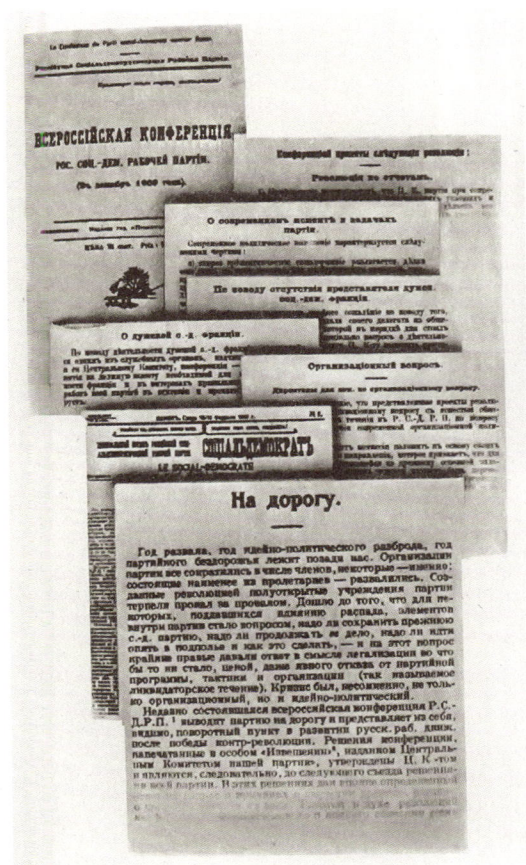

> 我们当前的任务就是保存和巩固俄国社会民主工党。完成这项重大任务的一个极其重要的因素，就是同两种取消主义，即右的取消主义和左的取消主义进行斗争。
> ——列宁《〈无产者报〉扩大编辑部会议文献》

自1907年六三政变以来，俄国社会民主工党内部发生了严重危机。孟什维克队伍中出现了主张取消党的秘密斗争、鼓吹放弃革命的"取消派"；布尔什维克队伍中则出现了主张从国家杜马中召回工人代表、要求采取冒险行动的"召回派"。列宁认为，这两个派别构成了社会民主工党内部的两个极端，但本质上都是小资产阶级摇摆性在工人运动中的反映。列宁坚持不懈地进行两条战线的斗争，既反对取消派，又反对召回派，以保证全党坚持马克思主义的策略原则。

1909年6月21—30日，列宁倡议召开的《无产者报》扩大编辑部会议在巴黎举行。这次会议实际上是有地方代表参加的布尔什维克中央的会议。会议批判了召回主义，指出它实质上是左的取消主义，"俄国社会民主党内的革命派别布尔什维主义，必须同这两者划清界限"。会议还强调指出，"保存和巩固俄国社会民主工党是压倒一切的根本任务"，为此必须把合法工作和秘密工作密切结合起来。（89-90）

---

89. 《无产者报》扩大编辑部会议会址（原巴黎卡皮特咖啡馆）
90. 列宁为《无产者报》扩大编辑部会议起草的一些决议

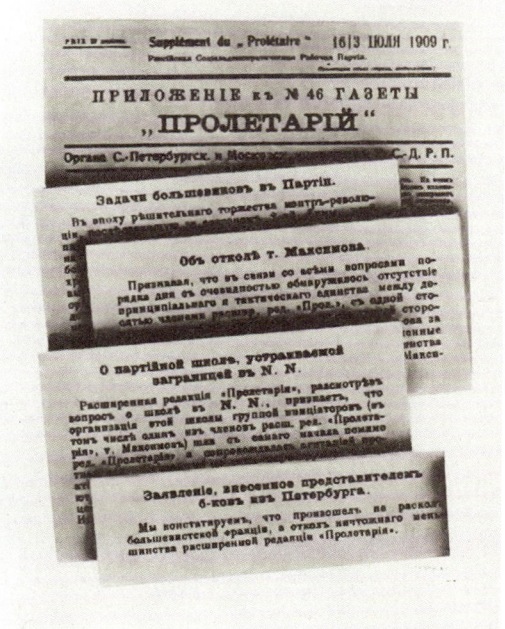

1911年春，为了培养党的干部，列宁在巴黎郊区隆瑞莫创办了布尔什维克自己的党校。有18名学员在这里学习。列宁是主讲人，他首先辅导学员学习《共产党宣言》，然后系统地讲授政治经济学、土地问题、社会主义理论和实践以及唯物史观等专题，共50多讲。党校学业结束后，学员们回俄国开展革命工作，不少人成为党的重要骨干。（91-92）

91. 隆瑞莫党校的隐秘入口
92. 列宁和克鲁普斯卡娅在巴黎郊区隆瑞莫的住所

列宁讲课深受学员们的欢迎，这不仅因为他知识渊博，而且因为他特别注重联系实际，善于把抽象的理论问题讲得明白易懂。他熟练地使用启发式的教学方法，常常把讲课变成生动活泼的座谈，把全体学员都吸引进来，使每个人都能参与、都有收获。在紧张的讲课之余，列宁还利用闲暇同学员们欢聚谈心。有时候，他还同克鲁普斯卡娅骑自行车郊游，去领略美丽的自然风光。（93-94）

93. 列宁和克鲁普斯卡娅在巴黎郊外的公园里（水粉画）　　古元

94. 思考（素描） П.瓦西里耶夫

1911年6月,列宁在巴黎主持召开俄国社会民主工党侨居国外的中央委员会议,呼吁尽快召开中央全会和全党代表会议。经列宁积极筹划,俄国社会民主工党第六次全国代表会议于1912年1月18—30日在布拉格召开,有20多个党组织的代表参加,与会人员绝大多数都是布尔什维克。列宁主持了代表会议。会议确定了党在新的革命形势下的政治路线和策略方针,通过了清除孟什维克取消派出党的决议,选举了新的党的领导机关中央委员会和中央委员会俄国局。这次会议是布尔什维克四年来反对取消派和召回派斗争的一次总结,是列宁为重整队伍、恢复和巩固党组织而进行的艰辛努力所取得的重大成果,对于建设布尔什维克党起了重要作用。

这次会议还通过了《关于中国革命》的决议。决议高度评价了1911年中国爆发的资产阶级民主革命,指出"它将给亚洲带来解放并将破坏欧洲资产阶级的统治"。决议还"斥责俄国自由派支持沙皇政府掠夺政策的行为"。(95-101)

---

95. 俄国社会民主工党中央委员会议的会址(巴黎)
96. 俄国社会民主工党第六次全国代表会议会址(布拉格吉别恩街7号)
97. 俄国社会民主工党第六次全国代表会议开会的房间

| 为建立和巩固新型无产阶级政党而斗争

自从1912年以来，俄国有组织的马克思主义者中间已经有两年多没有派别活动，在统一的组织中、在统一的代表会议和代表大会上的那种关于策略问题的争论没有了。现在的情况是，党同取消派已经完全决裂，党在1912年1月已经正式声明：取消派已不再属于党。

——列宁《论高喊统一而实则破坏统一的行为》

98. 《俄国社会民主工党第六次全国代表会议文件汇编》封面（1912年巴黎版）
99. 列宁在1912年布拉格代表会议上（素描） П. 别洛乌索夫
100. 列宁拟订的《关于取消主义和取消派集团》的决议草案手稿

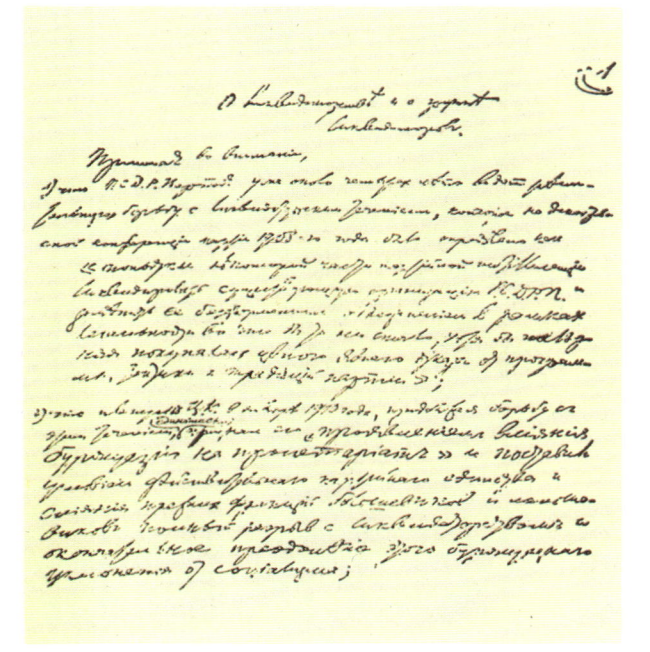

101. 列宁和来自彼得堡的工人代表奥努夫里耶夫在布拉格街头（素描）　П.别洛乌索夫

> **工人阶级需要知道真理！工人的报纸《真理报》应该对自己的名称负责，它就是用这个名称来履行自己使命的。**
> ——《真理报》编者的话

1912年4月17日，勒拿金矿6 000多名工人因不满资本家的残酷剥削而举行大罢工，沙皇军队开枪打死打伤约500人。沙皇政府的暴行在各大城市激起抗议和罢工的浪潮。为了指导日益高涨的工人运动，彼得堡的布尔什维克在各大工厂工人的资助下，创办了《真理报》。该报于5月5日面世。列宁充分肯定《真理报》创办的意义，指出这是彼得堡工人完成的一个伟大事业。他在国外全面指导编辑部的工作，经常为该报撰稿，实际上履行了主编的职能。在列宁领导下，《真理报》把工人群众团结在布尔什维克周围，成了一面马克思主义的旗帜。（102–104）

102. 1912年4月勒拿金矿的工人集会
103.《真理报》创刊号

勒拿屠杀事件引起的政治罢工和游行示威，表明俄国工人群众的革命运动正在发展。
——列宁《第四届杜马选举运动和革命的社会民主党的任务》

104. 1912年4月17日沙皇军队枪杀勒拿金矿罢工工人（油画） K.尤翁

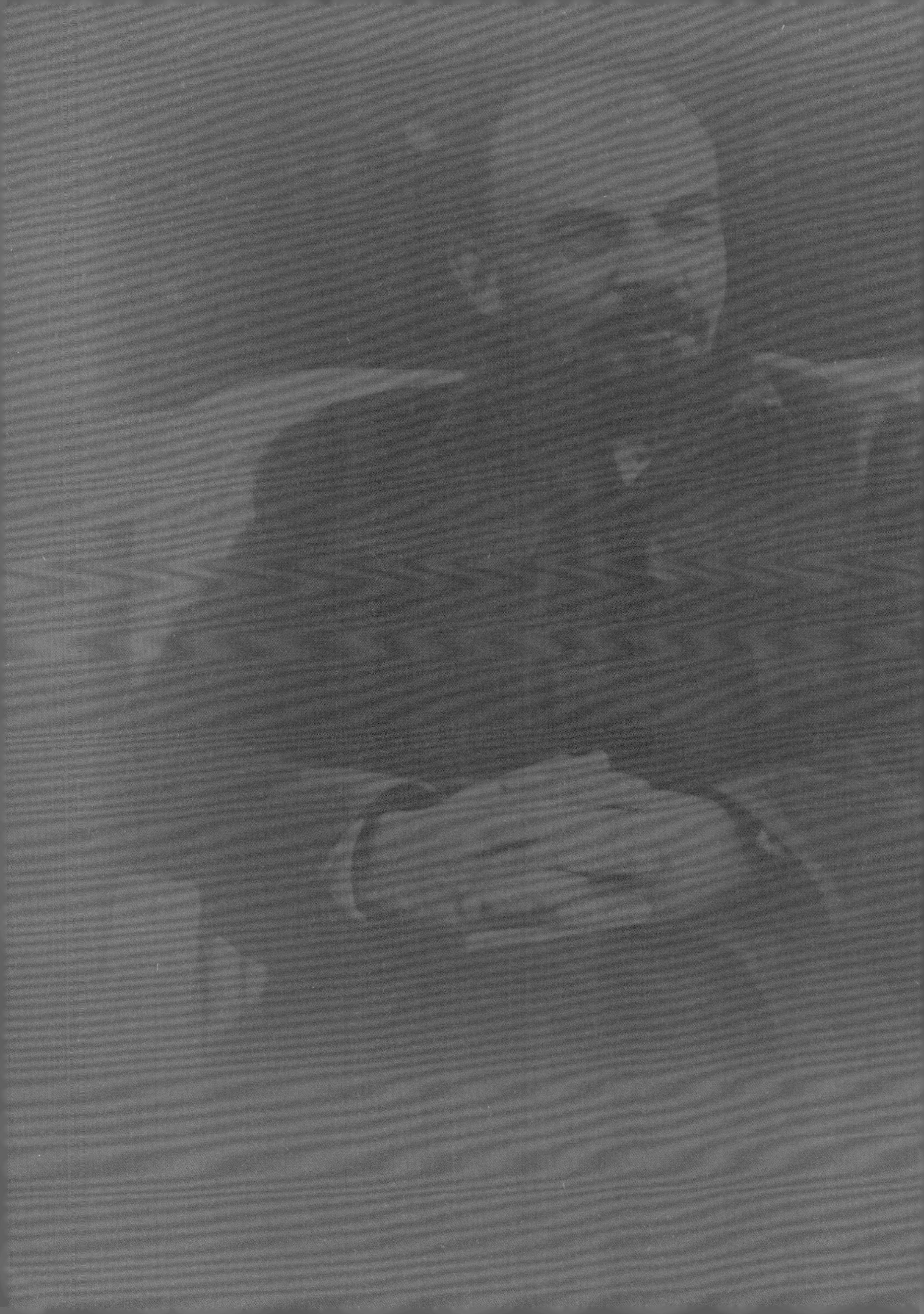

## 第四章
# 反对第二国际机会主义 捍卫和发展马克思主义

列宁从1905年10月起代表俄国社会民主工党参加社会党国际局，从1907年起多次出席国际局会议、国际社会党代表大会和代表会议，团结各国左派同第二国际的机会主义作坚决斗争。1907年和1910年，国际社会党代表大会先后在斯图加特和哥本哈根举行。这两次会议是在各帝国主义国家疯狂扩军备战、战争危机四伏的形势下召开的。反对军国主义、反对帝国主义战争成了会议的中心议题。列宁在会上批驳了战争问题上的机会主义观点，阐明了未来战争的帝国主义性质，强调无产阶级应当尽力反对和制止战争，如果帝国主义战争爆发，在战争中决不能保卫资产阶级的祖国，应当利用战争来加速资产阶级统治的崩溃。在列宁和克·蔡特金、罗·卢森堡等左派领导人的共同努力下，大会制定了各国社会主义政党反对帝国主义战争的正确策略。

1914年7月第一次世界大战爆发，各交战国社会党和第二国际多数领袖背弃国际社会党代表大会反对帝国主义战争的决议，纷纷支持本国政府进行战争，成为社会沙文主义者。9月列宁在伯尔尼召开了布尔什维克会议，会议通过了列宁起草的《革命的社会民主党在欧洲大战中的任务》的决议，严厉谴责第二国际领袖对马克思主义的背叛，阐明了布尔什维克对这场战争的态度。列宁还提出了"变帝国主义战争为国内战争"的口号。1915年和1916年分别在瑞士的齐美尔瓦尔德和昆塔尔召开了左派社会党人参加的国际社会党第一次和第二次代表会议，列宁在会上进一步批判第二国际领袖的背叛行径，揭露"保卫祖国"口号的欺骗性。列宁还写了《第二国际的破产》和《社会主义与战争》等著作，指出第二国际右派和中派领袖的社会沙文主义是"登峰造极的机会主义"，批驳了他们为战争辩护的种种谬论，系统阐述了关于战争问题的马克思主义观点，强调必须研究战争的性质，严格区分正义战争和非正义战争。

这一时期列宁为批判修正主义和机会主义、捍卫和发展马克思主义，开展了广泛的创造性的理论研究工作。他写了《马克思主义和修正主义》、《马克思学说的历史命运》、《马克思主义的三个来源和三个组成部分》、《马克思主义和改良主义》、《卡尔·马克思》等重要文章，系统地阐明了马克思主义的理论来源、基本原理和本质特征，论述了对待马克思主义的科学态度，揭露了修正主义、机会主义的阶级本质和思想根源。列宁深入研究唯物辩证法，写了《黑格尔〈逻辑学〉一书摘要》等哲学笔记，对唯物辩证法作了全面阐发，丰富和发展了马克思主义哲学。列宁总结了《资本论》问世半个世纪以来世界资本主义的新变化，写了《帝国主义是资本主义的最高阶段》这部重要著作，全面分析了帝国主义的本质、特征和基本矛盾，揭示了它产生、发展和必然灭亡的客观规律，指出帝国主义是无产阶级社会主义革命的前夜。他在《论欧洲联邦口号》、《无产阶级革命的军事纲领》等文章中根据帝国主义时代资本主义经济和政治发展不平衡的规律，第一次提出了社会主义可能首先在少数甚至在单独一个资本主义国家内获得胜利的重要思想，丰富和发展了马克思主义，为俄国布尔什维克争取十月革命的胜利提供了理论指导。他还研究了帝国主义时代的民族殖民地问题和无产阶级革命的道路问题，写了《社会主义革命和民族自决权（提纲）》等著作，丰富和发展了马克思主义的民族理论和无产阶级革命理论。

01. 列宁（素描） И.安德列耶夫

> 斯图加特代表大会在一系列最重大的问题上将国际社会民主党的机会主义派和革命派作了鲜明的对比,并且本着革命的马克思主义的精神解决了这些问题。
>
> ——列宁《斯图加特国际社会党代表大会》

1907年8月,列宁作为俄国社会民主工党代表团成员出席了在德国斯图加特举行的国际社会党代表大会(第二国际第七次代表大会),被选入大会主席团并参加了关于军国主义和国际冲突问题的决议起草委员会的工作。这是列宁第一次出席第二国际的会议。这次会议是在帝国主义大战危机日益迫近,各国无产阶级革命和民族解放运动不断高涨的形势下召开的。大会期间,列宁同克·蔡特金、奥·倍倍尔、罗·卢森堡等国际工人运动著名活动家并肩战斗,反对第二国际机会主义者在战争问题上的错误立场,指出军国主义是阶级压迫的主要工具;社会民主党的主要任务不仅是防止战争的爆发或尽快结束已经爆发的战争,而且还要利用战争造成的危机来加速资产阶级的崩溃;革命的社会民主党人必须旗帜鲜明地反对殖民政策,团结各国无产阶级同殖民沙文主义进行斗争。在列宁等人的努力下,大会通过的决议"思想确实是丰富了,而且确切地指出了无产阶级的任务",为各国工人阶级政党制定正确的斗争策略奠定了基础。(02-05)

02. 第二国际第七次代表大会会议大厅

克·蔡特金　　奥·倍倍尔　　罗·卢森堡

03. 国际工人运动著名活动家

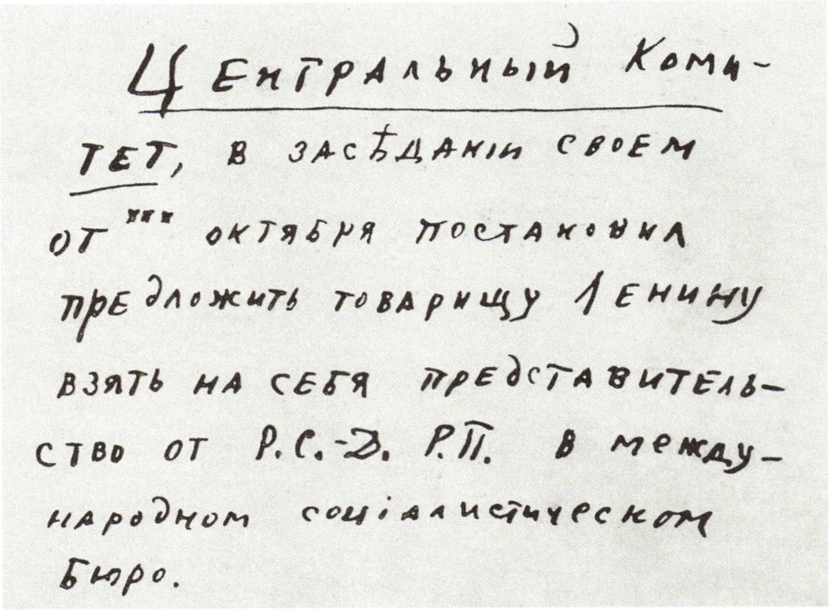

04. 俄国社会民主工党中央委员会指定列宁为该党在社会党国际局的代表的决定
05. 出席第二国际第七次代表大会的部分布尔什维克代表

列宁　波·米·克努尼扬茨　马·马·李维诺夫

阿·瓦·卢那察尔斯基　尼·亚·谢马什柯　米·格·茨哈卡雅

> 哥本哈根代表大会标志着工人运动的一个发展阶段，工人运动可以说走上了一个主要是向广度发展的阶段，并且开始把无产阶级合作社纳入阶级斗争的轨道。
> ——列宁《哥本哈根国际社会党代表大会关于合作社问题的讨论》

1910年8月，第二国际第八次代表大会在哥本哈根召开，合作社问题是大会的重要议题。列宁出席了这次代表大会，并参加了大会合作社委员会的工作。会上，列宁联合第二国际中的社会民主党左派，继续同机会主义进行斗争，阐述布尔什维主义的立场和观点。列宁起草了《哥本哈根代表大会俄国社会民主党代表团关于合作社的决议草案》，他一方面阐述了无产阶级合作社的性质及其在群众性的经济斗争和政治斗争中所起的重要作用，另一方面批判了机会主义者夸大合作社的作用、鼓吹资产阶级改良主义的错误观点，指出"只要社会主义的目的——对掌握生产资料和交换手段的阶级实行剥夺，还没有实现，合作社所争得的一些改善就极为有限"；强调"合作社不是同资本直接作斗争的组织"，要解决社会问题，唯一正确的途径是引导工人阶级和广大劳动群众进行彻底的革命。（06–08）

06. 第二国际第八次代表大会代表合影（1910年哥本哈根）
07. 列宁起草的《哥本哈根代表大会俄国社会民主党代表团关于合作社的决议草案》
08. 20世纪初的哥本哈根

**这场欧洲的和世界的大战，具有十分明显的资产阶级、帝国主义、王朝战争的性质。**
**——列宁《革命的社会民主党在欧洲大战中的任务》**

　　1914年6月28日，奥匈帝国皇储弗·斐迪南大公在萨拉热窝遇刺，这一事件成为第一次世界大战的导火索。7月大战爆发。战争爆发后，第二国际各国社会民主党的机会主义领袖背弃社会主义立场，公开支持本国政府进行的帝国主义战争，第二国际在思想上政治上已经破产。以列宁为首的布尔什维克坚持无产阶级国际主义和反对帝国主义战争的路线，揭露资产阶级民族主义和社会沙文主义的实质，团结各国工人阶级先进分子和劳动人民为反对战争、争取和平和进行社会主义革命而坚决斗争。8月7日，侨居在奥地利占领下的波罗宁小镇的列宁被诬为间谍，次日遭奥地利当局逮捕，被关入新塔尔格县监狱。（09–12）

09. 奥匈帝国皇储弗·斐迪南大公在萨拉热窝遇刺（油画）　黑兹尔顿
10. 1914年7月底德国当局在柏林街头向市民宣布战争开始
11. 列宁1914年8月7日发给克拉科夫警察局长的电报，要求证明自己的政治侨民身份。
12. 1914年8月8—19日关押列宁的新塔尔格县监狱第五号牢房

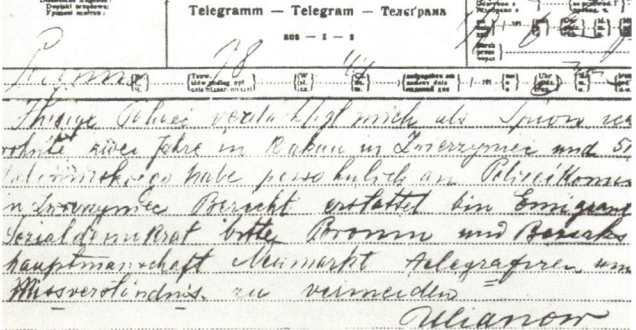

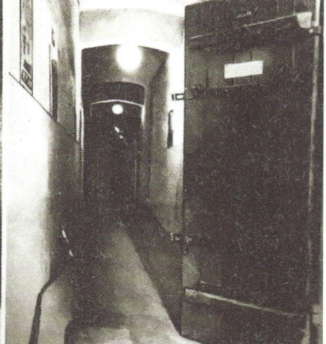

| 反对第二国际机会主义　捍卫和发展马克思主义　　115

在列宁被关押期间，克鲁普斯卡娅每天都前往探视。1914年8月19日，列宁入狱11天后获释，随后他携家人前往瑞士。（13）

13. 克鲁普斯卡娅探监（油画）　　M. 索科洛夫

> 社会民主党的责任,首先是揭露这场战争的这种真实意义,无情地揭穿统治阶级即地主和资产阶级为了替战争辩护而散布的谎言、诡辩和"爱国主义的"花言巧语。
> ——列宁《战争和俄国社会民主党》

1914年9月5日,列宁抵达中立国瑞士的伯尔尼,第二天即召集在伯尔尼的布尔什维克开会,并根据事先拟定的《革命的社会民主党在欧洲大战中的任务》提纲作报告,阐述了布尔什维克反对帝国主义战争的态度,提出了宣传社会主义革命、反对各国反动的资产阶级政府和政党、反对社会沙文主义的斗争任务。提纲被会议作为决议通过,分寄给其他几个布尔什维克国外支部。随后,列宁又将提纲改写为俄国社会民主工党中央委员会宣言《战争和俄国社会民主党》,深刻揭示了这次世界大战的帝国主义性质,严厉谴责了欧洲各主要国家社会党领袖的背叛行径,号召马克思主义者坚定不移地同机会主义决裂。尤其重要的是,列宁明确提出了把帝国主义战争变为国内战争、变为劳动人民反对统治阶级的战争的任务。(14-17)

14. 瑞士伯尔尼
15. 列宁1914年10月在伯尔尼的住所(伯尔尼迪斯泰尔路11号)

必须把枪口对准各国反动的资产阶级政府和政党,而不是对准自己的弟兄——其他国家的雇佣奴隶。

——列宁《革命的社会民主党在欧洲大战中的任务》

16. 《革命的社会民主党在欧洲大战中的任务》提纲的引言手稿
17. 在伯尔尼布尔什维克小组的会议上(油画) П.阿利亚克林斯基

> **不管怎样，战争带给人类的只会是使各殖民地、波斯、土耳其、中国的亿万人民遭受新的压迫，使各民族遭受新的奴役，使各国工人阶级戴上新的镣铐。**
>
> ——列宁《反战传单》

1914年秋，列宁先后在瑞士的洛桑、日内瓦、苏黎世等地作反对世界帝国主义战争的演说。11月列宁在日内瓦恢复出版俄国社会民主工党的秘密中央机关报《社会民主党人报》。1915年2月27日至3月4日，列宁在伯尔尼召集了俄国社会民主工党国外支部代表会议，通过了关于战争问题的决议案，阐明了布尔什维克对待战争问题的原则和策略。1915年9月列宁又在日内瓦创办《共产党人》杂志，并在第1—2期合刊上发表重要文章《第二国际的破产》，分析了第二国际破产的原因和教训，提出了马克思主义政党的战斗任务。1915年7—8月，列宁还撰写了《社会主义与战争》一书，全面阐述并发展了马克思主义关于战争的理论，强调必须根据战争的性质区分正义战争和非正义战争；深刻揭示了帝国主义战争的性质和根源，论述了这场战争的政治内容和经济目的，揭露了第二国际机会主义者的社会沙文主义本质，阐明了无产阶级政党在战争条件下革命的行动路线，并提出了在清除机会主义和沙文主义的前提下建立第三国际的构想。（18—23）

18. 1914年11月1日复刊的《社会民主党人报》第33号，该号刊载了列宁起草的俄国社会民主工党中央委员会反战宣言《战争和俄国社会民主党》。
19. 1915年8月列宁《反战传单》手稿第1页
20. 苏黎世民众文化馆，列宁曾在此发表演说。
21. 1914年10月15日俄国社会民主工党日内瓦支部关于列宁作题为《欧洲大战和社会主义》演讲的通知
22. 刊载列宁《第二国际的破产》一文的《共产党人》杂志第1—2期合刊
23. 反战演说（油画）　许宝中

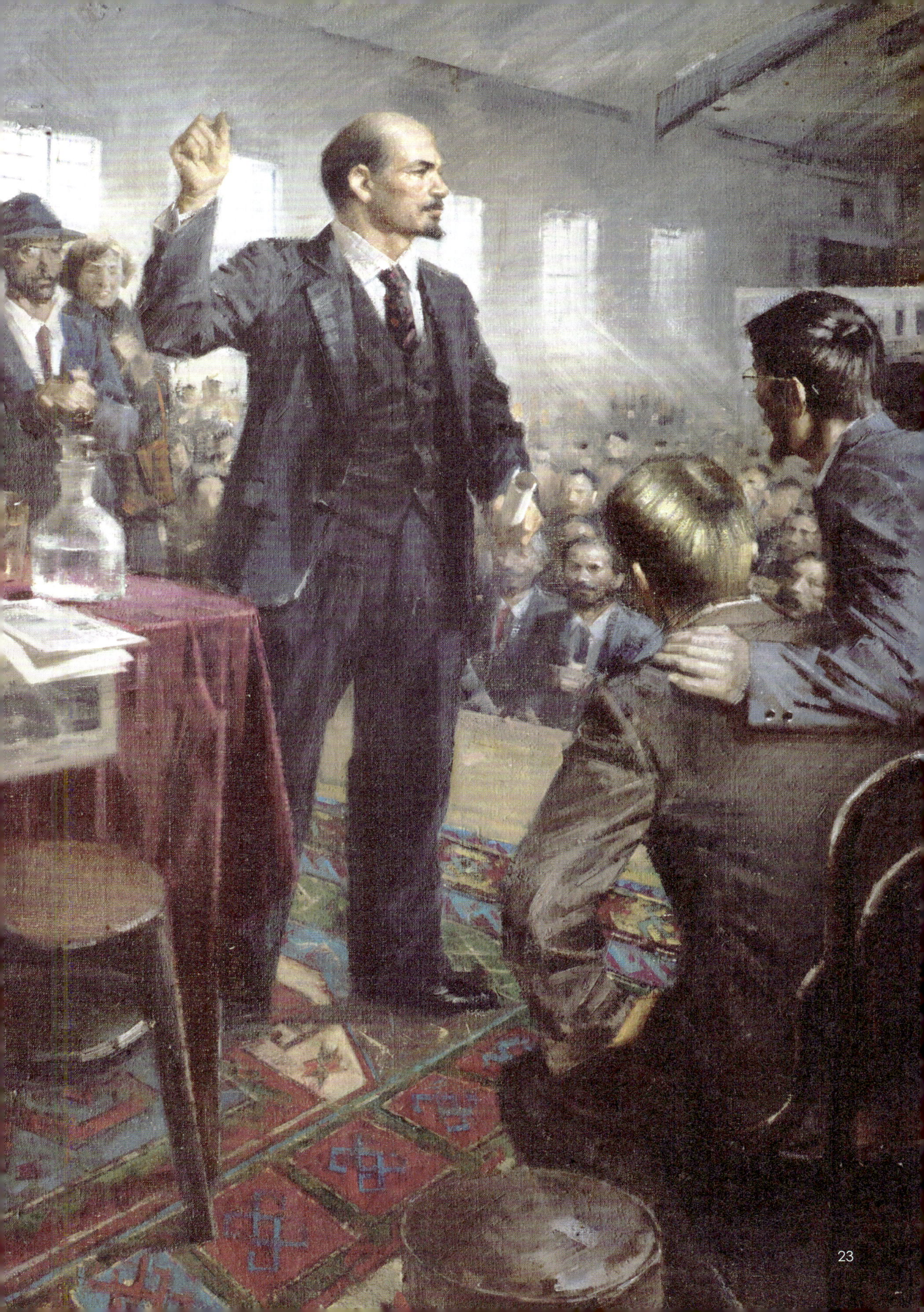

> 1889—1914年这一整个时代充满着工人运动中的两个基本倾向，即革命的社会主义和机会主义的社会主义之间的斗争。
>
> ——列宁《机会主义与第二国际的破产》

第一次世界大战爆发后，国际社会主义运动发生分裂，列宁为团结各国革命的马克思主义者和左派力量进行了坚持不懈的努力。1915年9月，列宁出席了在瑞士齐美尔瓦尔德举行的国际社会党第一次代表会议即齐美尔瓦尔德会议。会上列宁联合各国左派社会民主党人同第二国际机会主义代表开展了激烈的斗争，促进了马克思主义者的团结，形成了齐美尔瓦尔德左派，并于会后建立了以列宁为首的齐美尔瓦尔德左派常务局，出版了自己的机关刊物《先驱》。1916年4月，列宁又出席了在瑞士昆塔尔举行的国际社会党第二次代表会议即昆塔尔会议。在列宁的引导下，会议着重讨论了无产阶级对待和平的态度问题，批判了考茨基主义者鼓吹的资产阶级和平主义。经过激烈的辩论和斗争，列宁的观点得到广泛的拥护。会议通过了关于和平问题的决议，指出持久和平不可能建立在资本主义社会的基础上，争取持久和平的斗争只能包括在争取社会主义的斗争里面。（24—27）

24. 国际社会党第一次代表会议即齐美尔瓦尔德会议会址
25. 列宁1915年7月起草的《左派社会民主党人为国际社会党第一次代表会议准备的决议草案》手稿
26. 国际社会党第二次代表会议即昆塔尔会议会址
27. 列宁参与创办的齐美尔瓦尔德左派的机关刊物《先驱》杂志第1期和该期刊载的列宁《机会主义与第二国际的破产》一文

> 正因为马克思主义不是死的教条,不是什么一成不变的学说,而是活的行动指南,所以它就不能不反映社会生活条件的异常剧烈的变化。
>
> ——列宁《论马克思主义历史发展中的几个特点》

列宁为批判修正主义和机会主义、捍卫和发展马克思主义,开展了广泛的创造性的理论研究工作,撰写了《马克思主义和修正主义》、《论马克思主义历史发展中的几个特点》、《马克思学说的历史命运》、《马克思主义的三个来源和三个组成部分》、《卡尔·马克思》等重要文章,以及《黑格尔〈逻辑学〉一书摘要》等哲学笔记,系统论述了马克思主义的理论来源、基本原理和本质特征,阐明了对待马克思主义的科学态度,揭露了修正主义和机会主义背叛马克思主义的阶级本质和思想根源,指出马克思主义是极其彻底而严格的科学世界观,是世界各国无产阶级革命事业的理论基础和行动指南;马克思主义具有强大生命力,"即将来临的历史时期,定会使马克思主义这个无产阶级的学说获得更大的胜利"。(28—31)

---

28. 伯尔尼市立图书馆阅览厅,列宁曾在此研究哲学问题。
29. 1914年9—12月列宁《黑格尔〈逻辑学〉一书摘要》第1册笔记的封面
30. 1914年11月列宁《卡尔·马克思》手稿第1页

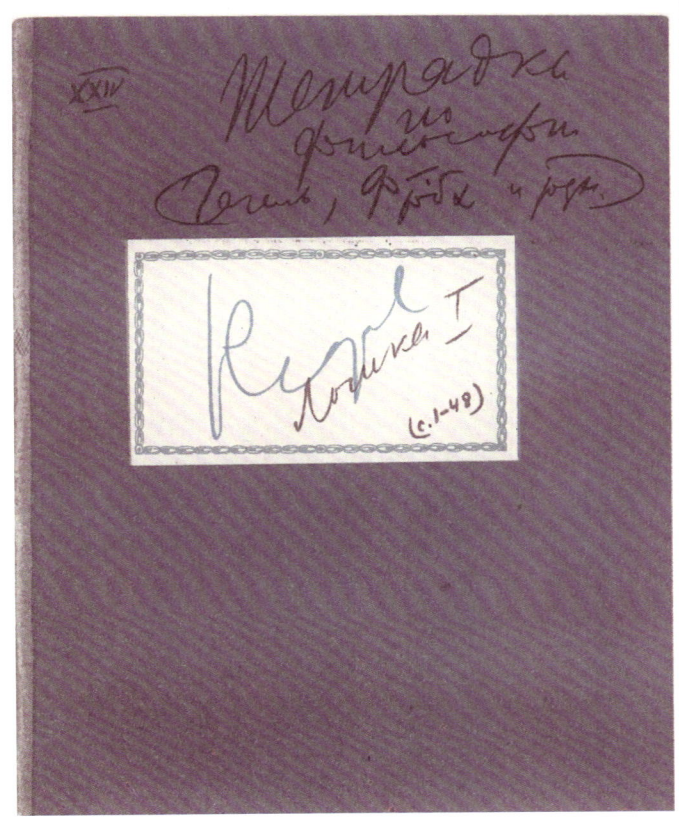

31. 在图书馆（素描） 尼·茹科夫

1916年2月,列宁和克鲁普斯卡娅从伯尔尼迁居苏黎世。在这里,列宁悉心指导俄国布尔什维克的斗争,同时进一步加强同各国马克思主义者和左派力量的联系,持续不断地开展反对机会主义的斗争。他高度重视对现实问题的理论思考,潜心从事马克思主义理论研究。他白天在图书馆研读各种文献和资料,撰写读书笔记和文稿,晚上回到住处继续在灯下工作。列宁还特别关注当地的工人运动,为工人群众和革命青年作专题报告,宣传马克思主义理论观点,帮助他们认清复杂形势、明确斗争方向。(32-35)

32. 瑞士苏黎世
33. 苏黎世社会文献图书馆,列宁1916—1917年曾在此从事写作和研究。
34. 苏黎世中央图书馆,列宁1916—1917年曾在此从事写作和研究。
35. 苏黎世明镜巷14号,列宁1916—1917年在此居住。

> 我们已经看到，帝国主义最深厚的经济基础就是垄断。这是资本主义的垄断，也就是说，这种垄断是从资本主义生长起来并且处在资本主义、商品生产和竞争的一般环境里，同这种一般环境始终有无法解决的矛盾。
>
> ——列宁《帝国主义是资本主义的最高阶段》

列宁很早就密切关注资本主义发展中的新现象。他在1895—1913年写的一系列著作中曾揭示和分析了帝国主义时代的某些显著特征。第一次世界大战爆发后，为了说明这场战争的性质，指明无产阶级革命的方向，列宁集中精力对帝国主义作了全面系统的研究，撰写了《帝国主义是资本主义的最高阶段》这一名著，丰富和发展了马克思主义政治经济学和科学社会主义学说。在这部著作中，列宁根据马克思主义基本原理，考察了《资本论》问世后半个世纪以来世界资本主义的新变化，指出资本主义已经发展到一个新的阶段——帝国主义阶段。他运用历史和逻辑相统一的方法，根据无可争辩的历史事实和统计资料，对帝国主义的阶级本质、基本特征和主要矛盾作了科学的说明，深刻地论述了帝国主义必然灭亡的发展趋势，揭示了帝国主义时代经济和政治发展不平衡的规律，指出"帝国主义是无产阶级社会革命的前夜"。（36-37）

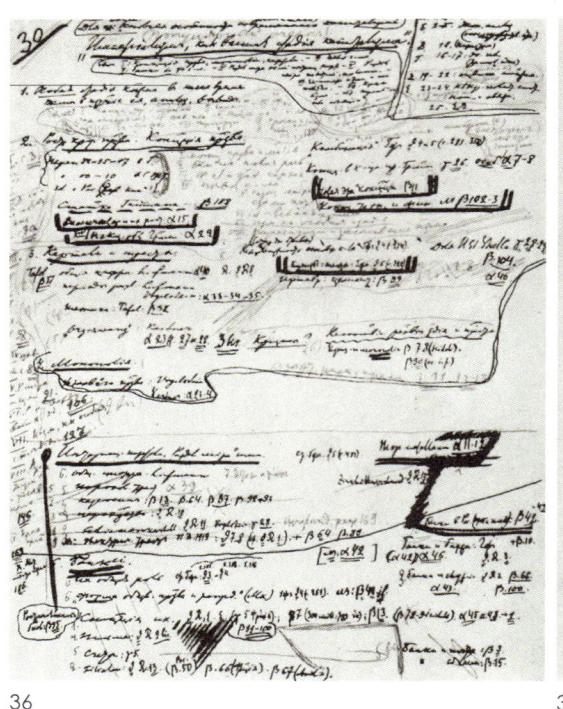

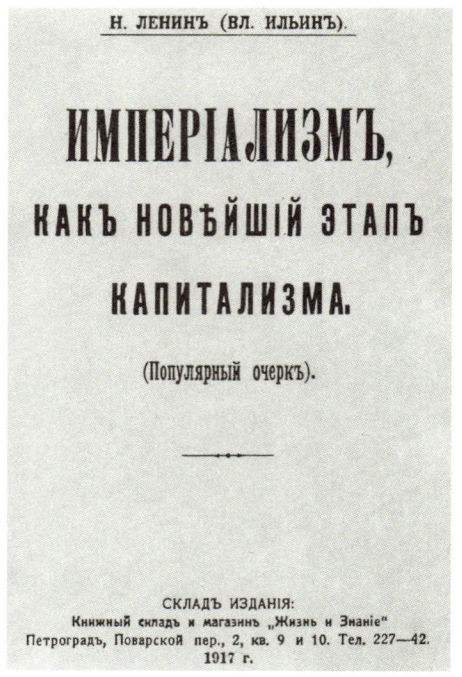

36. 《帝国主义是资本主义的最高阶段》一书提纲的手稿
37. 《帝国主义是资本主义的最高阶段》一书封面（1917年版）

> *经济和政治发展的不平衡是资本主义的绝对规律。由此就应得出结论：社会主义可能首先在少数甚至在单独一个资本主义国家内获得胜利。*
>
> ——列宁《论欧洲联邦口号》

第一次世界大战爆发后，世界各国的无产阶级革命斗争面临着新的形势。为了批判第二国际的机会主义路线，坚持和发展马克思主义的科学理论，列宁撰写了一系列重要文章。1915年8月，列宁在《论欧洲联邦口号》一文中根据帝国主义时代资本主义经济和政治发展不平衡的规律，第一次提出了"社会主义可能首先在少数甚至在单独一个资本主义国家内获得胜利"的思想。列宁在新的历史条件下得出的这个结论，是对社会主义革命理论的划时代的新贡献。一年后，列宁在《无产阶级革命的军事纲领》这篇文章中进一步阐释了这个结论，指出"社会主义不能在所有国家内同时获得胜利。它将首先在一个或者几个国家内获得胜利"。列宁在文中还批判了"废除武装"和"反对任何战争"的错误观点，指出社会主义者不能不加区分地反对一切战争，因为任何战争都不过是政治通过另一种手段即暴力手段的继续。列宁强调革命阶级唯一可行的策略是武装无产阶级，以便战胜和剥夺资产阶级；无产阶级只有把资产阶级的武装解除以后，才能销毁一切武器而不背弃自己的世界历史任务。（38—39）

38. 1915年8月23日《社会民主党人报》第44号发表的《论欧洲联邦口号》一文
39. 列宁《无产阶级革命的军事纲领》最初的德文稿发表于《青年国际》杂志1917年第9、10期列宁高度重视帝国主义时代的民族和殖民地问题，指出这是无产阶级革命的总问题的一部分。1916年初，列宁撰写了《社会主义革命和民族自决权（提纲）》，这是阐述民族和殖民地问题的纲领性文献。在这部著作中，列宁指出帝国主义时代最本质的现象是世界各民族分为压迫民族和被压迫民族；压迫民族和被压迫民族的无产阶级应当联合起来，坚持国际主义原则，共同反对世界各国的剥削阶级；革命的社会民主党人应当旗帜鲜明地反对殖民主义，支持民族解放运动，支持殖民地人民反抗帝国主义列强的正义战争；为此，必须彻底批判形形色色的社会沙文主义和机会主义，坚持马克思主义的理论原则。（40）

40. 列宁在伯尔尼图书馆研究帝国主义问题（油画）　　B. 佩雷尔曼

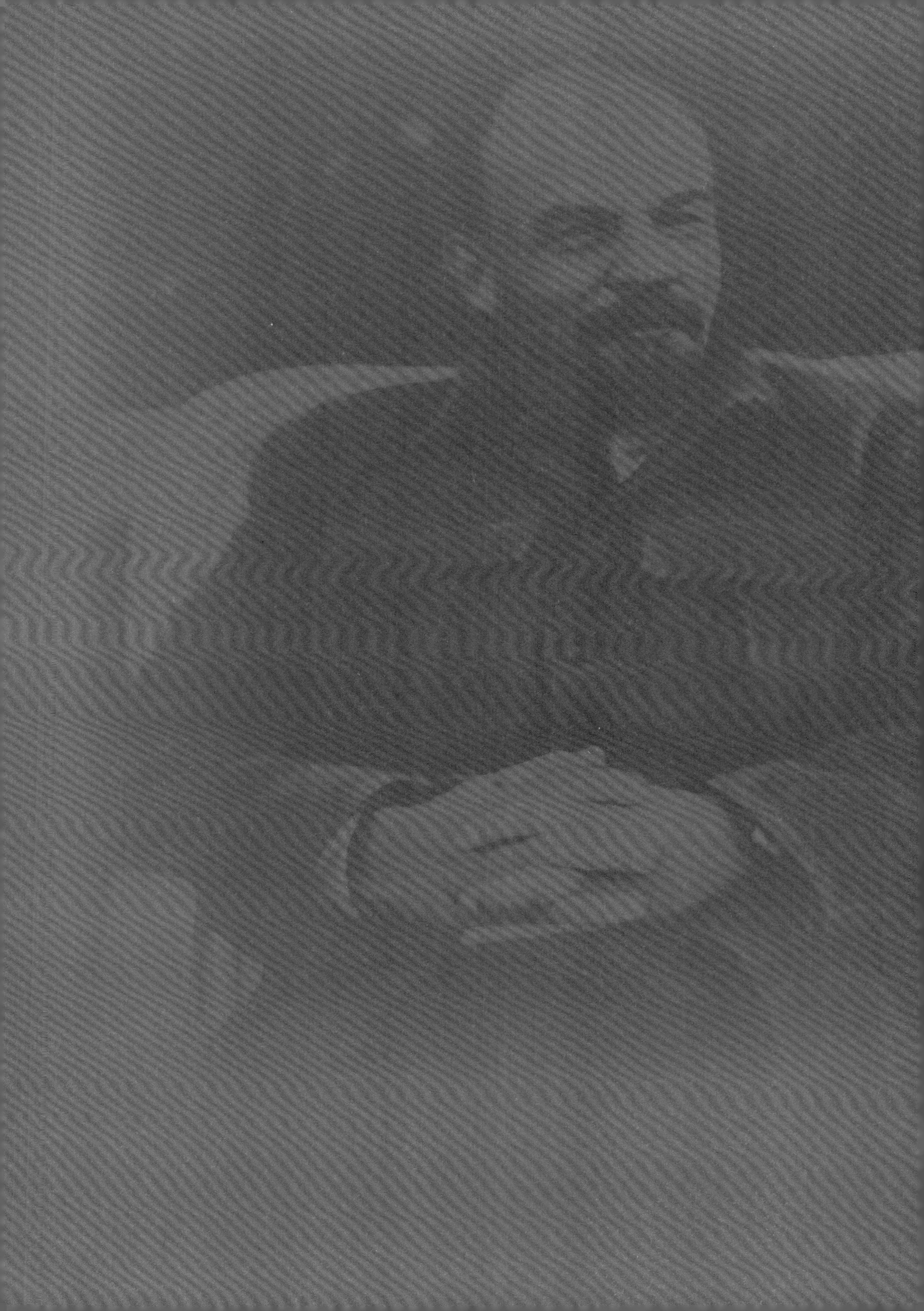

# 第五章
# 领导十月革命
# 建立世界上第一个社会主义国家

1917年3月8—12日（俄历2月23—27日）俄国发生了第二次资产阶级革命，即二月革命，统治俄国三百多年的罗曼诺夫王朝垮台，沙皇专制制度被推翻了。二月革命的胜利导致俄国出现了两个政权并存的局面：一个是工兵代表苏维埃，另一个是资产阶级临时政府。列宁在瑞士得知二月革命胜利的消息后，克服了重重困难，于1917年4月16日回到彼得格勒。第二天列宁就在出席全俄工兵代表苏维埃会议的布尔什维克代表的会议上作关于革命无产阶级的任务的报告，阐述了自己的提纲即《四月提纲》，回答了俄国从民主革命阶段向社会主义革命阶段过渡的一系列重大问题，阐明了无产阶级在这个历史关头必须坚持的政治原则和经济方针。5月7日列宁主持召开俄国社会民主工党（布）第七次全国代表会议，确定了党在战争和革命问题上的路线，提出了"全部政权归苏维埃"的口号作为党在革命和平发展时期的策略方针。

二月革命后成立的资产阶级临时政府继续参加帝国主义战争，没有给人民带来和平、面包和自由，激起人民群众的强烈不满。列宁在报刊上发表大量文章，并向工人、士兵和农民发表演讲，帮助他们认清临时政府的反动本质、了解布尔什维克党争取社会主义胜利的革命政策。7月17日，彼得格勒工人、士兵举行和平示威游行，遭到临时政府血腥镇压，临时政府大肆迫害布尔什维克并下令逮捕列宁，史称"七月事变"。事变之后，政权完全转到资产阶级临时政府手中，两个政权并存的局面至此终结。按照党中央的要求和安排，列宁转入地下，先后匿居在拉兹利夫湖畔和芬兰赫尔辛福斯。列宁在匿居地同党中央保持密切联系，继续指导布尔什维克党的活动。列宁鉴于革命和平发展已无可能，制定了武装夺取政权的方针。8月8—16日，俄国社会民主工党（布）第六次代表大会在彼得格勒秘密举行。大会通过了列宁提出的准备武装起义、争取社会主义革命胜利的方针。为了阐明"无产阶级社会主义革命对国家的态度问题"，向群众说明"为了使自己从资本主义的枷锁下解放出来，他们在最近的将来应当做些什么"，列宁在拉兹利夫继续潜心研究国家问题，写成《国家与革命》这部重要著作。这部著作系统阐述了马克思主义国家学说、无产阶级革命和无产阶级专政的理论，批判了第二国际机会主义领袖爱·伯恩施坦、卡·考茨基等人歪曲和篡改马克思主义国家学说的谬论，捍卫和发展了历史唯物主义和科学社会主义的基本原理，深刻阐发了马克思主义关于共产主义社会两个发展阶段的学说。

1917年10月20日，列宁遵照党中央决定，秘密回到彼得格勒领导武装起义的准备工作。党中央在列宁领导下通过了举行武装起义的决定并成立了领导起义的军事革命总部。11月6日晚，列宁致信党中央委员，要求立刻夺取政权，指出拖延武装起义等于自取灭亡。当天深夜，列宁来到斯莫尔尼宫直接领导起义。11月7日（俄历10月25日）晨，彼得格勒已为赤卫队和革命士兵所控制。列宁起草《告俄国公民书》，宣告临时政府被推翻，政权转到军事革命委员会手中，十月武装起义获得胜利。翌日晚，全俄苏维埃第二次代表大会通过了列宁起草的《和平法令》、《土地法令》和《关于成立工农政府的决定》。大会宣布组成以列宁为主席的第一届工农政府——人民委员会。世界上第一个社会主义国家诞生了。

01. 列宁（1917年）

1917 年初，由于连年的帝国主义战争，俄国的经济濒于崩溃，社会矛盾日益尖锐，人民的不满情绪不断高涨，反对沙皇专制的民主革命已是一触即发。3 月 8 日（俄历 2 月 23 日）彼得格勒普梯洛夫等工厂的十几万工人举行反饥饿、反战争的罢工游行。3 月 10 日发展为 30 多万人参加的全市政治总罢工，3 月 12 日又演变为武装起义。首都的驻军拒绝向罢工游行工人开枪，并转向革命工人一方，起义的士兵和工人迅速解除了反动军警的武装，逮捕了沙皇的大臣和将军。当天布尔什维克党发出《告俄国全体公民书》，宣布沙皇政权被推翻。工人和起义士兵选出代表并召开会议，成立彼得格勒工兵代表苏维埃。3 月 15 日，沙皇尼古拉二世退位，以立宪民主党人和十月党人为多数的资产阶级临时政府宣告成立。统治俄国三百多年的罗曼诺夫王朝彻底垮台，沙皇专制制度被推翻。这次革命史称俄国"二月革命"。二月革命胜利后，俄国出现了两个政权并存的局面。（02）

02. 在俄国二月革命的日子里（宣传画）

1917 年 3 月中旬，列宁在瑞士得知俄国爆发二月革命、沙皇专制政权被推翻的消息后，决定尽快回国。回国前，列宁撰写了多篇文章，全面阐述了布尔什维克党在这个重要历史关头必须坚持的革命战略和策略原则。他为《真理报》撰写的以《远方来信》为总标题的一组文章，深刻分析了二月革命胜利后的政治形势、阶级斗争和阶级力量的对比；指出这次革命仅仅是第一阶段，布尔什维克要揭露资产阶级临时政府的反动本质，要努力争取大多数工农群众，把革命引向第二阶段，实现社会主义革命的胜利，建立真正的工农政府。（03-04）

03. 列宁 1917 年 3 月间所写的总标题为《远方来信》的一组文章
04. 回国前夕（油画）　И. 别利亚科夫

> 列宁的力量在于他能异常明确地看到历史发展的规律，坚定不移地促进必然的历史进程的发展，一贯对工人群众的革命创造性充满信心，为之欢欣鼓舞。
>
> ——弗·普拉滕《东方的革命家们》

通过瑞士社会民主党书记弗·普拉滕的积极努力，在得到德国当局同意过境放行之后，1917年4月9日，列宁和克鲁普斯卡娅以及在国外的一些布尔什维克和俄国政治流亡者启程离开瑞士，取道德国、瑞典和芬兰，最后顺利返回俄国。普拉滕一路陪同列宁等人直到芬兰与俄国交界的托尔尼奥。（05-08）

05 瑞士社会民主党书记弗·普拉滕
06 瑞典轮船"维多利亚"号，列宁和俄国政治流亡者乘此船由德国抵达瑞典特雷勒堡港。
07 1917年4月13日列宁（右二拿伞者）抵达斯德哥尔摩

08. 在回国途中的列车上（油画） С.斯库布科

| 领导十月革命　建立世界上第一个社会主义国家　135

　　1917年4月16日深夜，列宁抵达彼得格勒芬兰车站，受到热烈欢迎。列宁站在装甲车上向前来迎接的群众发表了热情洋溢的演说。他向推翻沙皇专制制度、在国际范围内开创了社会革命的俄国革命无产阶级和革命军队致敬，并明确指出，全世界无产阶级正满怀希望注视着俄国无产阶级的英勇的步伐。他号召俄国无产阶级为社会主义革命进行斗争。（09）

09. 在装甲车上发表演说（油画）　И. 托伊德泽

1917年4月17日,参加全俄工兵代表苏维埃会议的布尔什维克代表在塔夫利达宫举行会议,列宁出席了这次会议,并作了关于革命无产阶级任务的报告。他宣读并逐条讲解了自己拟定的提纲,即著名的《四月提纲》。随后,这篇提纲以《论无产阶级在这次革命中的任务》为标题在《真理报》上正式发表。《四月提纲》明确指出,俄国当前形势的特点是由民主革命阶段向社会主义阶段过渡;现阶段革命的策略方针应当是不给临时政府任何支持,全部政权归苏维埃;不要议会制共和国,而要苏维埃共和国以及全部土地收归国有等。《四月提纲》是布尔什维克党的纲领性文献,它科学地回答了党在当时所面临的一系列紧迫问题,提出了使资产阶级民主革命转变为社会主义革命的路线、方针和具体步骤,是运用马克思主义理论创造性解决俄国革命问题的典范。(10-11)

10. 列宁在塔夫利达宫向出席全俄工兵代表苏维埃会议的布尔什维克代表作报告
11. 《四月提纲初稿》手稿

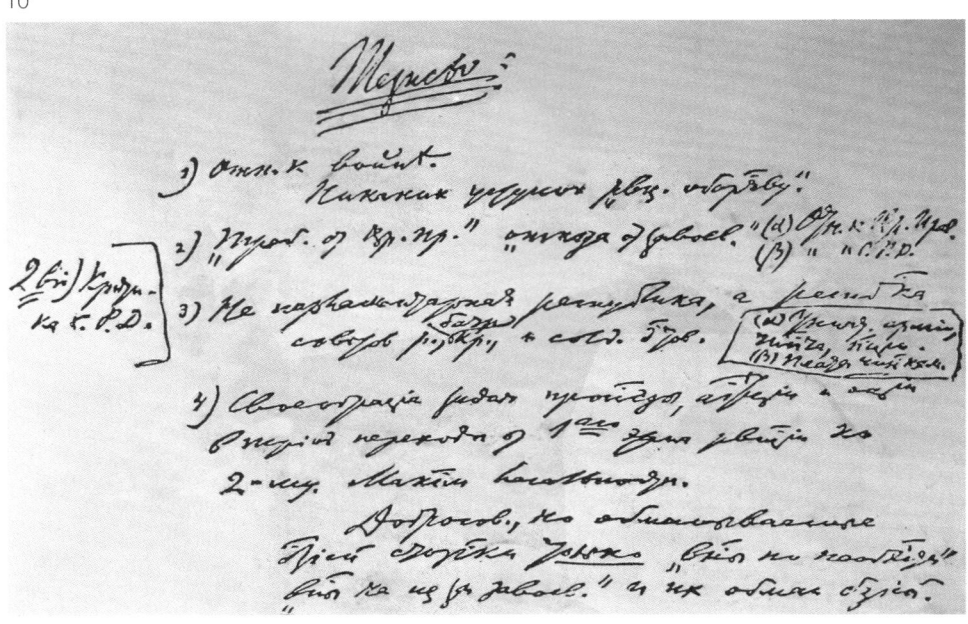

> 处境空前困难。出路有一条，而且只有一条，这就是在整个俄国自下而上地把全部国家政权交给工兵农等等代表苏维埃。
> ——列宁《俄国社会民主工党（布）第七次全国代表会议（四月代表会议）决议的引言》

二月革命后出现了资产阶级临时政府和工兵代表苏维埃两个政权并存的复杂局面，为了引导布尔什维克党和广大工农群众在涉及革命的性质和前途以及党的任务和策略等重大问题上坚持正确立场、纠正错误认识，列宁撰写了一系列文章，进一步阐明他在《四月提纲》中的观点。列宁认为，一切革命的根本问题是国家政权问题，无产阶级必须把大多数群众争取过来，以建立工人、士兵和贫苦农民代表苏维埃的"单一政权"，力争和平实现全部政权归苏维埃。5月7—12日（俄历4月24—29日），列宁主持召开俄国社会民主工党（布）第七次全国代表会议，即四月代表会议。他在会上作了关于目前形势和对临时政府的态度、修改党纲和土地等问题的主要报告，起草了代表会议的几乎全部决议草案。代表会议以《四月提纲》为基础，规定了党在战争和革命的一系列重大问题上的路线，确定了党争取资产阶级民主革命转变为社会主义革命的方针，提出"全部政权归苏维埃"的口号。这次会议确立了列宁的社会主义革命思想在全党的指导地位，使党的工作有了明确的方向。（12-16）

12. 俄国社会民主工党（布）第七次全国代表会议（四月代表会议）会址

13. 四月代表会议（油画） A. 波洛佐夫

14. 列宁为召开四月代表会议而写的《无产阶级在我国革命中的任务》封面（1917年9月彼得堡版）
15. 列宁《论两个政权》，载于1917年4月22日《真理报》第28号。
16. 列宁起草的《告各交战国士兵书》，载于 1917年5月4日《真理报》第37号。

《真理报》在沙皇专制统治时期多次被查封，1914年7月被禁止出版。1917年二月革命后，《真理报》于3月18日复刊，成为俄国社会民主工党（布）中央委员会和彼得堡委员会的机关报，列宁直接领导该报编辑部。在十月革命前的三个月里，该报不断遭到临时政府的迫害。在最艰难的日子里，列宁亲自指导《真理报》编辑部同反动的临时政府进行顽强的斗争。《真理报》经常改变名称、更换报头，曾先后改称《〈真理报〉小报》、《无产者报》、《工人日报》、《工人和士兵报》、《工人之路报》等，编辑部始终坚持列宁亲自确定的办报方针和出版原则。《真理报》对宣传布尔什维克的方针政策、团结工农大众、推进无产阶级革命事业发挥了极其重要的作用。（17–20）

17. 《真理报》1917年用过的几个报头：《工人日报》、《工人和士兵报》、《〈真理报〉小报》、《真理报》。
18. 《真理报》编辑部（油画）　　Б.谢尔巴科夫

17

18

*大批的革命工人已经出发到前线去，以便利用所享有的自由，同士兵商量如何一致行动，如何结束战争，如何保障人民的权利，如何巩固在俄国争得的自由。社会民主党的报纸《真理报》已在彼得格勒复刊，它将帮助工人完成上述各项重大任务。*

*——列宁《告被俘同志书》*

19. 《真理报》编辑部所在地（彼得格勒莫伊卡滨河路32/2号）
20. 彼得格勒皇宫广场上的《真理报》售报亭

> 国家政权不仅对目前俄国来说是绝对必要的,而且对任何一个即使要直接向社会主义过渡的国家来说也是绝对必要的。一个十分坚强的政权是绝对必要的。我们只是希望这个政权完完全全掌握在大多数工兵农代表手里。这就是我们与其他政党不同的地方。
>
> ——列宁《全俄农民第一次代表大会文献》

四月代表会议之后,列宁经常参加工人、农民和革命士兵的集会,向广大工农群众和士兵宣讲会议精神,阐释布尔什维克党实现社会主义革命转变的策略方针。列宁在彼得格勒普梯洛夫工厂群众大会上的讲话中,向工人群众揭示了帝国主义战争的掠夺性质,阐明了怎样结束这场战争的问题。他强调只有工人和农民夺取了政权,才能结束战争,并真正解决俄国的土地问题和粮食问题,改善工人生活状况。列宁代表布尔什维克党参加了5月17日—6月10日举行的全俄农民第一次代表大会。列宁在代表大会6月4日的会议上发表的讲话以及代表布尔什维克党团提出的决议草案,批驳了社会革命党人和孟什维克在土地、战争等问题上的错误观点,对大会产生了极其重要的影响。(21-22)

21. 在全俄农民第一次代表大会上讲话(素描)
    П. 瓦西里耶夫
22. 在彼得格勒的普梯洛夫工厂发表演说(油画)
    И. 布罗茨基

资产阶级临时政府继续进行帝国主义战争，既没有给人民以和平、面包和土地，又在前线遭到惨败。广大工农群众和革命士兵对此强烈不满，遂于1917年5月4日、7月1日和7月16—17日先后举行了三次声势浩大的游行示威，导致了临时政府的三次政治危机。第三次和平游行示威由彼得格勒卫戍部队第一机枪团革命士兵发起，并得到其他革命陆海军士兵和广大工人群众的响应。7月17日，彼得格勒50多万人在"全部政权归苏维埃"的口号下参加了示威活动。临时政府急忙调派军队对游行示威的群众进行血腥镇压，史称"七月事变"。在事变中，布尔什维克遭到残酷迫害，《真理报》编辑部和印刷厂、布尔什维克党中央办公处所被捣毁，临时政府还下令逮捕列宁。七月事变是俄国国内政治形势的转折点，社会革命党人和孟什维克彻底背叛革命，政权完全由资产阶级临时政府掌控，两个政权并存的局面结束，革命和平发展的时期也告终结。列宁根据形势的发展变化，及时为布尔什维克党制定了新的策略方针，引导革命斗争沿着正确的方向发展。（23-28）

23. 1917年5月4日彼得格勒卫戍部队的革命士兵举行游行示威
24. 1917年7月1日彼得格勒工人举行游行示威
25. 列宁《社会革命党人和孟什维克把革命引向何处？》，载于1917年7月5日《真理报》第88号。

> 这三次危机期间的运动形式都是游行示威。反政府的游行示威——从形式上看，这是对事件最确切的描绘。但实质上，这不是普通的游行示威，而是某种比游行示威大得多而比革命小一些的事件。这是革命和反革命的同时爆发。
>
> ——列宁《三次危机》

26. 1917年7月17日彼得格勒游行示威的工人和士兵遭到枪杀
27. 彼得格勒克舍辛斯卡娅公馆，布尔什维克党中央和彼得格勒委员会所在地，列宁经常在此发表演说。
28. 在彼得格勒克舍辛斯卡娅公馆的阳台上向示威群众发表演说（版画）
И. 诺沃谢里斯卡娅

> 只有认清形势,发扬工人阶级先锋队坚韧不拔的精神,准备力量举行武装起义,才能对事业有所帮助。
>
> ——列宁《政治形势》

七月事变之后,资产阶级临时政府对布尔什维克党和工人组织实行白色恐怖,列宁和布尔什维克党被迫转入地下。根据党中央的要求和安排,7月22日深夜,列宁化装后在约·维·斯大林、谢·雅·阿利卢耶夫等人陪同下前往车站,随后列宁乘火车到达拉兹利夫。为了安全,列宁装做割草人在拉兹利夫湖畔的一座草棚匿居起来,不久后又转移到芬兰赫尔辛福斯匿居。(29—31)

29. 1917年7月列宁《政治形势》一文手稿
30. 1917年7月列宁《三次危机》一文手稿
31. 转入地下(油画) Д.纳尔班江

1917年7—8月，列宁撰写了《政治形势》、《论口号》、《波拿巴主义的开始》和《革命的教训》等文章。列宁在这些文章中总结了二月革命以来阶级斗争的特点和经验教训，深刻分析了七月事变以后的新形势，指出，当历史发生剧变时，必须根据变化了的情况及时改变党的口号，使每一个口号都应以一定的政治形势的全部特点为依据；在七月事变之前，即革命和平发展时期，"全部政权归苏维埃"的口号是正确的；而七月事变以后，反革命势力实际上攫取了国家政权，社会革命党人和孟什维克已彻底背叛了革命，他们操纵的苏维埃变成了反革命的遮羞布，因此革命的和平发展已不可能，"全部政权归苏维埃"的口号已不适用，必须撤回。列宁强调，反革命资产阶级的政权只有用革命的武力才能推翻，无产阶级取得政权的唯一途径是武装起义。同时，鉴于当时的形势，列宁也提醒全党，目前还不能立即举行武装起义，必须重新组织力量、聚集力量，等待时机。（32-39）

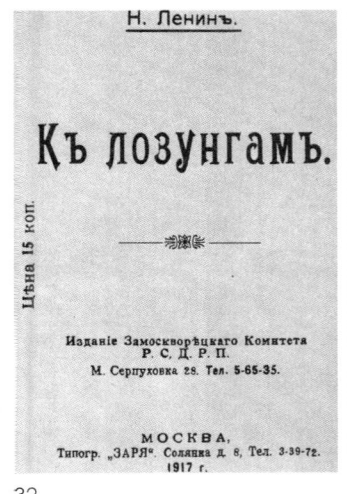

32. 列宁《论口号》封面（1917年莫斯科版）
33. 化装后的列宁
34. 化装后的克鲁普斯卡娅
35. 列宁转入地下时使用的谢斯特罗列茨克兵工厂的证件（化名科·彼·伊万诺夫）

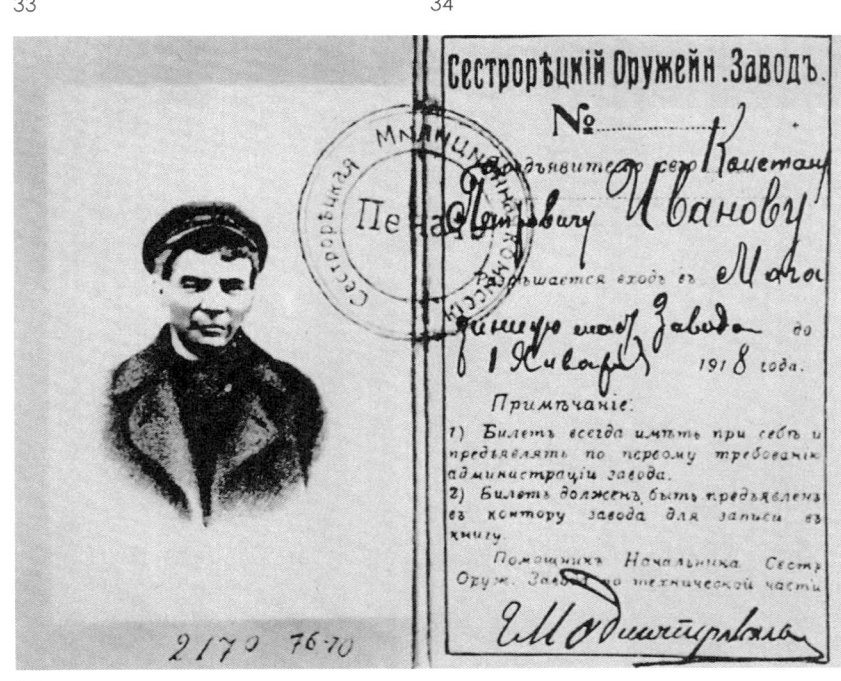

除革命的无产阶级以外，没有任何力量能够推翻资产阶级反革命势力。正是革命的无产阶级，有了1917年7月的经验以后，应当独立地掌握国家政权，否则革命就不可能胜利。

——列宁《论口号》

36. 1917年7月列宁匿居过的木板棚（素描） B.尤尔琴科
37. 拉兹利夫湖畔列宁匿居过的草棚

| 领导十月革命　建立世界上第一个社会主义国家　147

在赫尔辛福斯的整个时期里我没有发现弗拉基米尔·伊里奇有过丝毫的急躁不安的情绪。他的情绪始终很好。……弗拉基米尔·伊里奇在任何情况下对事态都保持着清醒的估计。他的意志不是铁一般的（看来这样说还不够），而是钢一般的坚强。他总能达到自己的目的。
——古·谢·罗维奥《列宁隐藏在赫尔辛福斯"警察局长"家的经过》

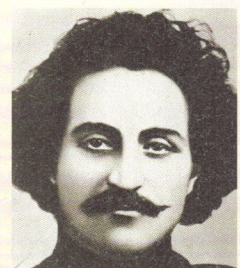

谢·雅·阿利卢耶夫　尼·亚·叶梅利亚诺夫　格·康·奥尔忠尼启则　亚·瓦·绍特曼　埃·阿·拉希亚

38．受党中央委托负责安排列宁转入地下工作的布尔什维克

А．布卢姆克维斯特　尤·拉图卡　古·谢·罗维奥　Л.Г.雅拉瓦　胡·雅拉瓦

39．列宁转入地下工作时给予协助的芬兰社会民主党人

*亲爱的玛尼亚莎：热切地向你问好并致最良好的祝愿！我生活得很好，已着手写关于国家的文章，对于这个问题我很早就发生兴趣了。*

*——列宁1917年8月给玛·伊·乌里扬诺娃的信*

列宁从1916年秋天起就研究国家问题，1917年1—2月作了《马克思主义论国家》的笔记。1917年7月下旬至8月下旬，列宁匿居在拉兹利夫湖畔时，继续潜心研究马克思主义国家学说并开始撰写《国家与革命》一书。这部著作系统阐述了马克思主义国家学说、无产阶级革命和无产阶级专政理论，批判了第二国际机会主义领袖爱·伯恩施坦、卡·考茨基等人歪曲和篡改马克思主义国家学说的谬论，捍卫和发展了历史唯物主义和科学社会主义的基本原理，深刻阐发了马克思主义关于共产主义社会两个发展阶段的学说。（40-43）

40. 在拉兹利夫湖畔匿居地写作《国家与革命》（油画） М.索科洛夫

只有承认阶级斗争、同时也承认无产阶级专政的人，才是马克思主义者。……只有懂得一个阶级的专政不仅对一般阶级社会是必要的，不仅对推翻了资产阶级的无产阶级是必要的，而且对介于资本主义和"无阶级社会"即共产主义之间的整整一个历史时期都是必要的，——只有懂得这一点的人，才算掌握了马克思国家学说的实质。

——列宁《国家与革命》

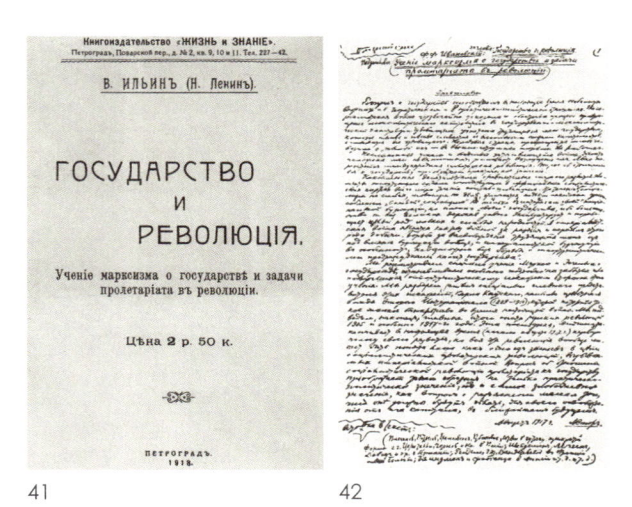

41.《国家与革命》一书封面（1918年彼得格勒版）
42.《国家与革命》第1版序言手稿第1页
43. 列宁《马克思主义论国家》的笔记本封面

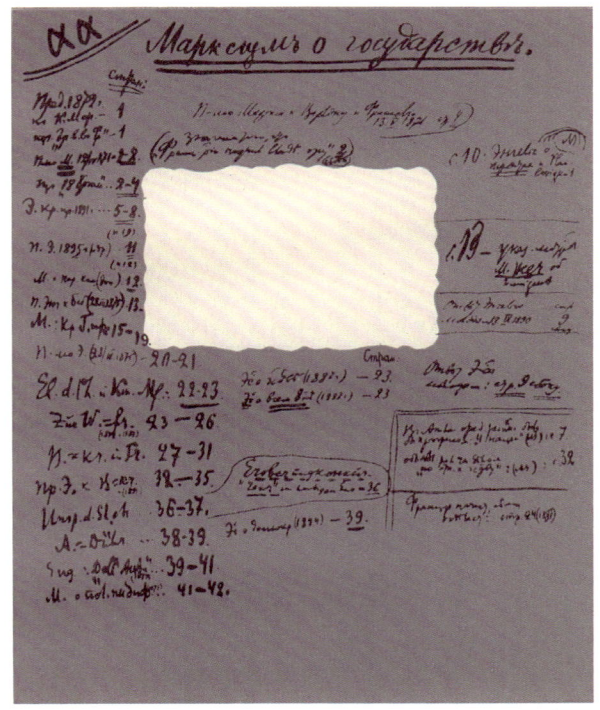

俄国社会民主工党（布）于 1917 年 8 月 8—16 日在彼得格勒秘密举行第六次代表大会。列宁由于当时匿居拉兹利夫而未能出席大会，但他始终与党组织保持联系，领导了这次大会并当选为大会名誉主席，他的《政治形势》、《论口号》等文章是与会代表讨论问题、形成共识的思想指针。代表大会总结了前一阶段的斗争经验，确定了在新形势下布尔什维克党的斗争任务和策略方针。大会认为，七月事变后，革命和平发展的时期已告结束，国家政权完全落入反革命资产阶级手中，决定撤回"全部政权归苏维埃"的口号。大会提出准备武装起义、彻底推翻反革命资产阶级专政、由无产阶级同贫苦农民结成联盟武装夺取政权、争取社会主义革命胜利的新方针。大会通过了新的党章、选举了新的中央委员会，列宁缺席当选为中央委员。这次会议在革命的转折关头为党和无产阶级指明了前进的方向，展示了胜利的前景。（44–46）

44. 《俄国社会民主工党（布）第六次代表大会记录》封面（1919年版）

45. 俄国社会民主工党宣言《告俄国全体劳动者、全体工人、士兵和农民书》（传单）

46. 俄国社会民主工党（布）第六次代表大会会址（彼得格勒维堡区萨姆普桑大街）

> 如果认为我们离开无产阶级夺取政权的任务更远了，那是不对的。不，我们是大大接近这个任务了，不过不是正面接近，而是从侧面接近。
>
> ——列宁《给俄国社会民主工党中央委员会的信》

1917年9月7日，俄军最高总司令、沙俄将军拉·格·科尔尼洛夫调动骑兵军向彼得格勒进攻，彼得格勒市内的反革命组织也起事响应，史称"科尔尼洛夫叛乱"，其目的是消灭革命力量、解散苏维埃、恢复君主制、建立反动的军事独裁。布尔什维克党按照列宁的要求，一方面揭露临时政府以及社会革命党人和孟什维克的软弱妥协，另一方面积极号召广大工人、革命的士兵和水兵奋起反对叛乱，使叛军的进攻处处受阻，内部也开始瓦解。布尔什维克党成为反抗科尔尼洛夫叛乱的实际领导者和组织者。临时政府在人民群众及各方面的压力下，被迫下令逮捕科尔尼洛夫及其同伙，9月13日叛乱被彻底平息。列宁在此期间撰写了一系列文章，分析了政治形势，阐明了布尔什维克党的斗争策略，指出俄国无产阶级要抓住有利时机，准备武装起义，夺取政权，实行社会主义革命。（47—49）

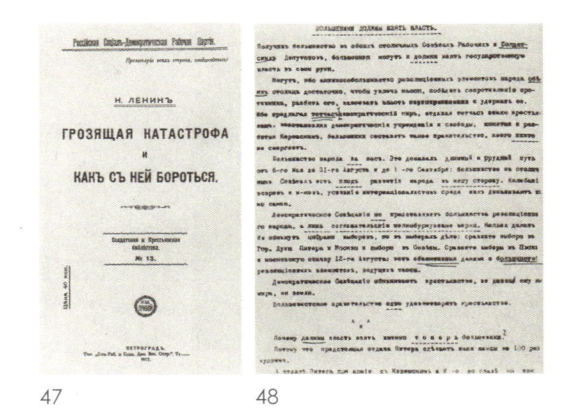

47. 列宁《大难临头，出路何在？》封面（1917年彼得格勒版）
48. 列宁《布尔什维克应当夺取政权》一文打字稿
49. 反对科尔尼洛夫叛乱的革命士兵和水兵

为了及时了解俄国的局势，更加密切地同俄国社会民主工党（布）中共委员会保持联系，列宁在赫尔辛福斯匿居期间多次要求回彼得格勒。党中央出于安全考虑只同意他先秘密转移到维堡，住在芬兰社会民主党人尤·拉图卡的家里。1917年10月14日，列宁给中央委员会、莫斯科委员会、彼得堡委员会等组织写信，强调应当立即举行起义。在这段时间，列宁密切关注局势的发展变化，不断提醒党组织准备武装起义夺取政权。鉴于革命形势发展的需要，党中央同意列宁返回彼得格勒的要求，并委派埃·拉希亚前往维堡负责护送列宁。10月20日，列宁离开拉图卡的住所，在拉希亚的陪同下，登上芬兰革命者胡·雅拉瓦驾驶的293号机车，从维堡秘密回到彼得格勒，随后投入领导武装起义的准备工作。（50-55）

50. 列宁返回彼得格勒时所搭乘的293号机车
51. 维堡区亚历山德罗夫街15号，列宁返回彼得格勒时曾在此居住。
52. 彼得格勒皇族车站，1917年10月20日晚，列宁抵达这里。
53. 谢尔多博尔街1/92号（玛·瓦·福法诺娃家），列宁返回彼得格勒后曾在此居住。

伊里奇住在我这里的最后一个星期,他从清早到深夜不停地工作,准备着迎接迫在眉睫的事变。

10月20日,星期六,伊里奇望眼欲穿的埃诺·拉希亚同志终于到了。他受党中央的委派,要护送伊里奇返回彼得格勒。我们抓紧时间,做了一副假发,把我们的伊里奇化装成一个芬兰牧师,谁也认不出他了。

分别时,我祝他一路顺风,祝他顺利地解决俄国当前日程上的政治问题。

——尤·拉图卡《1917年列宁在芬兰地下状态》

54. 返回彼得格勒(油画)　A. 洛普霍夫

> 最后这一个月,列宁以全副精力专心致志地考虑起义问题。他的饱满情绪和坚定信念感染了同志们。
> ——娜·康·克鲁普斯卡娅《在十月的日子里》

55. 十月的风(油画)　M.M.杰维亚托夫

1917年10月23日，列宁主持召开俄国社会民主工党（布）中央委员会会议，他在会上作了关于目前形势的报告，指出无产阶级夺取政权的时机在政治上已经成熟，党的当务之急是做好武装起义的准备工作。会议通过了列宁起草的关于武装起义的决议草案，并成立了以列宁为首的中央政治局，对起义进行政治领导。10月29日，列宁出席俄国社会民主工党（布）中央委员会扩大会议，就中央委员会10月23日会议通过的关于武装起义的决议作报告，指出必须立即准备武装起义，决不能有丝毫的犹豫和动摇。在随后举行的中央委员会秘密会议上成立了军事革命总部，作为领导核心参加彼得格勒工兵代表苏维埃军事革命委员会，实际领导武装起义。（56–60）

---

56. 列宁起草的关于武装起义的决议案手稿
57. 俄国社会民主工党（布）中央委员会10月23日会议会址（彼得格勒卡尔波夫卡河沿岸街 Г. К. 苏汉诺娃的住所）

根据对俄国和欧洲阶级斗争的政治分析，必须制定最坚决、最积极的政策，这个政策只能是武装起义。
——列宁《俄国社会民主工党（布）中央委员会
1917年10月16日（29日）会议文献》

58. 在俄国社会民主工党（布）中央委员会会议上（油画）　　李天祥　倪志琪

领导十月革命　建立世界上第一个社会主义国家　157

会议十分欢迎并完全支持中央的决议，号召一切组织、全体工人和士兵从各方面加紧准备武装起义，支持中央委员会为此而成立的总部；会议完全相信中央和苏维埃会及时指出进攻的有利时机和适当方法。

——列宁《俄国社会民主工党（布）中央委员会 1917 年 10 月 16 日（29 日）会议文献》

59. 俄国社会民主工党（布）中央委员会 1917 年 10 月 29 日扩大会议会址（彼得格勒列斯诺伊－乌杰尔宁斯卡区杜马大楼）

60. 1917 年 10 月 29 日成立的军事革命总部成员

59

安·谢·布勃诺夫　　费·埃·捷尔任斯基　　雅·米·斯维尔德洛夫　　约·维·斯大林　　莫·索·乌里茨基

60

> **情况已经万分危急。非常清楚,现在拖延起义确实等于自取灭亡。……不能等待了!!等待会丧失一切!!**
> ——列宁《给中央委员的信》

列宁时刻关注局势的发展,一再强调党中央必须抓住稍纵即逝的夺取政权的最佳时机。1917年11月6日晚,列宁给布尔什维克党中央委员写了一封具有历史意义的信,要求立即发动起义,夺取政权;他特别强调,拖延武装起义等于自取灭亡。这充分表现出一个无产阶级政治家的坚定信念、战略眼光和革命气魄。当天深夜,列宁亲自来到起义的领导中心斯莫尔尼宫,直接领导彼得格勒的工人、士兵和水兵的起义。(61-64)

---

61. 列宁《给中央委员的信》
62. 彼得格勒斯莫尔尼宫
63. 彼得格勒大街上的赤卫队
64. 列宁在斯莫尔尼宫(1917年)(油画)   B.谢罗夫

64

1917年11月7日（俄历10月25日）晨，彼得格勒已被赤卫队和革命士兵所控制。列宁以彼得格勒工兵代表苏维埃军事革命委员会的名义起草《告俄国公民书》，宣告资产阶级临时政府被推翻，政权转到军事革命委员会手中。当天下午，起义队伍执行列宁的指示，开始攻打冬宫，革命的"阿芙乐尔"号巡洋舰响起了历史性的隆隆炮声。翌日凌晨，革命的工人和士兵占领冬宫，武装起义获得胜利。随后革命迅速向全国扩展，第二首都莫斯科的武装起义也获得成功。（65–68）

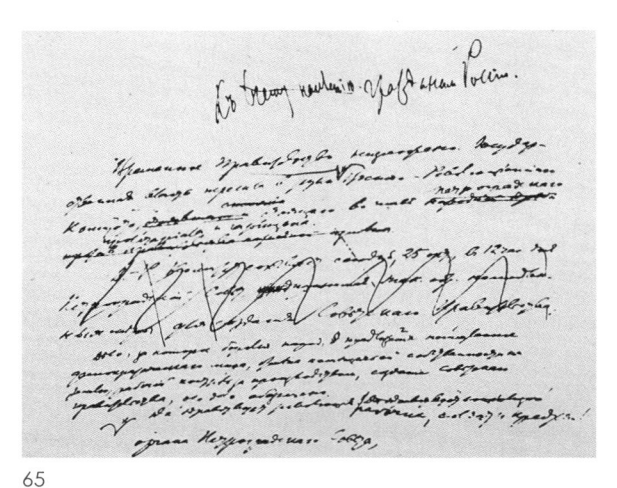

65. 列宁1917年11月7日（俄历10月25日）起草的《告俄国公民书》的手稿
66. 发出进攻冬宫信号的"阿芙乐尔"号巡洋舰
67. 攻打冬宫
68. 攻打克里姆林宫（油画）
　　B．梅什科夫

领导十月革命　建立世界上第一个社会主义国家　161

67

68

> 俄国历史的新时期从此开始了,这第三次俄国革命终将导致社会主义的胜利。
> ——列宁《彼得格勒工兵代表苏维埃会议文献》

1917年11月7日(俄历10月25日)晚,全俄工兵代表苏维埃第二次代表大会在斯莫尔尼宫召开,列宁被选入主席团。大会通过了列宁起草的《告工人、士兵和农民书》。翌日晚,列宁在苏维埃第二次代表大会的第二次会议上作了关于和平问题、关于土地问题等报告。大会通过了列宁起草的《和平法令》、《土地法令》和《关于成立工农政府的决定》。大会宣布组成以列宁为主席的第一届工农政府——人民委员会。世界上第一个社会主义国家宣告诞生。(69–75)

69. 列宁起草的《和平法令》
70. 列宁起草的《土地法令》
71. 列宁起草的《告工人、士兵和农民书》,载于1917年11月8日《工人和士兵报》第9号。
72. 列宁起草的《关于成立工农政府的决定》,载于1917年11月9日《工人和士兵报》第10号。
73. 人民委员会主席列宁签署的《俄国各民族权利宣言》

| 领导十月革命　建立世界上第一个社会主义国家

主席：弗拉基米尔·乌里扬诺夫（列宁） 　　内务人民委员：阿·伊·李可夫 　　农业人民委员：弗·巴·米柳亭 　　劳动人民委员：亚·加·施略普尼柯夫 　　陆海军人民委员会成员：弗·亚·奥弗申柯（安东诺夫）

陆海军人民委员会成员：尼·瓦·克雷连柯 　　陆海军人民委员会成员：帕·叶·德宾科 　　工商业人民委员：维·巴·诺根 　　国民教育人民委员：阿·瓦·卢那察尔斯基 　　财政人民委员：伊·伊·斯克沃尔佐夫（斯捷潘诺夫）

外交人民委员：列·达·勃朗施坦（托洛茨基） 　　司法人民委员：格·伊·奥波科夫（洛莫夫） 　　粮食人民委员：伊·阿·泰奥多罗维奇 　　邮电人民委员：尼·巴·阿维洛夫（格列博夫） 　　民族事务委员会主席：约·维·朱加施维里（斯大林）

**74. 人民委员会组成人员（铁道人民委员人选空缺）**

同志们！布尔什维克始终认为必要的工农革命，已经成功了。

这个工农革命的意义是什么？这个革命的意义首先在于我们将拥有一个苏维埃政府，一个绝无资产阶级参加的我们自己的政权机关。

——列宁《彼得格勒工兵代表苏维埃会议文献》

75. 在全俄苏维埃第二次代表大会上（油画）　B. 谢罗夫

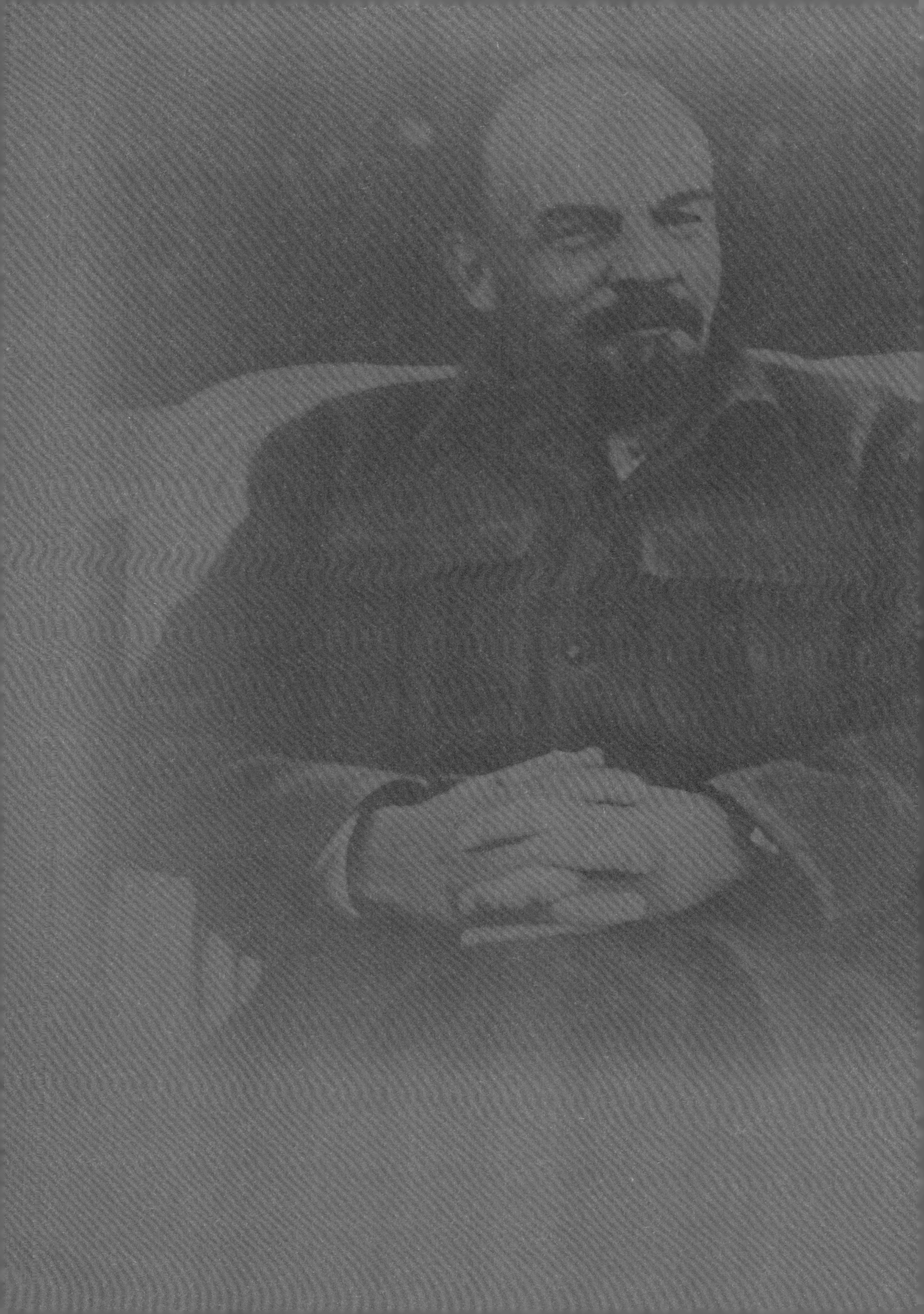

第六章
# 捍卫和巩固新生的苏维埃政权

十月革命胜利后,列宁领导俄国人民为捍卫和巩固新生的苏维埃政权进行了艰苦卓绝的斗争。苏维埃政权成立后,为争取时间恢复在帝国主义战争中遭到严重破坏的俄国经济,并重建军队以加强国防,列宁代表工农政府提议各交战国缔结和约,但遭到协约国拒绝。1918年2月,德国军队向俄国大举进攻,苏维埃政权面临严重威胁。为了赢得暂时的和平时机来巩固苏维埃政权,列宁力排众议,坚决主张同德国签订和约。布尔什维克党执政后召开了俄共(布)第七次(紧急)代表大会,与会代表拥护列宁确立的战略方针,通过了列宁起草的关于签订布列斯特和约问题的决议——《关于战争与和平的决议》。布列斯特和约缔结后,列宁立即谋划经济建设问题,写了《苏维埃政权的当前任务》等文章,阐明苏维埃政权在转折时期的新任务和新方针,提出恢复国民经济和建立社会主义经济基础的纲领和措施。7月,在列宁的领导下,全俄苏维埃第五次代表大会通过了俄罗斯社会主义联邦苏维埃共和国宪法。

1918年春,美、英、法、日、德等帝国主义国家相继入侵俄国,妄图把苏维埃政权扼杀在摇篮中,国内地主资产阶级的反革命势力也乘机发动叛乱。列宁领导俄国人民奋起抗击外国武装干涉,坚决镇压反革命叛乱。8月30日,列宁在参加莫斯科河南岸区米歇尔逊工厂群众大会时,遭到社会革命党恐怖分子范·耶·卡普兰枪击而受重伤。列宁伤未痊愈就投入保卫苏维埃政权的繁重工作。11月30日,全俄中央执行委员会决定成立工农国防委员会,任命列宁为主席。

列宁为组建苏维埃国家的武装力量倾注了大量心血。他组织动员红军战士奔赴前线抗击敌人，亲自视察军事院校指导工作，组织普遍军训培养后备部队；为加强党对军队的领导，他要求军队严守铁的纪律，坚决执行中央的战略部署；他从工农中选拔优秀干部担任红军指挥员，选派大批优秀党员担任红军政治委员。为了保证前线的胜利，列宁领导苏维埃政府把一切工作转入战时轨道，实行战时共产主义政策。在列宁和布尔什维克党的正确领导下，俄国人民经过两年多的浴血奋战，粉碎了帝国主义国家的武装干涉和国内反革命势力的武装叛乱，保卫了新生的苏维埃政权。

这期间，列宁写了一系列重要理论著作，丰富和发展了马克思主义。1918年他写了《无产阶级革命和叛徒考茨基》，批驳了卡·考茨基对无产阶级专政的攻击，系统阐发了马克思主义关于无产阶级革命和无产阶级专政的学说。1919年他写了《伟大的创举》，高度评价俄国人民自觉提高劳动生产率、创造社会主义的经济条件和生活条件的首创精神，强调劳动生产率归根到底是新社会制度取得胜利的重要保证。同年他还写了《无产阶级专政时代的经济和政治》，根据苏维埃政权成立两年来的实际情况，阐述了俄国在资本主义和共产主义之间的过渡时期即无产阶级专政时期的经济和政治的特点。

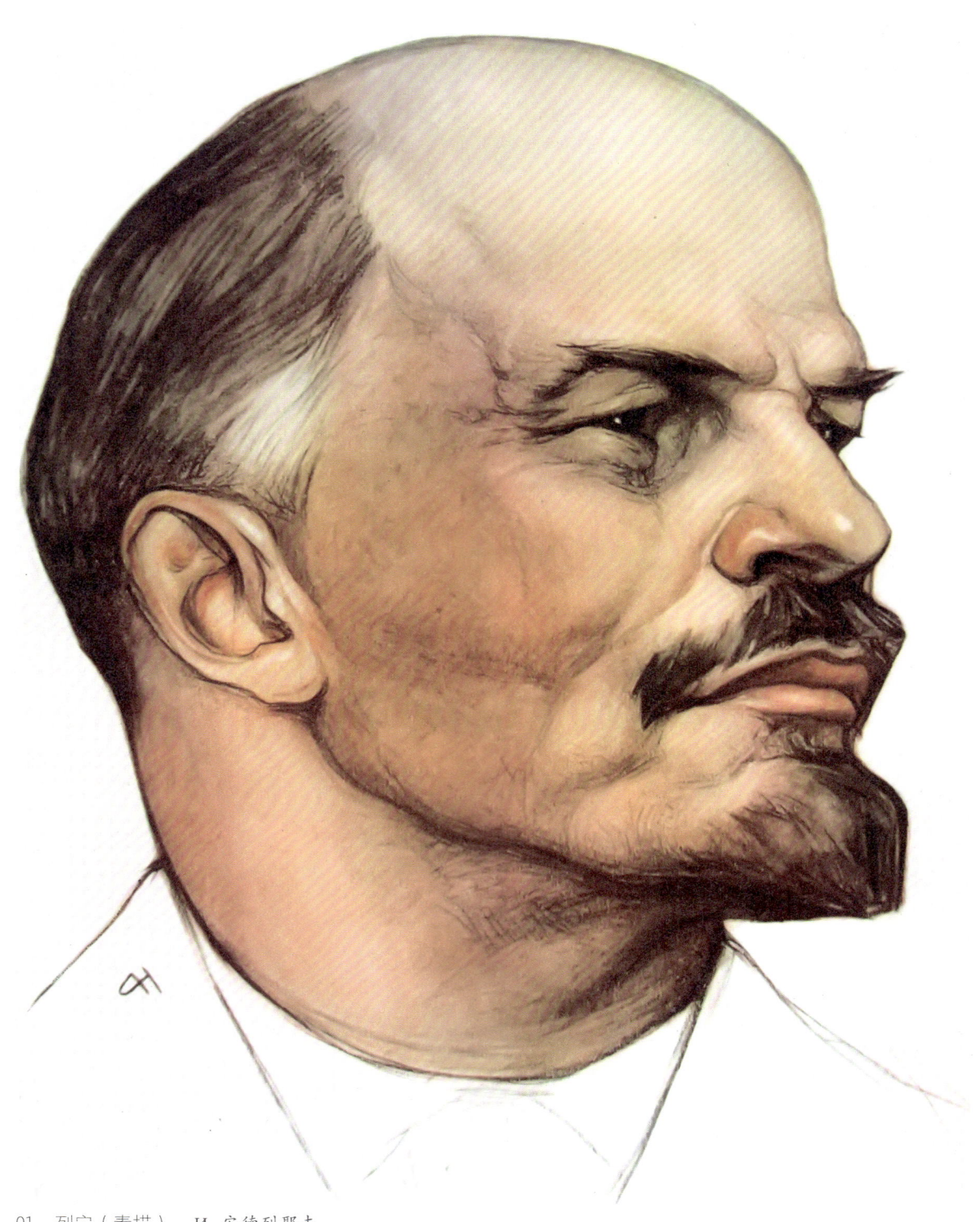

01. 列宁（素描） И. 安德列耶夫

> 在俄国，我们现在应该着手建设无产阶级的社会主义国家。
> ——列宁《彼得格勒工兵代表苏维埃会议文献》

十月武装起义胜利后，第一次世界大战还未结束，苏维埃政权受到帝国主义国家的敌视和包围。被推翻的资产阶级临时政府首脑亚·费·克伦斯基纠集反革命军队向彼得格勒进攻，右派社会革命党人和孟什维克组织反动团体"拯救祖国和革命委员会"发动士官生叛乱，并千方百计地破坏苏维埃国家的建设。列宁领导布尔什维克党和人民进行坚决的斗争，粉碎了国内外反动势力的进攻，巩固了新生的苏维埃政权，捍卫了十月革命的胜利果实，并开始了建设新型苏维埃国家的伟大探索。（02-03）

02. 列宁（1918年）
03. 彼得格勒斯莫尔尼宫——人民委员会所在地

> 我们一小时一分钟也不能浪费,我们必须自己组织起来,成立司令部,这是今天就必须做的事情。只要组织起来,我们就能够保证在几天之内,也许在更短的时间内获得胜利。
> ——列宁《在彼得格勒卫戍部队各团代表会议上的报告和发言》

在彼得格勒形势十分危急、苏维埃政权面临严峻考验的日子里,列宁以无产阶级革命家的胆略和智慧,领导党和人民为捍卫和巩固苏维埃政权而斗争。他夜以继日地工作,召开各种会议,协调党和政府的各项工作,动员一切人力物力投入彼得格勒保卫战。他亲自到彼得格勒军区司令部进行指挥,及时调整和充实了武装力量,极大地鼓舞和增强了全体官兵的斗志。他在深夜前往普梯洛夫工厂同工人谈话,鼓励他们加紧生产装甲车和大炮支援前线。在列宁的坚强领导下,反革命叛乱很快被平息,颠覆苏维埃政权的阴谋被彻底粉碎。在中央政权不断巩固的同时,苏维埃政权在俄国各地相继建立起来。(04-07)

04. 斯莫尔尼宫内列宁的办公室
05. 列宁在斯莫尔尼宫主持人民委员会会议(1918年)
06. 在办公室(油画) И.布罗茨基
07. 列宁同普梯洛夫工厂的工人谈话(素描) П.瓦西里耶夫

> 为了答复农民的许多问题，必须说明国家的全部政权从此已经完全转到工兵农代表苏维埃手中。……工农政府保证广大农民，即占农民多数的贫苦农民，同工人结成联盟来反对地主，反对资本家。
>
> ——列宁《答复农民的问题》

在捍卫和巩固苏维埃政权的斗争中，列宁要求党和政府的各个部门经常听取群众的意见，以保证领导机关决策的正确性。列宁自己就是深切关心群众、紧密联系群众的典范。在紧张繁忙的工作中，他利用一切机会深入基层，了解情况。在彼得格勒斯莫尔尼宫的办公室里，他常常会见来自各地的工农代表，向他们了解工厂和农村的真实情况，认真听取他们提出的意见和建议。在工农代表的心目中，列宁既是他们的领袖，又是他们的亲人。（08）

08. 同农民代表谈话（油画）　B.谢罗夫

> "事在人为"，工人和农民应当把这个真理牢牢记住。他们应当懂得，现在一切都在于实践，现在已经到了这样一个历史关头：理论在变为实践，理论由实践赋予活力，由实践来修正，由实践来检验。
>
> ——列宁《怎样组织竞赛？》

在捍卫和巩固十月革命胜利成果的斗争取得胜利以后，苏维埃政权面临的重要任务是创建新的社会主义国家制度和社会制度。在列宁的领导下，党和政府发布了一系列法令，旗帜鲜明地宣告了苏维埃政权的社会主义性质。为了推动社会主义改造工作，列宁写了《工人监督条例草案》，重申工人阶级的领导地位，要求建立工人对社会生产和产品分配的监督机制。按照列宁的部署，苏维埃政权决定对银行、铁路、大工业企业等实行国有化，逐步建立以公有制为基础的国民经济。列宁认为，工人阶级和劳动农民的联盟是苏维埃政权不可动摇的基础，他在《答复农民的问题》一文中强调，根据土地法令，地主的全部土地应该完全交给农民代表苏维埃支配。1918年1月23—31日，全俄工兵农代表苏维埃第三次代表大会召开，会上通过了列宁起草的《被剥削劳动人民权利宣言》，宣布俄国为工兵农代表苏维埃共和国，苏维埃政权的任务是消灭人对人的剥削，建立社会主义制度。在上述重大决策形成和实施的过程中，列宁反复强调，社会主义建设是前无古人的事业，工人阶级及其政党必须在科学理论指引下大胆实践，勇于探索。（09-11）

---

09. 列宁《被剥削劳动人民权利宣言》手稿
10. 列宁《工人监督条例草案》手稿
11. 列宁《答复农民的问题》手稿

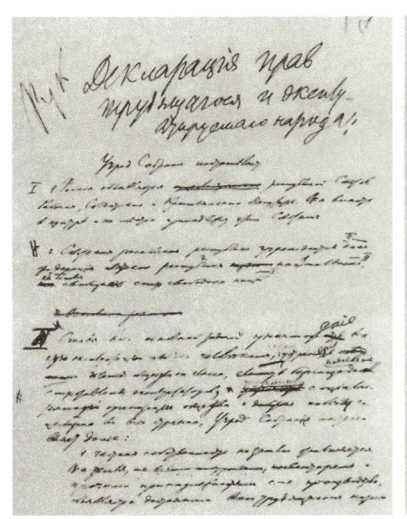

> 在德国无产阶级尚未行动起来和取得胜利之前,俄国工农的神圣义务,就是要奋不顾身地保卫苏维埃共和国,抗击资产阶级帝国主义德国的庞大军队。
>
> ——列宁《社会主义祖国在危急中!》

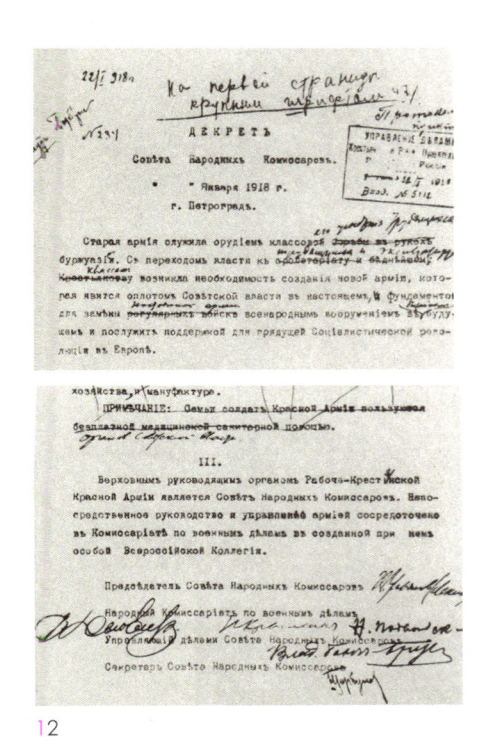

十月革命胜利后,新生的苏维埃政权还背负着沙皇政府和资产阶级临时政府遗留的战争负担。列宁认为,只有摆脱战争,获得和平,才能为社会主义的胜利创造必要的条件。为此,苏维埃政府曾多次向协约国各国政府建议,共同与德国及其盟国进行关于停战和签订和约的谈判,但是英法美等国政府拒绝和谈,国际帝国主义企图拖住俄国继续进行战争,以便达到摧毁苏维埃政权的目的。1918年2月,德国军队大举进攻,苏维埃俄国的生存受到巨大威胁。列宁以人民委员会名义颁布了法令《社会主义祖国在危急中!》,号召俄国工农奋不顾身地保卫苏维埃共和国。工农政权迅速组建红军开赴前线,迎击德军的侵犯。(12-14)

---

12. 列宁修改过的《关于组建工农红军的法令》的打字稿
13. 列宁起草的人民委员会法令《社会主义祖国在危急中!》
14. 同红军战士谈话(油画) M.索科洛夫

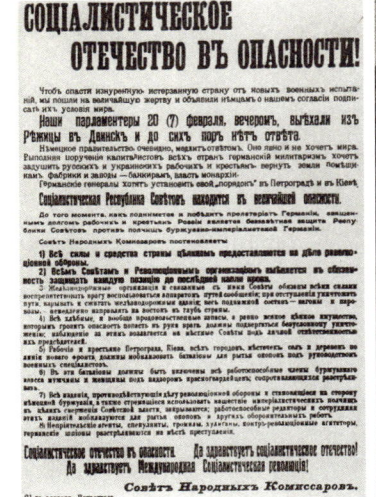

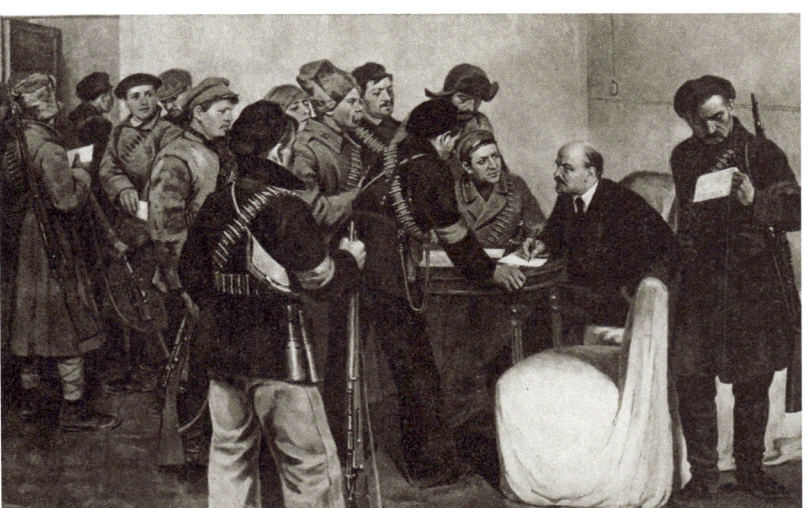

> 我们现在不得不签订的和约无疑是一个耻辱的和约,但是如果进行战争,我们的政府就会被推翻,而和约将由另一个政府来签订。
> ——列宁《在俄国社会民主工党(布)中央委员会会议上关于战争与和平的讲话》

面对严峻的战争形势,列宁明确指出,只有缔结和约,才能腾出手来继续推进社会主义改造,恢复遭到严重破坏的国民经济,增强苏维埃国家的力量,为重建军队、巩固国防、稳定政权、造福人民奠定坚实的经济基础。为了达成共识,列宁同布尔什维克党内"左派共产主义者"以及列·达·托洛茨基等人进行了坚决的斗争,驳斥了各种貌似革命的错误观点。列宁承认签订和约的确是对帝国主义者的妥协,但强调这是革命的妥协政策,这种妥协在目前情况下是必要的。1918年3月3日,苏维埃俄国同德国签订了布列斯特和约,摆脱了帝国主义战争,免除了军事上可能遭到的失败,赢得了恢复经济、建立红军、加强工农联盟的宝贵时机。(15)

15. 整装待发的苏俄红军战士

> 鉴于苏维埃社会主义共和国面临帝国主义的进攻而必须利用一切喘息机会，即使是最短暂的喘息机会，代表大会认为，必须批准苏维埃政权同德国签订的极苛刻和极屈辱的和约。
>
> ——列宁《俄共（布）第七次（紧急）代表大会文献》

布列斯特和约签订后，列宁立即提出要把党和国家的工作重心转到社会主义建设上来的正确主张。但是，尼·伊·布哈林、托洛茨基等人却继续攻击党同德国签订和约的决定。为了统一全党的思想，列宁于1918年3月上旬主持召开了布尔什维克党执政后的第一次代表大会——俄共（布）第七次（紧急）代表大会。列宁在关于战争与和平问题的报告中深刻地分析了国际国内形势，阐明了立即签订对德和约、争取和平喘息时机的重要意义。大会通过了列宁草拟的关于签订布列斯特和约问题的决议——《关于战争与和平的决议》。

1918年11月13日，在协约国军队打败了德奥集团、德国的革命推翻了君主制的情况下，经列宁建议，全俄中央执行委员会宣布废除该项和约。（16-17）

16

15. 列宁《关于战争与和平的决议》手稿第1页
17. 在俄共（布）第七次（紧急）代表大会上（油画）　Ａ．库兹涅佐夫

17

> 我们开始社会主义改造的时候,应该给自己清楚地提出这些改造归根到底所要达到的目的,即建立共产主义社会。共产主义社会不仅仅限于剥夺工厂、土地和生产资料,不仅仅限于严格地计算和监督产品的生产和分配,并且要更进一步实行各尽所能、按需分配的原则。因此,共产党这个名称在科学上是唯一正确的。
> ——列宁《俄共(布)第七次(紧急)代表大会文献》

俄共(布)第七次(紧急)代表大会的另一项重要议程是修改党纲和更改党的名称。列宁就这个问题作了报告,论述了修改党纲的指导思想,阐明了把党的名称改为共产党的重要意义,指出党和人民团结奋斗的最终目标是建立共产主义社会。大会采纳了列宁的建议,把党的名称改为"俄国共产党(布尔什维克)",并决定修改党纲。(18)

18. 列宁《关于更改党的名称和修改党纲的决议》手稿第1页

> 我们建立了为贫苦农民所拥护的无产阶级专政,开始了一系列宏伟的社会主义改造。我们唤醒全世界千百万工人相信自己的力量,燃起他们热情的火焰。我们到处发出了国际工人革命的号召。我们向全世界的帝国主义强盗提出了挑战。
>
> ——列宁《当前的主要任务》

俄共(布)第七次(紧急)代表大会后,苏维埃俄国将首都由彼得格勒迁往莫斯科。当时,部分群众对签订布列斯特和约的意义缺乏正确认识,产生了悲观失望的情绪。这种情况引起了列宁的高度重视,他一到莫斯科就起草了《当前的主要任务》一文。他指出,苏维埃俄国被迫签订了屈辱的布列斯特和约,我们要有勇气正视这个痛苦的现实,但我们有决心使俄罗斯由既贫穷又衰弱的国家变成既强大又富饶的国家。列宁的这篇文章充满了坚定的社会主义信念和强烈的爱国主义情感,使广大群众受到了深刻的教育。(19-21)

19. 列宁在克里姆林宫办公室

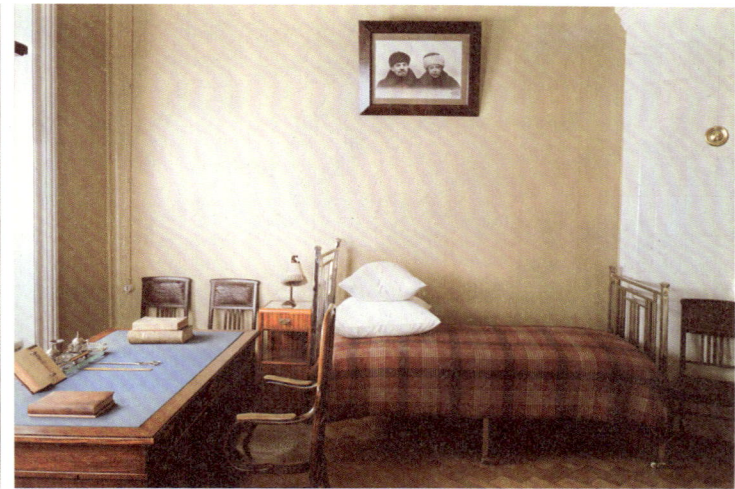

20. 克里姆林宫内列宁的起居室

21. 莫斯科克里姆林宫中的俄罗斯社会主义联邦苏维埃共和国政府大厦

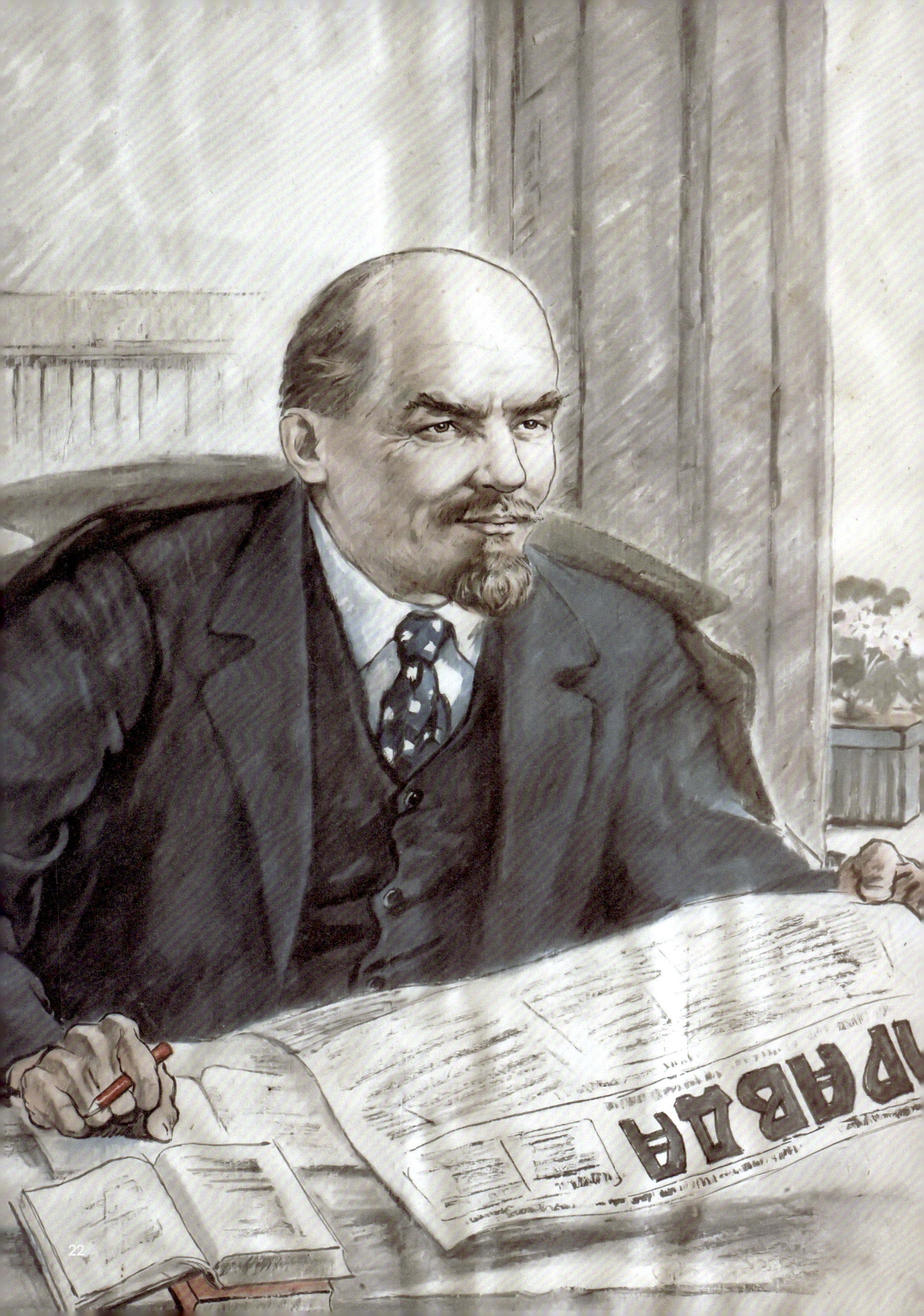

为了充分利用苏维埃政权赢得的短暂和平，及时推动社会主义建设，列宁写了《苏维埃政权的当前任务》、《论"左派"幼稚性和小资产阶级性》等重要著作。他明确提出和深刻论证了无产阶级在夺取政权之后要把主要力量转向社会主义经济建设的思想，拟定了在俄国进行社会主义改造和建设的方针和措施。他对当时俄国的社会经济状况作了科学的分析，强调创造高于资本主义的劳动生产率是社会主义胜利的最重要的保证；在企业中要组织计算和监督，要采用资本主义一切有价值的科学技术成果，要发挥资产阶级专家的作用；经济管理中要把民主精神和铁的纪律结合起来，要充分发挥群众的积极性和创造性等等。列宁的这些精辟论述阐明了建设社会主义的最重要的原则问题，丰富了科学社会主义的理论宝库。（22–25）

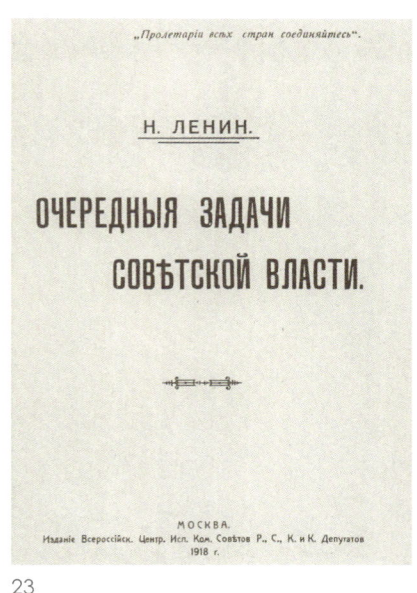

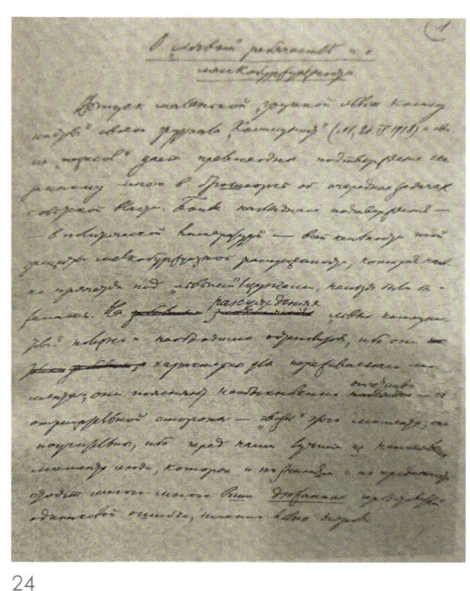

22. 列宁阅读《真理报》（中国画）蒋兆和
23. 列宁《苏维埃政权的当前任务》封面（1918年莫斯科版）
24. 列宁《论"左派"幼稚性和小资产阶级性》手稿第1页
25. 列宁在工作中

> 应该指出，人民委员会强征富农粮食并把它分给城乡贫民的决定，是增加口粮的唯一正确的手段。
>
> ——列宁《关于组织征粮队》

连年帝国主义战争给俄国经济造成严重破坏，1918年春夏，饥荒日益加剧，广大群众情绪低落。列宁认为，争取粮食的斗争，实际是一场争取社会主义的斗争。苏维埃政权的命运和社会主义的命运，在很大程度上取决于粮食问题的解决。为此，人民委员会决定对粮食实行国家专卖制，并派出工人征粮队到农村征集粮食。列宁在1918年7月上旬召开的全俄苏维埃第五次代表大会上作了政府工作报告，论述了如何同饥荒和经济破坏现象作斗争的问题。（26—28）

26. 列宁《工人同志们！大家都来进行最后的斗争！》手稿第1页
27. 列宁《论饥荒》，载于1918年5月24日《真理报》第101号。

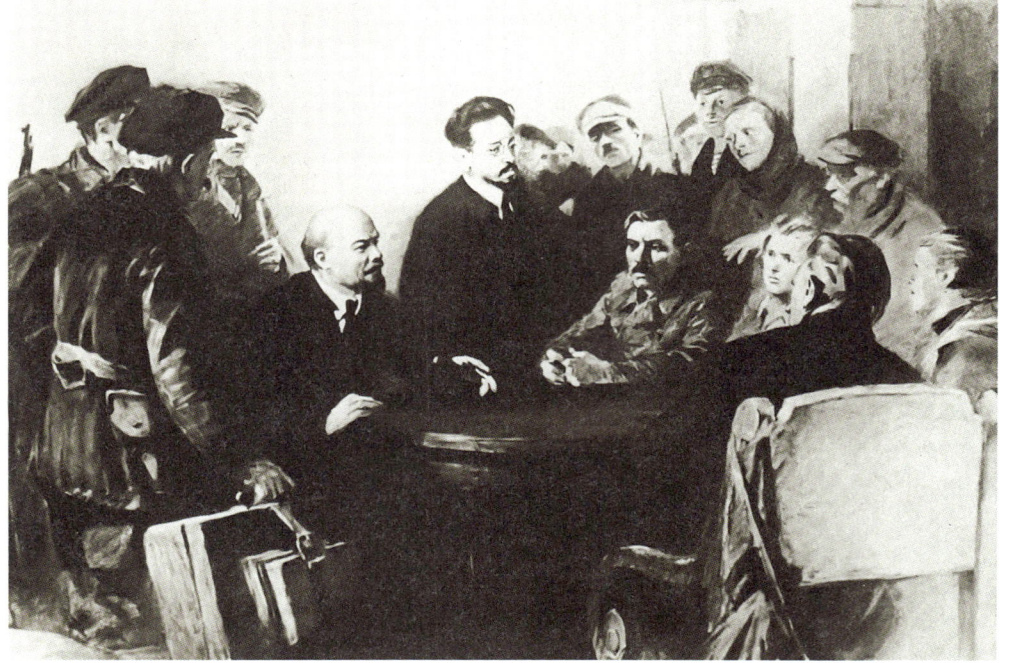

28. 同第一批工人征粮队的代表谈话（油画） B.韦特罗贡斯基

> 苏维埃宪法和苏维埃一样,是在革命斗争时期产生的,它是第一部宣布国家政权是劳动者的政权、剥夺剥削者——新生活建设者的敌人——的权利的宪法。这就是它和其他国家宪法的主要区别,同时也是战胜资本的保证。
>
> ——列宁《在哈莫夫尼基区群众大会上的讲话》

全俄苏维埃第五次代表大会还通过了俄罗斯社会主义联邦苏维埃共和国宪法,这是世界上第一部社会主义性质的宪法。这部宪法是根据列宁的指示并在他亲自参与下制定的。列宁指出:"迄今为止的所有宪法都是维护统治阶级利益的。只有苏维埃宪法现在和将来都始终不渝地有利于劳动者,是为实现社会主义而斗争的强有力的工具。"(29-30)

---

29. 俄罗斯社会主义联邦苏维埃共和国宪法(1918年)
30. 列宁与妹妹前往莫斯科大剧院出席全俄苏维埃第五次代表大会

列宁在社会主义建设中高度重视劳动者文化程度的提高，十分关心教育事业的发展和对下一代的培养。他认为国民教育事业是目前正在进行的斗争的一个组成部分。他希望人人都能受到教育，要求学校首先必须招收无产阶级和贫苦农民出身的人，并普遍发给他们助学金。他还批判了资产阶级宣扬的"学校可以脱离政治"的观点，主张对现行教育制度进行改革，以适应社会主义事业发展的需要。除了教育事业，列宁还十分关心社会科学研究、文学艺术创作、报刊图书出版、公共图书馆建设以及公民道德培养等工作。在他的大力倡导和直接指示下，政府组建了社会主义社会科学院。列宁提出社会科学院承担的首要任务是编辑出版马克思主义著作，在马克思主义指导下密切联系实际问题，深入进行哲学社会科学的研究。（31-34）

31. 列宁1918年8月28日在全俄教育工作第一次代表大会上发表讲话
32. 列宁签署的人民委员会关于扫除文盲等文化教育的法令和决定
33. 列宁《人民委员会关于俄罗斯联邦高等学校招生问题的决定草案》手稿（1918年8月2日）

34. 和儿童在一起（素描）　尼・茹科夫

> 我们的国家又陷入了战争,现在革命的结局完全取决于谁在这场战争中取胜;这场战争的主角是捷克斯洛伐克军,而事实上操纵和推动战争的是英法帝国主义者。俄罗斯社会主义联邦苏维埃共和国的存亡问题,俄国社会主义革命问题,完全归结为战争问题。
>
> ——列宁《在全俄中央执行委员会、莫斯科苏维埃、工厂委员会和工会联席会议上的讲话》

帝国主义和反动势力不甘心自己的失败,千方百计地想要扼杀新生的苏维埃政权。1918年春,美、英、法、日、德等帝国主义国家相继入侵苏维埃俄国,国内的反革命势力也乘机发动叛乱,苏维埃政权和广大人民群众不得不中断刚刚着手进行的和平建设,进入了极其困难的国内战争时期。列宁对这场严峻考验早有预见,当帝国主义武装干涉到来的时候,他立即果断地决定把苏维埃全部工作的重心转移到战争和军事行动上来。为了抗击外国武装力量的侵略,彻底消灭白卫军的反革命叛乱,列宁领导俄国人民在政治、经济、军事、外交等各条战线进行了艰苦卓绝的斗争。(35–37)

35. 你报名参军了吗?（宣传画）Д.莫尔
36. 1918年首批开赴前线的红军
37. 列宁听取前线来电（油画）И.格拉巴里

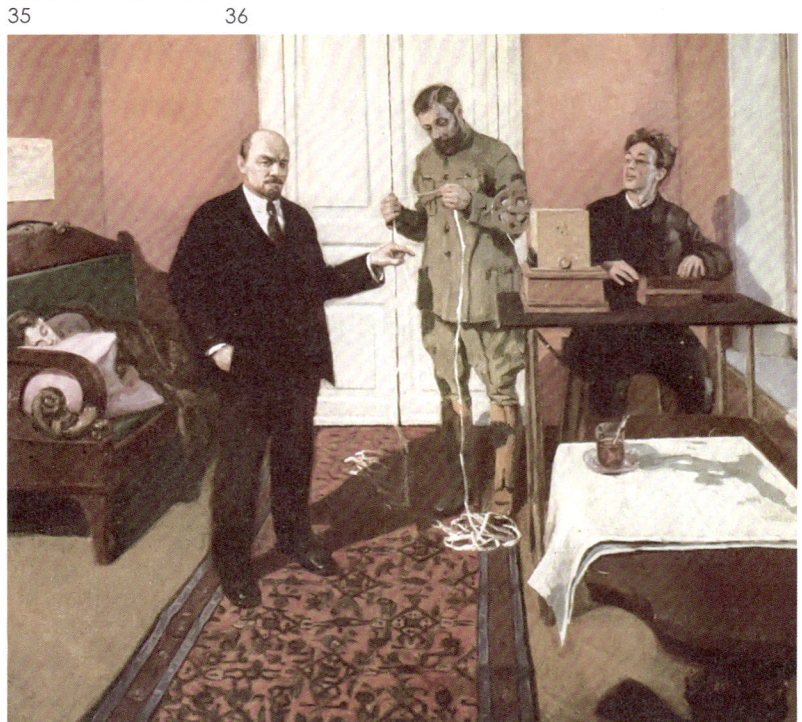

**我们的任务，我们的迫切任务，再说一遍，就是保持住这个政权，保持住这个社会主义的火炬，继续使它尽可能迸发出更多的火花，促使社会主义革命的熊熊烈火烧得更旺。**

**——列宁《在全俄中央执行委员会、莫斯科苏维埃、工厂委员会和工会联席会议上的讲话》**

列宁号召工农群众拿起武器，奋起保卫社会主义祖国，全力支援红军抗击国内外敌人的武装进攻。他亲自主持各方面的工作，深入了解前线和后方的一切情况。在东线面临危机的时刻，他决定把更多的部队从西线调到东线，并把共产党员和先进工人派去增援，从而迅速扭转了战局。在列宁的领导下，广大劳动群众焕发出空前的爱国热情，武装捍卫苏维埃的斗争不断取得胜利。列宁坚定地指出，苏维埃政权的力量源泉是千千万万工农群众，这样的政权是不可战胜的。（38-40）

38. 列宁听取关于东线的战况汇报（油画） И.索洛明
39. 列宁与前线往来的电报和信件
40. 即将开赴前线的苏俄红军中国支队

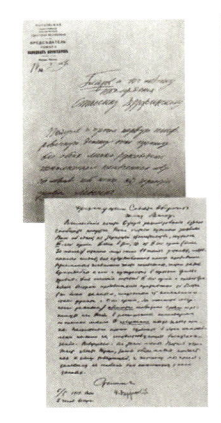

> 我的故乡辛比尔斯克的收复,是包扎我的伤口的一条最有效最理想的绷带。我顿时觉得精神振奋,力量骤增。我祝贺红军战士的胜利,并代表全体劳动者对他们作出的一切牺牲表示感谢。
> ——列宁《给奔萨省执行委员会和第1集团军革命军事委员会的电报》

1918年8月30日,列宁在莫斯科河南岸区米歇尔逊工厂群众大会上讲话后,离开工厂时遭到社会革命党恐怖分子范·耶·卡普兰枪击而受重伤。在面临生命危险的时候,列宁表现得异常坚毅和沉着。经过抢救,列宁脱离了生命危险;但伤痛尚未完全治愈,他就重新投入紧张的工作,出席党中央的会议和人民委员会会议,听取有关军事问题的报告并作出指示,还给前线的红军发去祝贺胜利的电报。

列宁遇刺的消息震惊了全国。广大群众时刻惦记着列宁的身体状况,衷心祝愿自己的领袖早日康复。红军将士和后方人民把对敌人的愤恨化为力量,同仇敌忾地抗击侵略者,保卫新政权。(41-42)

41. 列宁在米歇尔逊工厂发表讲话(油画)
  Б.弗拉基米尔斯基
42. 列宁被刺(油画)
  А.格拉西莫夫

> 考茨基背弃了马克思主义,忘记了任何国家都是一个阶级镇压另一个阶级的机器,忘记了最民主的资产阶级共和国也是资产阶级压迫无产阶级的机器。
>
> ——列宁《无产阶级革命和叛徒考茨基》

繁重的工作使列宁的健康状况不断恶化,经医生再三要求,他才同意到莫斯科郊外的哥尔克疗养。在这里,他不仅继续关注国内外形势,指导党和国家的活动,还着手撰写《无产阶级革命和叛徒考茨基》这部重要著作。列宁在这一著作中批判了第二国际领袖人物考茨基对马克思主义无产阶级专政理论的歪曲和对俄国社会主义革命的诋毁,揭示了资产阶级民主和无产阶级民主的本质区别,阐述了无产阶级革命和无产阶级专政的学说,强调指出:无产阶级的革命专政是由无产阶级对资产阶级采用暴力手段来获得和维持的政权,是进行社会主义革命和社会主义建设的根本保证;无产阶级民主是对大多数居民即被剥削劳动者的民主,它比任何资产阶级民主都要民主百万倍,苏维埃政权比最民主的资产阶级共和国还要民主百万倍。(43—45)

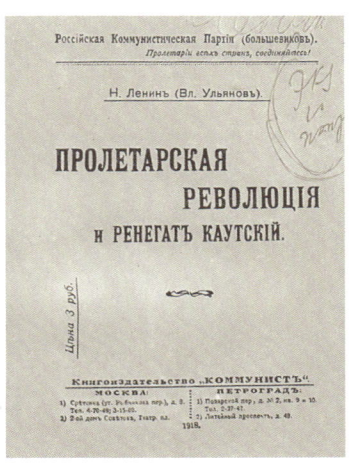

43. 列宁受伤后在莫斯科市郊的哥尔克疗养时的住所
44. 有列宁亲笔签名的《无产阶级革命和叛徒考茨基》一书封面(1918年莫斯科—彼得格勒版)
45. 在养伤中(石版画) 李宏仁

> 我们正在发展壮大，苏维埃共和国正在发展壮大！无产阶级革命事业的发展比帝国主义者势力的进逼更快。我们满怀希望并且坚信，我们不仅在保卫俄国社会主义革命的利益，而且在为保卫全世界的社会主义革命而战。我们胜利的希望愈来愈大了，因为我们工人的觉悟在不断提高。
> ——列宁《在全俄工人、农民、哥萨克和红军代表苏维埃第六次（非常）代表大会上的两次讲话》

1918年11月6—9日，在十月革命胜利一周年之际，全俄苏维埃第六次（非常）代表大会在莫斯科举行。列宁在会上发表庆祝十月革命一周年的讲话，并作了关于国际形势的报告。他回顾了俄国革命一年来走过的道路和取得的成就，指出，英、法、美帝国主义加紧武装干涉俄国革命，苏维埃俄国的处境比任何时候都更危险，但在马克思主义的指引下，在无产阶级政党的领导下，经过工农大众的团结奋斗，胜利的希望也愈来愈大。列宁号召每一个工人和农民尽到自己的职责，保卫俄国革命成果。（46-47）

46. 1918年10月17日列宁主持人民委员会会议
47. 列宁同全俄苏维埃第六次（非常）代表大会的代表一起步入会场——莫斯科大剧院

| 捍卫和巩固新生的苏维埃政权　189

> 马克思和恩格斯的具有世界历史意义的伟大功绩，在于他们用科学的分析证明了，资本主义必然崩溃，资本主义必然过渡到不再有人剥削人现象的共产主义。
> ——列宁《在马克思恩格斯纪念碑揭幕典礼上的讲话》

列宁参加了庆祝十月革命一周年的一系列活动——马克思恩格斯纪念碑揭幕典礼、十月革命烈士纪念碑揭幕典礼、阅兵式和劳动群众游行等。在马克思恩格斯纪念碑揭幕典礼上，列宁高度评价两位马克思主义创始人的伟大历史功绩，指出马克思主义的科学理论是无产阶级推翻旧世界、建设新世界的行动指南，号召广大劳动人民在马克思主义旗帜下奋勇前进，为粉碎资本的压迫、最终赢得社会主义的胜利而斗争。（48-49）

48. 列宁在莫斯科红场举行的十月革命一周年庆祝大会上发表讲话

49. 1918年11月7日列宁在马克思恩格斯纪念碑揭幕典礼上发表讲话

> 在去年十月革命的日子里牺牲的同志们享有夺取胜利的莫大荣幸。人类的革命领袖梦寐以求的最高荣誉是属于他们的。这种荣誉在于：已经有成千上万以至千百万同样无所畏惧的新战士踏着这些在战斗中英勇牺牲的同志们的血迹前进，用这种群众英雄主义保证了胜利。
> ——列宁《在十月革命烈士纪念碑揭幕典礼上的讲话》

在十月革命烈士纪念碑揭幕典礼上，列宁缅怀了革命烈士的光荣业绩，并带领全体同志在纪念碑前庄严宣誓：踏着先烈的足迹前进，学习他们的大无畏精神和英雄主义，在"不胜利，毋宁死"的口号下，为无产阶级的国际社会主义革命的胜利而英勇斗争。（50）

50. 1918年11月7日列宁出席在莫斯科红场举行的烈士纪念碑揭幕典礼

> 苏维埃共和国应当成为一个统一的军营，它应该尽量发挥一切力量，尽量节省这些力量，尽量减少拖拉现象和繁文缛节，尽量精简机构……为了争取战争的胜利，同时应该改善、精简、更新我们的非军事管理机构。
> ——列宁《莫斯科征收党员周的总结和我们的任务》

为了适应反对外国武装干涉和国内战争的需要，列宁领导苏维埃政府实行了一系列以强制的国家垄断为前提、以军事化为主要管理手段的战时经济政策：如实行余粮收集制；加速推进工业国有化，实行对资产者的剥夺；取消商品生产，禁止自由贸易；按战时原则对国民经济实行高度集中的管理；贯彻"不劳动者不得食"的原则，实行普遍劳动义务制等。这些措施后来被统称为"战时共产主义"。战时共产主义政策使苏维埃政权在战争环境下能够最大限度地集中使用全国的人力和物力，对赢得革命战争的最终胜利起了重大作用。

1918年11月30日，全俄中央执行委员会决定成立工农国防委员会，任命列宁为主席。在外国武装干涉和国内战争时期，工农国防委员会成为苏维埃俄国的非常最高机关，是组织共和国战时经济和编制计划的中心。列宁全面领导了工农国防委员会的工作，主持召开了该委员会的绝大多数会议。（51–52）

51. 工农国防委员会主席列宁

52. 全俄中央执行委员会关于成立工农国防委员会的决定

| 捍卫和巩固新生的苏维埃政权

> 我们必须从大家公认的一条马克思主义原理出发，即纲领必须建立在科学的基础上。纲领应该向群众说明，共产主义革命是怎样发生的，为什么它是不可避免的，它的意义、实质和力量在哪里，它应当解决什么问题。
>
> ——列宁《俄共（布）第八次代表大会文献》

1919年3月中下旬，列宁主持召开俄共（布）第八次代表大会，并作了《关于党纲的报告》。大会通过了列宁草拟的新党纲，这是俄共（布）执政后的第一个党纲，也是俄共（布）历史上的第二个党纲。列宁对党纲的修改作了说明，批评了布哈林等人的错误观点，强调必须从俄国的现实状况和世界的实际形势出发，确定党在过渡时期的基本任务和方针政策。新党纲的理论部分增加了对帝国主义和帝国主义战争性质的分析，阐明全世界无产阶级共产主义革命的新纪元已经开始。党纲的实践部分规定了党在从资本主义向社会主义过渡的整个时期中的各项基本任务。列宁认为，新党纲作为总结世界无产阶级解放运动新阶段的纲领，将载入国际共产主义运动的史册。（53–55）

53. 俄共（布）第八次代表大会通过的党纲的单行本封面（1919年莫斯科版）
54. 列宁在出席俄共（布）第八次代表大会期间同作家杰·别德内依和乌克兰代表弗·潘菲洛夫合影
55. 列宁修改过的《俄国共产党（布尔什维克）纲领》的校样

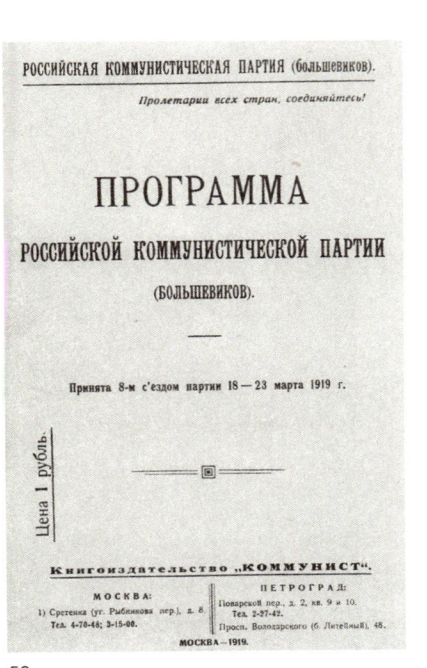

> *红军所以有力量，因为它是自觉自愿地、同心协力地为农民的土地而战，为工农政权而战，为苏维埃政权而战。*
>
> *——列宁《留声机片录音讲话》*

列宁高度重视苏维埃国家武装力量的建设，亲自动员红军战士奔赴前线，视察军事院校指导工作，组织普遍军训培养后备部队。为加强党对军队的领导，列宁一再重申军队必须遵守铁的纪律，坚决听从中央指挥；他从工农中选拔优秀干部担任红军指挥员，选派大批优秀党员担任红军政治委员。列宁指出，共产党的坚强领导是苏维埃武装部队履行使命、取得胜利的根本保证。他要求军队努力加强党的工作、政治工作和民族工作，指出这是增强凝聚力、提高战斗力的重要前提。（56–57）

56. 列宁1919年4月5日和红军重炮指挥员训练班首批学员合影

57. 列宁在莫斯科红场向普遍军训战士发表讲话

> 根据前线的最新消息我们可以断定，战胜高尔察克的日子就要到来了。几十万战士正开往前线去彻底消灭高尔察克匪帮。
>
> ——列宁《在红场上的三次讲话》

1919年5月1日，列宁出席在莫斯科红场举行的五一阅兵式和庆祝游行，并发表讲话，向莫斯科和全世界无产阶级和劳动人民祝贺节日，分析反对外国武装干涉和国内战争的形势，指出苏维埃政权必将取得最后胜利。（58-60）

58. 列宁在莫斯科红场检阅即将开赴前线的部队
59. 列宁1919年在参加庆祝五一国际劳动节游行活动时发表讲话
60. 1919年5月1日列宁和克鲁普斯卡娅在莫斯科红场同游行群众在一起

> 只有这样共同努力，才能够保证工农联盟。这个联盟是苏维埃政权的主要力量和支柱。这个联盟将保证我们胜利完成社会主义改造事业，胜利完成战胜资本和消灭一切剥削的事业。
> ——列宁《留声机片录音讲话》

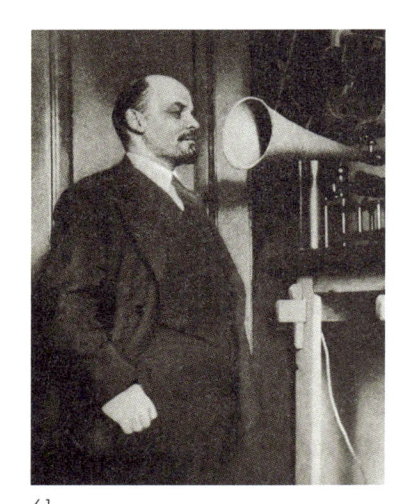

列宁特别重视利用先进的传播技术来宣传马克思主义政党的理论和政策。1919—1921年期间，他多次灌制录音讲话，比如《第三国际——共产国际》、《告红军书》、《论中农》和《什么是苏维埃政权》等，阐释党和国家的方针政策，论述国际共产主义运动的重大问题。（61-62）

61. 列宁在灌制录音讲话（1919年3月）
62. 列宁同为其录音的中央出版物发行处工作人员合影

1919年4月12日,莫斯科—喀山铁路员工中的15名共产党员为支持苏维埃政府取得国内战争的胜利,发起组织了共产主义星期六义务劳动,随后,全国掀起了星期六义务劳动的热潮。列宁高度评价星期六义务劳动,认为是"伟大的创举",指出这一创举的意义就在于工人阶级不计报酬从事额外工作的共产主义精神,就在于工人阶级自觉提高劳动生产率、创造社会主义的经济条件和生活条件的首创精神。列宁认为,这是共产主义新社会的萌芽,是比推翻资产阶级更困难、更重大、更深刻、更具有决定意义的变革的开端,"因为归根到底,战胜资产阶级所需力量的最深源泉,这种胜利牢不可破的唯一保证,只能是新的更高的社会生产方式,只能是用社会主义的大生产代替资本主义的和小资产阶级的生产"。1920年5月1日,列宁亲自参加五一节星期六义务劳动,同克里姆林宫军校学员一起清理了克里姆林宫里的建筑材料。(63-65)

---

63. 列宁《伟大的创举》封面(1919年莫斯科版)
64. 列宁的劳动手册
65. 列宁在克里姆林宫参加星期六义务劳动(油画) M.索科洛夫

> *所有共产党员，所有觉悟的工人、农民，每个不愿意让高尔察克和邓尼金胜利的人，都应当立即在最近几个月内空前地紧张地行动起来，"用革命精神从事工作"。*
>
> *——列宁《大家都去同邓尼金作斗争！》*

1919年春夏，邓尼金匪帮在外国武装干涉者的支持下向莫斯科和彼得格勒进逼，社会主义共和国处于危急关头。列宁受党中央的委托起草《大家都去同邓尼金作斗争！》一文，要求全党和全体劳动人民把全部力量都转到直接的战争任务上来，使苏维埃共和国真正成为统一的军营，坚决击退邓尼金匪帮的进攻，消灭白卫军。他还号召共产党员和优秀工农分子到前线去负担最困难、最艰巨的工作，同时建设巩固的后方，"用革命精神从事工作"，以实际行动帮助国家渡过难关。列宁全面地论证了国内战争的最后胜利必将属于人民，有力地增强了广大干部和群众的信心和斗志。（66-68）

66. 列宁《大家都去同邓尼金作斗争！》，载于1919年7月9日《俄共（布）中央通报》第4期。
67. 列宁《为战胜邓尼金告乌克兰工农书》手稿第1页
68. 列宁和克鲁普斯卡娅同即将开赴前线的社会教育训练班学员合影（1919年10月28日）

> *形势非常严重。但我们并不绝望，因为我们知道，每当苏维埃共和国处于困难境地的时候，工人们总会表现出奇迹般的英勇，以身作则，鼓舞和激励军队，引导他们走向新的胜利。*
> 
> *——列宁《在莫斯科苏维埃大楼阳台上对应征入伍的工人共产党员的讲话》*

彼得格勒和莫斯科的党组织先后举行了征收党员周，吸收大量优秀的工人、农民和红军战士入党。列宁高度赞扬在国家危难时刻申请入党的无产阶级群众所表现的对苏维埃政权的无限忠诚、高度的自我牺牲精神和英雄主义热情。（69）

69. 列宁 1919 年 10 月 16 日在莫斯科苏维埃大楼阳台上对应征入伍的工人共产党员讲话

> *我们不向这些普通党员许愿,说入党有什么好处,也不给他们什么好处。相反地,现在党员要担负比平常更艰苦更危险的工作。*
>
> ——列宁《工人国家和征收党员周》

列宁在注重发展党员的同时,十分关注共产党自身的建设和共产党员素质的提高。在国内战争形势最危急的时刻,俄共中央一方面举行征收党员周,吸收了20多万名优秀工人、农民和红军战士入党;另一方面进行党员登记,清除了一批贪生怕死、消极怠工、营私舞弊的党员。列宁指出:"徒有其名的党员,就是白给,我们也不要。世界上只有我们这样的执政党,即革命工人阶级的党,才不追求党员数量的增加,而注意党员质量的提高和清洗'混进党里来的人'。"他强调党取得政权后,要重视人才的培养,要善于发现和使用人才,要特别重视从工人和劳动农民中间发掘新人才,大胆使用新人才,要多吸收真心拥护共产主义的正直的劳动者入党,给他们在广阔的工作领域施展才能和一显身手的机会。列宁的这些思想丰富了马克思恩格斯关于无产阶级政党建设的理论。(70—71)

70.《真理报》刊登的列宁《工人国家和征收党员周》一文和有关征收党员周的消息

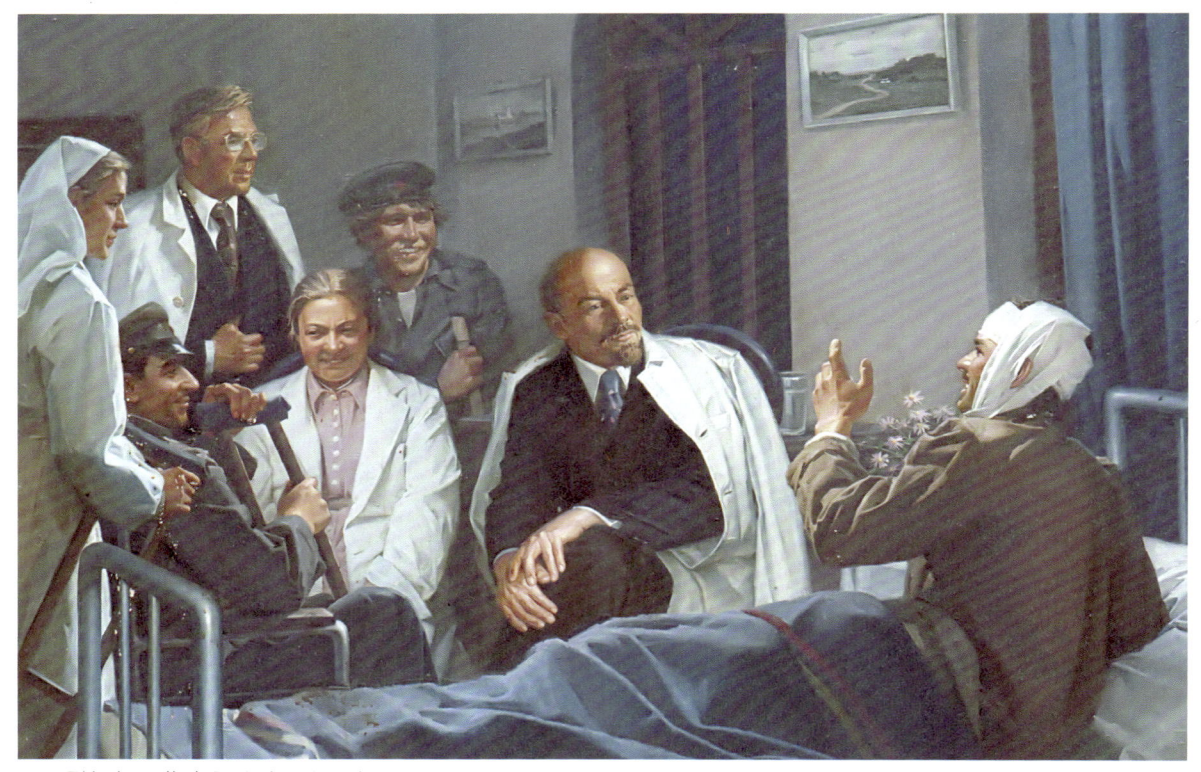

71. 慰问红军伤病员(油画) 彭彬

> 由于我国十分落后而且具有小资产阶级的性质,俄国的无产阶级专政必然有一些不同于先进国家的特点。
> ——列宁《无产阶级专政时代的经济和政治》

在苏维埃政权即将成立两周年之际,列宁写了《无产阶级专政时代的经济和政治》一文,根据马克思主义关于过渡时期的理论,结合世界上第一个社会主义国家成立两年来的经验,论述了过渡时期俄国社会经济结构的特点。(72)

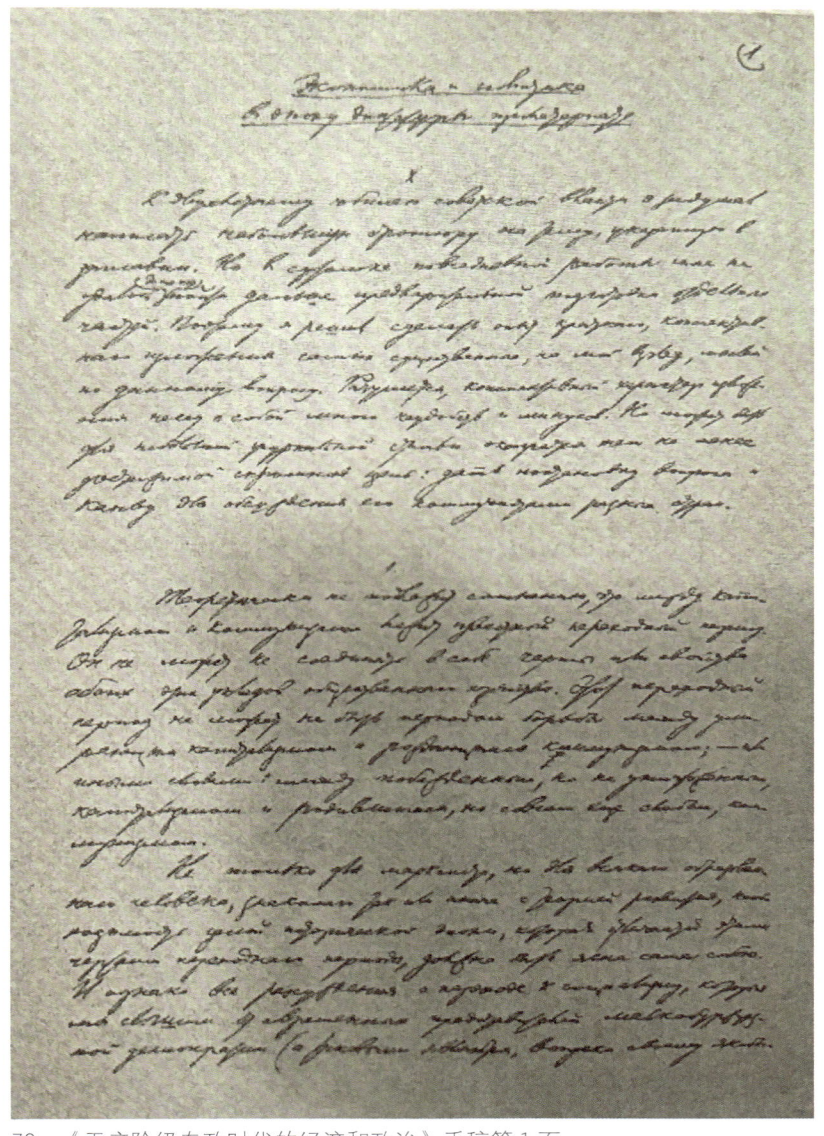

72.《无产阶级专政时代的经济和政治》手稿第1页

> 在无产阶级专政时代，阶级依然存在，但每个阶级都起了变化，它们相互间的关系也起了变化。在无产阶级专政条件下，阶级斗争并不消失，只是采取了别的形式。
> ——列宁《无产阶级专政时代的经济和政治》

在《无产阶级专政时代的经济和政治》这篇重要文章中，列宁指出：在资本主义和共产主义之间有一个过渡时期，这个过渡时期不能不兼有这两种社会经济结构的特点；这一时期社会经济的基本形式是资本主义、小商品生产和共产主义，相应的基本力量是资产阶级、小资产阶级（特别是农民）和无产阶级。无产阶级专政的基本任务是把多种结构的经济改造成为社会主义经济。列宁所作的这些精辟分析和科学论断，为俄国进一步探索社会主义建设道路作了极为重要的理论准备。（73-74）

73.《真理报》刊登的列宁的文章《无产阶级专政时代的经济和政治》

74. 列宁参加纪念十月革命两周年的红场游行（1919年11月7日）

> *现在的任务是要把无产阶级所能集中的一切力量，把无产阶级的绝对统一的力量都投到经济建设这一和平任务上去，都投到恢复被破坏了的生产这一任务上去。*
>
> ——列宁《俄共（布）第九次代表大会文献》

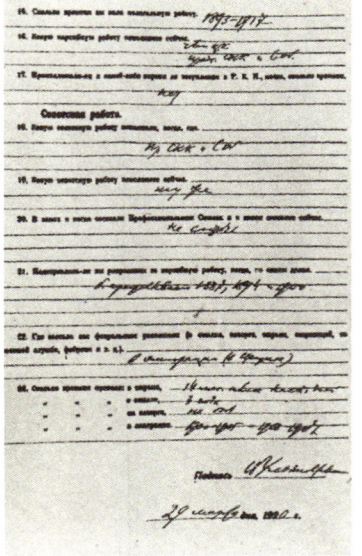

1920年3月底—4月初，俄共（布）在莫斯科召开第九次代表大会。列宁直接领导了这次大会的组织工作，并向大会作中央委员会的报告。大会的中心议题是经济建设问题，主要任务是研究和总结实践经验，制定切实可行的措施，尽快扭转经济遭到严重破坏的局面，力争恢复、改善和发展俄国整个国民经济。（75—76）

---

75. 列宁在俄共（布）第九次代表大会上
76. 列宁填写的俄共（布）第九次代表大会代表履历表（1920年3月29日）

> 红色指挥员应该记住……这场战争是违背我们的意愿强加给我们的，但是我们决不让他们扼杀我们：宁死也不能失败。
> ——列宁《在莫斯科第一机枪训练班红色指挥员第十一届毕业典礼上的讲话》

1920年春，外国武装干涉者对苏维埃国家发动新的进攻，西线军事形势趋于紧张，列宁和俄共（布）再次号召俄国人民集中力量给敌人以毁灭性的打击。到1920年10月底，苏维埃俄国的广大国土，除远东等一部分地区外，已经全部解放。经过两年多的浴血奋战，俄国人民粉碎了外国武装干涉和国内反革命武装叛乱，保卫了新生的苏维埃政权，为转到和平建设社会主义的轨道创造了历史条件。（77–78）

77. 列宁在莫斯科斯维尔德洛夫广场对开赴前线的红军战士讲话（1920年5月5日）
78. 列宁检阅莫斯科第一机枪训练班红色指挥员第十一届毕业学员（1920年5月12日）

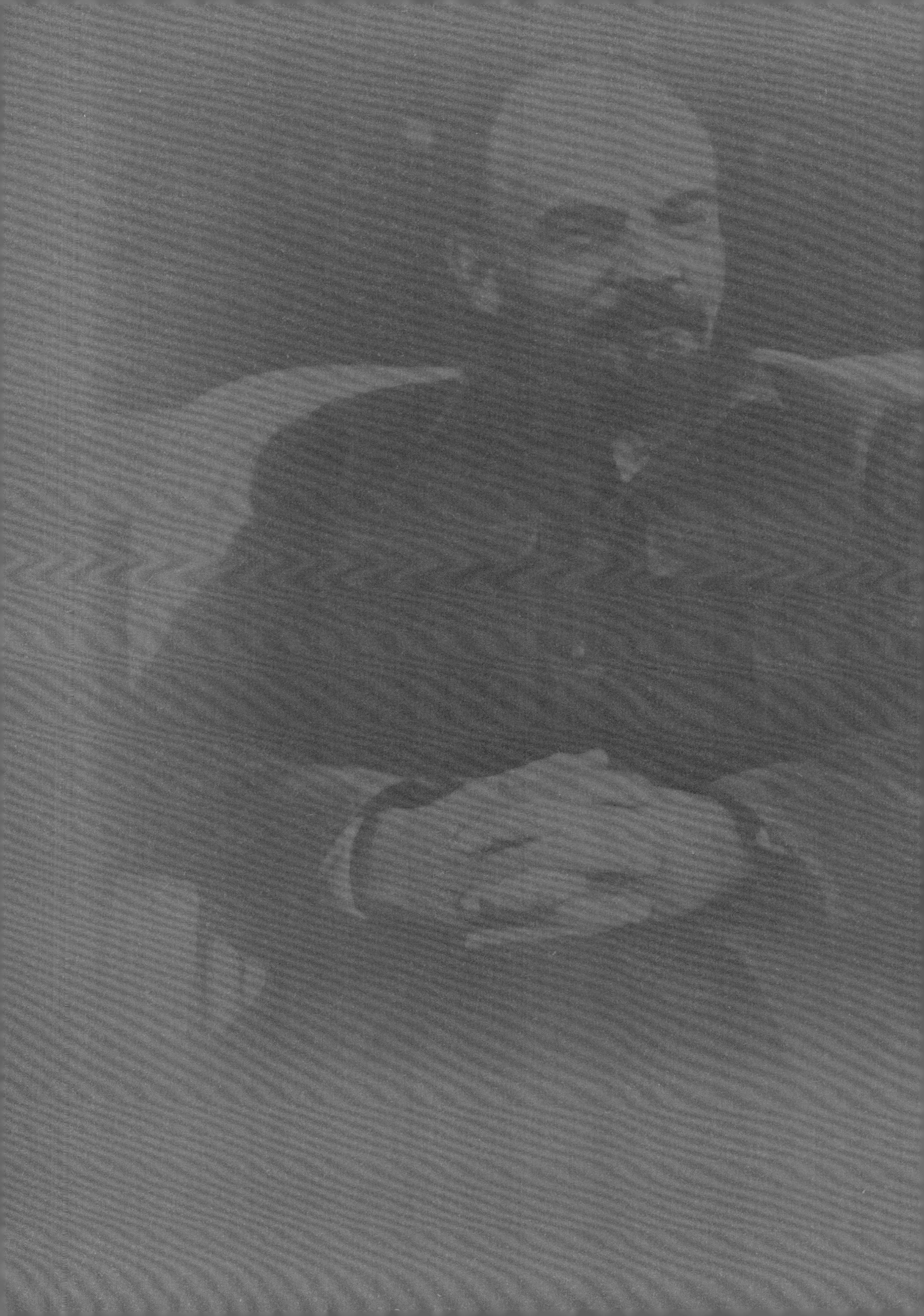

# 第七章
# 支持各国无产阶级革命运动和被压迫民族解放运动

第一次世界大战给欧洲各国人民造成深重灾难。在俄国十月革命的影响下，欧洲各国工人阶级、劳动人民以及觉悟的士兵和水兵们纷纷举行反战游行、罢工和起义，革命的浪潮风起云涌。1918年底，大战终于结束。欧洲历史上统治时间最长久的哈布斯堡王朝皇冠落地，匈牙利、捷克斯洛伐克等国独立，奥匈帝国土崩瓦解。霍亨索伦王朝也在德国十一月革命中被推翻。

十月革命胜利后，列宁一方面领导俄国人民坚决反对外国武装干涉、保卫苏维埃政权，另一方面也密切关注和支持欧洲各国无产阶级的革命运动。列宁高度重视德国十一月革命，号召俄国无产阶级尽力援助德国工人。1919年1月德国无产阶级的革命领袖卡·李卜克内西和罗·卢森堡惨遭反动当局杀害。列宁在莫斯科工人和红军部队举行的抗议集会上发表讲话，强烈谴责这一暴行。他积极声援奥匈帝国内部蓬勃兴起的革命运动，1918年11月3日在庆祝奥匈革命的游行大会上发表了热情洋溢的讲话；1918年11月29日他指示红军必须千方百计支持拉脱维亚、爱斯兰、乌克兰和立陶宛的苏维埃政府；1919年3月匈牙利无产阶级取得政权，建立了匈牙利苏维埃共和国，列宁立即发去贺电，还写了《向匈牙利工人致敬》一文，高度评价匈牙利无产阶级革命的意义，阐明了无产阶级专政的实质。

第一次世界大战爆发后，绝大多数交战国的社会民主党背叛了国际主义、支持本国政府进行帝国主义战争，第二国际的领导人及各社会民主党的机会主义和沙文主义彻底暴露，第二国际也随之瓦解。为了团结各国社会党及社会民主党内的左翼力量，组成新的国际——共产国际（即第三国际），列宁在理论上和组织上做了大量的准备工作。1919年3月初，共产国际成立大会即第一次代表大会在莫斯科举行，列宁宣读了关于资产阶级民主和无产阶级专政的提纲并作报告，大会通过了《共产国际行动纲领》等文件。1920—1922年，列宁领导共产国际召开了第二次、第三次和第四次代表大会，制定了国际共产主义运动的战略和策略原则，确定了共产国际的行动纲领和基本任务，阐明了解决民族和殖民地问题的基本原则。列宁高度重视殖民地和被压迫民族的解放运动，热情支持中国人民反抗列强侵略和封建压迫的正义斗争，并撰写了一系列文章，精辟地论述了中国革命的性质、特点和发展方向，表达了他对中华民族前途和命运的深切关注。在共产国际第二次代表大会上，列宁提出了民族和殖民地问题提纲，阐述了全世界无产者与被压迫民族联合起来的思想，强调无产阶级政党应当积极支持殖民地、半殖民地国家的民族民主运动，西欧无产阶级要同东方各殖民地和一切被压迫民族的农民运动结成紧密联盟。他还写了《共产主义运动中的"左派"幼稚病》这部重要著作，批评了当时西欧一些新成立的共产党内出现的以教条主义和冒险主义为特征的"左"倾思潮，阐述了马克思主义关于无产阶级革命策略问题的一系列重要思想。这部著作对各国共产党运用马克思主义策略原则领导本国人民进行革命斗争具有重要指导意义。

01. 列宁（1921年）

> 任何迫害也阻挡不住共产主义的发展,而且像卡尔·李卜克内西和罗莎·卢森堡这样一些战士的英雄气概使我们精神奋发,对共产主义的彻底胜利充满了信心。
> ——列宁《在彼得格勒卡·李卜克内西和罗·卢森堡纪念碑奠基典礼群众大会上的讲话》

列宁在领导俄国人民保卫苏维埃政权和反对外国武装干涉的艰苦斗争时期,密切关注并积极支持各国无产阶级革命运动和被压迫民族的解放运动。1918年11月,德国爆发了席卷全国的革命运动,威廉二世被迫退位,工兵代表苏维埃在各地纷纷建立。列宁得知这一消息后,立即起草了给各级工人、农民和红军代表苏维埃及全国人民的电报,通告这一喜讯。与此同时,在奥匈帝国迅速发展的革命运动也令列宁感到欢欣鼓舞,他在庆祝奥匈革命的游行大会上发表了热情洋溢的讲话,对奥地利、匈牙利以及德国的工人表示支持。当德国无产阶级革命领袖卡·李卜克内西和罗·卢森堡惨遭德国反动当局杀害后,列宁在为此举行的群众抗议大会上发表讲话,严厉谴责这一血腥暴行,高度评价李卜克内西和卢森堡的革命精神和杰出贡献。他在《给欧美工人的信》中指出:"世界无产阶级国际的优秀人物的鲜血,令人难忘的国际社会主义革命领袖的鲜血,一定会使愈来愈多的工人群众锻炼出进行殊死斗争的坚强意志。这个斗争一定会得到胜利。"(02—03)

02. 卡·李卜克内西1918年在柏林游行集会上演讲
03. 列宁在卡·李卜克内西、罗·卢森堡纪念碑奠基典礼上讲话(1920年7月19日彼得格勒)

> 无产阶级专政的实质不仅在于暴力,而且主要不在于暴力。它的主要实质在于劳动者的先进部队、先锋队、唯一领导者即无产阶级的组织性和纪律性。无产阶级的目的是建成社会主义,消灭社会的阶级划分,使社会全体成员成为劳动者,消灭一切人剥削人现象的基础。
> ——列宁《向匈牙利工人致敬》

1919年3月21日,匈牙利苏维埃共和国宣告成立,苏维埃政权随即建立。3月22日,这一消息传到俄国,列宁为此兴奋不已,他当天就发出了《给匈牙利苏维埃共和国政府的贺电》,后来又写了《向匈牙利工人致敬》一文,热情支持匈牙利人民建立的无产阶级政权,同时论述了无产阶级专政的性质和使命,他称赞匈牙利革命"给世界树立了比苏维埃俄国更好的榜样"。(04-06)

04. 列宁与匈牙利苏维埃共和国副国防人民委员蒂·萨穆利在红场上(1919年5月25日)
05. 列宁《向匈牙利工人致敬》手稿第1页(1919年5月27日)
06. 匈牙利革命社会主义者1917年11月发出以布尔什维克为榜样的号召(传单)

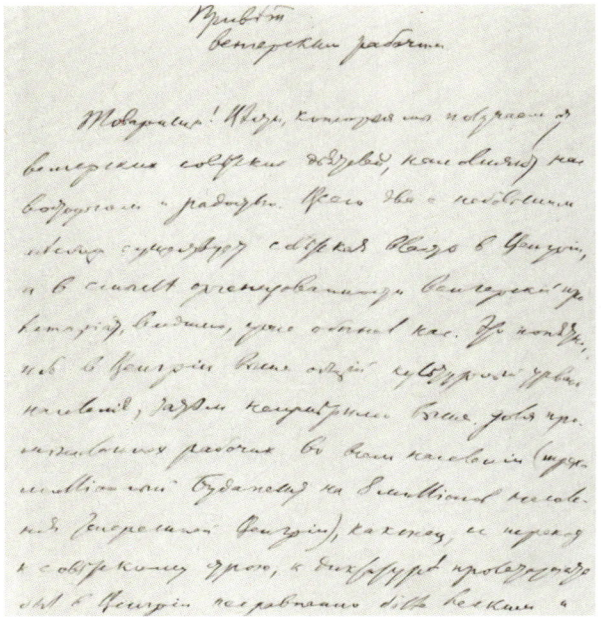

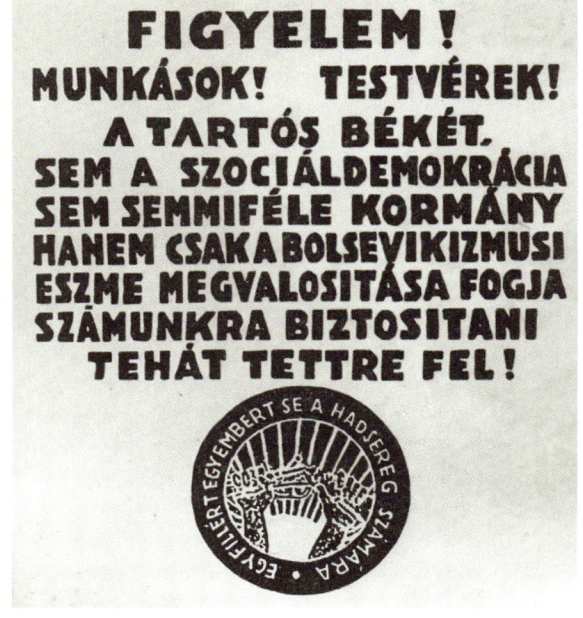

欧洲各国发生的声势浩大的"苏维埃运动"使列宁对世界无产阶级革命的胜利充满信心。与此同时，列宁也注意到了各国革命的独特性，他提醒这些国家的共产党人要创造性地运用马克思主义和正确对待俄国革命的经验，不能简单效仿苏维埃俄国的做法。此外，尽管当时俄国国内物资极其匮乏，列宁仍要求为这些国家的工人阶级提供粮食和军事援助。（07—10）

07. 1918 年波兰华沙街头的游行示威
08. 布拉格民众在瓦茨拉夫广场集会庆祝独立的捷克斯洛伐克共和国成立（1918 年 10 月 28 日）
09. 1921 年苏俄政府支援亚美尼亚人民的粮食和油料
10. 1922 年苏俄政府援助土耳其斯坦的食品

> 第一国际为国际无产阶级争取社会主义的斗争奠定了基础。第二国际是为这个运动在许多国家广泛的大规模的开展准备基础的时代。第三国际接受了第二国际的工作成果，清除了它的机会主义的、社会沙文主义的、资产阶级和小资产阶级的脏东西，并已开始实现无产阶级专政。
>
> ——列宁《第三国际及其在历史上的地位》

随着西欧革命运动的高涨，从1918年开始，许多资本主义国家都相继成立了共产党或共产主义组织，1918年底至1919年初，德国共产党也举行了成立大会。为了推动各国无产阶级革命运动和被压迫民族解放运动，把国际无产阶级的一切优秀革命力量团结在共产主义、国际主义的旗帜下，列宁积极筹建共产国际即第三国际。1919年3月初，共产国际第一次代表大会在莫斯科举行，列宁主持了大会，在会上宣读了关于资产阶级民主和无产阶级专政的提纲并作报告。大会通过了《共产国际行动纲领》、《告全世界无产者》等文件，宣告共产国际是以《共产党宣言》为纲领的无产阶级革命事业的继承者和实践者，号召全世界无产者在工人苏维埃的旗帜下、在夺取政权和实行无产阶级专政的革命斗争的旗帜下、在共产国际的旗帜下联合起来。（11-14）

11. 在克里姆林宫召开的共产国际第一次代表大会（1919年3月2—6日）

> 第三国际……最突出的特点、它的使命就是执行和实现马克思主义的训诫，实现社会主义和工人运动历来的理想……
> ——列宁《第三国际及其在历史上的地位》

12. 列宁在共产国际第一次代表大会上（1919 年 3 月）
13. 列宁为《共产国际》杂志创刊号撰写的《第三国际及其在历史上的地位》手稿（1919 年 4 月 15 日）
14. 《共产国际》杂志创刊号封面（1919 年 5 月 1 日）

> 共产党人的全部任务，就是要善于说服落后分子，善于在他们中间进行工作，而不是臆想出一些幼稚的"左的"口号，把自己同他们隔离开来。
>
> ——列宁《共产主义运动中的"左派"幼稚病》

共产国际第一次代表大会之后，国际共产主义运动有了进一步发展。然而，一些新成立的共产党虽富有革命热情，却缺乏革命的理论修养和斗争经验，没有掌握马克思主义的战略和策略思想，在有关无产阶级革命的一些重大问题上出现"左"的错误倾向。为了帮助它们认识和纠正错误，正确理解和运用马克思主义的战略和策略思想，列宁于1920年4—5月写了《共产主义运动中的"左派"幼稚病》一书。列宁针对"左派"共产党人把群众和领袖、政党和阶级相对立的错误观点，用唯物史观基本原理阐明领袖、政党、阶级和群众的关系，指出"群众是划分为阶级的"；"阶级是由政党来领导的；政党通常是由最有威信、最有影响、最有经验、被选出担任最重要职务而称为领袖的人们所组成的比较稳定的集团来主持的"。列宁批评了"左派"共产党人否定党的统一和铁的纪律的错误看法，指出他们实质上是纵容散漫、动摇、不团结等小资产阶级劣根性，结果必然会葬送无产阶级革命运动。列宁还强调共产党人应当做到"哪里有群众，就一定到哪里去工作"；应当利用资产阶级议会开展合法斗争；为了扩大同盟军，应当把原则的坚定性和策略的灵活性结合起来。列宁还告诫各国共产党人不要照搬俄国的经验，应当结合本国的实际创造性地运用马克思主义理论。该书以及列宁草拟的《民族和殖民地问题提纲初稿》、《土地问题提纲初稿》等多项文件，为共产国际第二次代表大会的召开作了充分准备。（15–16）

---

15. 列宁《共产主义运动中的"左派"幼稚病》封面（1920年彼得格勒版）
16. 列宁与参加共产国际第二次代表大会的代表座谈

> 共产国际还应该指出，还应该从理论上说明，在先进国家无产阶级的帮助下，落后国家可以不经过资本主义发展阶段而过渡到苏维埃制度，然后经过一定的发展阶段过渡到共产主义。
>
> ——列宁《共产国际第二次代表大会文献》

1920年7月19日—8月7日，共产国际第二次代表大会先后在彼得格勒和莫斯科举行。列宁在会上作了《关于国际形势和共产国际基本任务的报告》，全面分析了第一次世界大战后国际形势的变化，指出世界资本主义体系的总危机必将导致各国革命运动的蓬勃发展。列宁认为，在新的革命形势下，国际共产主义运动一方面要消除资产阶级影响、澄清机会主义谬误；一方面要彻底纠正自己队伍中的"左派"幼稚病，学会运用马克思主义的策略原则。列宁还向大会作了关于民族和殖民地问题的报告，论述了经济文化相对落后的国家通过革命建立苏维埃制度，然后逐步向共产主义过渡的问题。（17–18）

17. 列宁在共产国际第二次代表大会第一次会议上作《关于国际形势和共产国际基本任务的报告》（1920年7月19日）
18. 列宁参加共产国际第二次代表大会东方各国代表的讨论会

> 十分明显,在未来的世界革命的决战中,世界人口的大多数原先为了争取民族解放的运动,必将反对资本主义和帝国主义。它所起的革命作用也许比我们所预期的要大得多。
> ——列宁《共产国际第三次代表大会文献》

1921年6月22日—7月12日,共产国际第三次代表大会在莫斯科举行。大会的基本任务是总结革命斗争经验,确定新的革命策略。列宁参与了大会主要决议的制定,并作了关于俄共策略的报告和关于共产国际策略问题的讲话。列宁在大会上指出,在国际革命不像期望的那样直线地发展的时候,共产党的最重要的任务是争取群众,团结工人阶级的队伍,巩固工人运动的先锋队,为新的、具有决定意义的战斗进行更周密、更切实的准备。大会按照列宁的战略思路,发出"到群众中去"的号召,要求全体共产党员关心群众切身利益,积极参加工人阶级和劳苦大众的斗争,并在斗争中经受考验。(19-21)

19. 列宁在共产国际第三次代表大会上作报告(1921年6—7月 莫斯科)
20. 列宁在共产国际第三次代表大会上作笔记

恩·台尔曼（德国） 　　克·蔡特金（德国） 　　格·季米特洛夫（保加利亚）

奥·库西宁（芬兰） 　　博·什麦拉尔（捷克） 　　马·瓦列茨基（波兰）

瓦·柯拉罗夫（保加利亚） 　　库恩·贝拉（匈牙利） 　　保·瓦扬－古久里（法国）

托·贝尔（英国） 　　威·加拉赫（英国） 　　翁·特拉奇尼（意大利） 　　马·加香（法国）

21. 参加共产国际第三次代表大会的部分国家共产党组织的代表

1922年11月5日—12月5日，共产国际第四次代表大会先后在彼得格勒和莫斯科举行。大会分析了国际革命运动的现状和任务，通过了《共产国际的策略提纲》，要求各国共产党和整个共产国际采取建立工人阶级统一战线的新步骤。大会揭露了第二国际领袖们的背叛行为，号召竭尽全力防止工会分裂，并强调要在殖民地半殖民地国家建立广泛的反帝统一战线。列宁当选为大会主席团成员，参加了大会重要决议的起草工作。11月13日，他用德语向大会作了题为《俄国革命的五年和世界革命的前途》的报告。这是列宁最后一次参加共产国际的代表大会。（22-24）

22. 列宁在共产国际第四次代表大会上
23. 列宁在共产国际第四次代表大会上的报告《俄国革命的五年和世界革命的前途》，载于1922年11月15日《真理报》第258号。
24. 列宁《俄国革命的五年和世界革命的前途》提纲手稿（片段）

> 欧洲资本家贪婪的魔掌现在伸向中国了。俄国政府恐怕是最先伸出魔掌的，但是它现在却扬言自己"毫无私心"。它"毫无私心地"占领了中国旅顺口，并且在俄国军队保护下开始在满洲修筑铁路。欧洲各国政府一个接一个拼命掠夺（所谓"租借"）中国领土……开始瓜分中国了。
>
> ——列宁《对华战争》

列宁十分重视东方被压迫民族解放运动，深切同情在帝国主义和封建主义双重压迫下遭受苦难和屈辱的中国人民，坚决支持中华民族反抗列强侵略和专制统治的正义斗争。早在1900年12月，列宁就在《火星报》创刊号上发表了有关中国问题的文章《对华战争》。列宁在文中严厉谴责八国联军入侵中国的暴行，痛斥沙皇俄国伙同列强掠夺中国资源、瓜分中国领土的强盗行径，热情支持中国人民反抗侵略和压迫、保卫社稷和家园的正义斗争。（25）

25. 列宁《对华战争》，载于1900年12月俄国社会民主工党机关报《火星报》创刊号。

*4 亿落后的亚洲人争得了自由，开始积极参加政治生活了。地球上四分之一的人口可以说已经从沉睡中醒来，走向光明，投身运动，奋起斗争了。*

*——列宁《新生的中国》*

1911年中国发生了辛亥革命，推翻了清王朝的专制统治，列宁在《涅瓦明星报》和《真理报》上发表《中国的民主主义和民粹主义》、《新生的中国》、《中华民国的巨大胜利》、《中国各党派的斗争》、《亚洲的觉醒》、《落后的欧洲和先进的亚洲》等文章，热情赞誉中国人民的觉醒和中国人民推翻封建专制制度的斗争，高度评价孙中山领导的中国革命民主派为唤醒人民、推翻满清政府和建立民主制度所作的贡献，同时也指出了他们的历史局限性和阶级局限性；列宁揭露了帝国主义势力的强盗行径和封建专制统治的反动本质，阐明了中国人民反抗斗争的世界历史意义和光明前途，表达了他对中华民族前途和命运的深切关注以及对中国革命的坚决支持。（26-27）

26. 列宁的《中国的民主主义和民粹主义》、《新生的中国》、《中华民国的巨大胜利》、《中国各党派的斗争》、《亚洲的觉醒》、《落后的欧洲和先进的亚洲》等文章先后刊载于《涅瓦明星报》和《真理报》。
27. 1911年10月11日革命党人在武昌起义胜利后组建了第一个资产阶级革命政权——中华民国湖北军政府

支持各国无产阶级革命运动和被压迫民族解放运动 | 221

> "孙中山领导着中国人民推翻了清朝皇帝,总有一天,你们也要像我们一样,把帝国主义、资本家和地主打垮的。那时候,你们就会富强了。"弗拉基米尔·伊里奇唯恐我不能领会,说的时候,还用手比划。
> ——李富清《我当过列宁的卫士》

在十月革命和捍卫新生的苏维埃政权的斗争中,许多旅居俄国的中国革命志士和中国劳工也作出了积极的贡献。苏俄红军中设有中国班、排、连、营、团等建制,具有国际主义精神的中华儿女同俄罗斯战友并肩战斗,很多人甚至献出了宝贵的生命。1919年初,苏俄红军中的中国战士李富清等曾在彼得格勒的斯莫尔尼宫担任保卫列宁的光荣任务。1924年列宁逝世时,李富清作为莫斯科军事学校的代表为列宁守灵。(28-29)

28. 发表在1957年10月26日《人民日报》上的李富清的回忆文章
29. 列宁和中国卫士李富清(中国画)王为政

> 作为世界革命的忠诚战士,他用全部生命表明了自己对伟大事业的忠贞……革命战士将永远记住为全世界被压迫者的事业献出生命的中国人民的儿子——任辅臣同志。
> ——1918年12月28日《公社战士报》

1918年11月底,苏俄红军中国团(红鹰团)团长任辅臣在乌拉尔中部的维亚战役中壮烈牺牲。1920年春,列宁在克里姆林宫亲切接见了任辅臣烈士的遗孀张含光女士及其子女。列宁称赞任辅臣是伟大的布尔什维克、优秀的中华儿女,说他创建的红鹰团为保卫苏维埃政权立下了伟大的功勋,苏俄人民是不会忘记的。(30-31)

30. 永生难忘(油画)
 赵友萍 周上列
31. 苏俄红军高加索东部战线的中国指挥员(第二排右三为任辅臣团长)

| 支持各国无产阶级革命运动和被压迫民族解放运动 | 223

> *自从我同伟大的列宁会晤以来，已经过去多年了。但这位伟人的非凡的感召力，他对我国对我国人民极其热情的关怀，我永远不会忘怀。*
>
> *——刘泽荣（刘绍周）《回忆同伟大列宁的会晤》*

1919年11月19日，列宁接见了旅俄华工联合会会长刘绍周（刘泽荣），向他询问中国革命、中国工人生活和联合会的工作等情况，并在苏俄外交人民委员部给刘绍周开的证明书上作了批示：谨请各苏维埃机关和主管部门尽力协助刘绍周同志。后来，列宁于1920年8月11日再次接见了刘绍周。（32-33）

32. 无限关怀（油画）　　文国璋
33. 苏俄外交人民委员部1919年10月7日给刘绍周的证明书（证明书下方有列宁的批示）

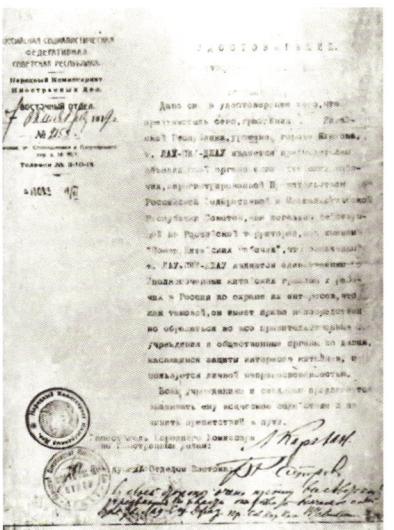

列宁出席发言三四次，德法语非常流利，谈吐沉着果断，演说时绝没有大学教授的态度，而一种诚挚果毅的政治家态度流露于自然之中。

——瞿秋白《列宁》

1921年夏，瞿秋白作为中国《晨报》记者在出席共产国际第三次代表大会时见到了列宁，瞿秋白后来撰文记述了这次难忘的会见。（34-35）

34. 瞿秋白忆列宁，载于《回忆列宁》第5卷（1970年莫斯科版）。
35. 幸福的会见（油画） 徐立森

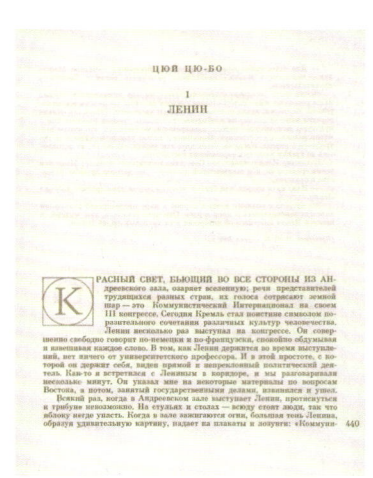

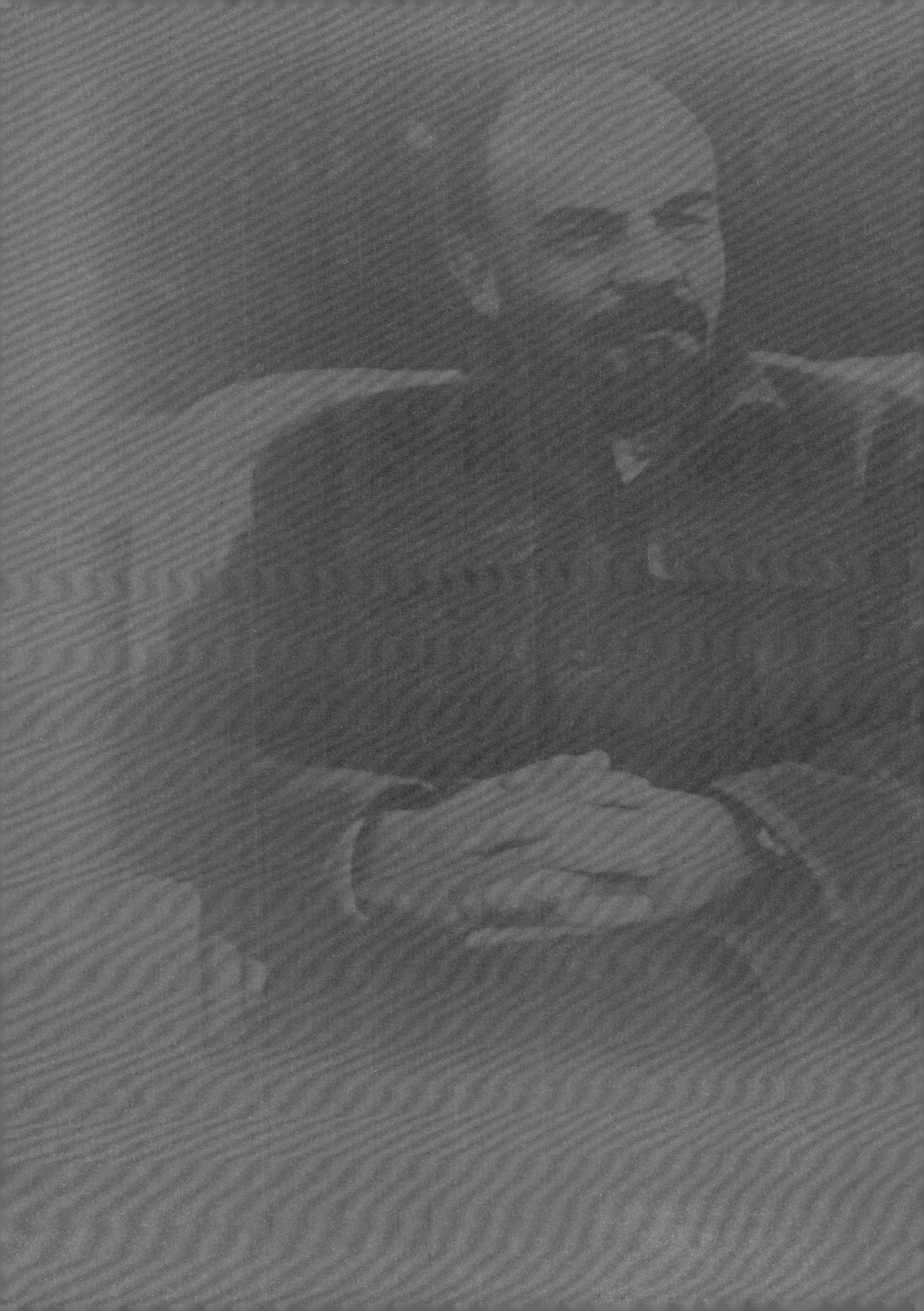

# 第八章
# 创造性地探索社会主义建设道路

1920年秋，俄国人民反对外国武装干涉和平定反革命武装叛乱的斗争基本结束，开始进入恢复国民经济和探索社会主义建设道路的新时期。在经济文化相对落后的俄国如何建设社会主义，是苏维埃政权面临的最根本的任务。列宁为解决这个任务殚精竭虑。在1920年12月召开的全俄苏维埃第八次代表大会上，列宁提出了电气化计划，指出共产主义就是苏维埃政权加全国电气化。他十分重视科学技术和文化的发展，大力主张发挥科学技术专家的作用，强调国民经济必须建立在现代化大生产的物质技术基础上。

1921年初，列宁从当时俄国的政治和经济的实际情况出发，提出用新经济政策代替战时共产主义政策，以粮食税代替余粮收集制，发展商品经济，利用国家资本主义发展生产力，向社会主义过渡。1921年3月列宁主持召开了俄共（布）第十次代表大会，正式宣布改行新经济政策。列宁在《论粮食税》、《在莫斯科省第七次党代表会议上关于新经济政策的报告》、《论黄金在目前和在社会主义完全胜利后的作用》等一系列论著中，对新经济政策的理论和实践作了系统阐述，对在经济文化相对落后的俄国如何建设社会主义进行了创造性探索。他的这些新构想丰富和发展了科学社会主义理论。为了创造良好的国际环境，推进社会主义建设，列宁还亲自为苏维埃政权制定了和平外交政策。

列宁十分重视执政党建设和苏维埃政权建设。他强调：党必须适应自己地位的变化，不断加强自身建设；党和国家的各级领导必须不断提高执政能力，学会做经济工作；党要重视发扬党内民主，尊重党员参与党内事务的权利；党要执行严格的纪律，保证党在思想上、政治上和组织上的统一；党要妥善处理党内矛盾，维护党的团结；党要严格执行入党条件，吸收先进分子入党，保证党的先进性；党要密切联系群众，充分相信和依靠群众；党要不断推进党和国家机关的改革，加强对党员和干部的监督，反对形形色色的官僚主义和营私舞弊行为。

1922年底，列宁的健康状况恶化，不得不停止工作。列宁在养病期间仍心系党和国家大事，口授了一系列重要书信和文章：《给代表大会的信》、《关于赋予国家计划委员会以立法职能》、《关于民族或"自治化"问题》、《日记摘录》、《论合作社》、《论我国革命》、《我们怎样改组工农检查院》、《宁肯少些，但要好些》。列宁在这些文献中总结了苏维埃政权建立以来的实践经验，阐明了俄国社会主义革命和社会主义建设的必要性和可能性以及不同国家革命道路的多样性，论述了合作社对建设社会主义的意义，并对维护党的统一、加强党的建设、推进国家机关改革、正确处理民族关系、促进经济建设和文化建设等重大问题提出了许多精辟见解。

1924年1月21日，列宁与世长辞。

01. 列宁（素描） П.瓦西里耶夫

> 我们党的纲领不能始终只是党的纲领。它应当成为我们经济建设的纲领，不然它就不能作为党的纲领。它应当用第二个党纲，即重建整个国民经济并使它达到现代技术水平的工作计划来补充。
>
> ——列宁《全俄苏维埃第八次代表大会文献》

1920年秋，苏维埃俄国经过两年多的浴血奋战，粉碎了帝国主义的武装干涉，赢得了国内战争的胜利，开始进入恢复国民经济和探索社会主义建设道路的新时期。战争使俄国的经济遭到灾难性的破坏，为此列宁提出应当把经济建设提到党和国家各项工作的首位，同时开始研究在经济文化相对落后的俄国如何建设社会主义的重大理论和实践问题。列宁深刻认识到物质技术基础对于社会主义和共产主义建设具有重大意义，因而对国家电气化计划给予极大的关注，强调没有电气化，就不可能提高劳动生产率、发展生产力，就不可能实现共产主义远大目标。在12月召开的全俄苏维埃第八次代表大会上，列宁指出共产主义就是苏维埃政权加全国电气化，称大会制定的全俄电气化委员会计划是"第二个党纲"。（02）

02. 在俄罗斯国家电气化委员会计划的示意图前（1920年12月在全俄苏维埃第八次代表大会上）（油画）　Л.什马季科

> 只有当国家实现了电气化，为工业、农业和运输业打下了现代大工业的技术基础的时候，我们才能得到最后的胜利。
>
> ——列宁《全俄苏维埃第八次代表大会文献》

列宁高度重视国家电气化计划的实施。按照俄国电气化计划规定，要建立30座区域电站，在最重要的经济区电力化的基础上广泛开展工业建设，首先是发展重工业中有决定意义的部门。列宁要求各个生产部门的一切计划要严密地协调一致，相互联系，共同组成一个统一的经济计划。为了全面落实中央的部署，列宁在百忙中深入基层进行调查研究，仔细了解并认真解决计划实施过程中出现的问题。他还亲自去工厂车间发表演说，去电站视察，在克里姆林宫接见来自各地的工农代表和科技专家，满怀热情地向广大干部群众宣传电气化计划。（03-05）

03. 正在建设中的卡希拉电站（1920年）
04. 苏维埃加电气化是新世界的基础（宣传画）
05. 列宁与克鲁普斯卡娅在莫斯科省卡希诺村电站落成典礼上同群众合影
　　（1920年11月14日）

列宁十分重视科学技术和科技专家在社会主义经济建设中的重要作用。他多次指出，应该学会尊重科学，在制定经济计划中发挥专家的作用，要向专家学习，担任领导工作的共产党员要学会谦虚，学会尊重专家的切实工作，应该摒弃门外汉和官僚主义者的狂妄自大。列宁还特别强调要大力发展全民族的教育事业，提高广大劳动者的文化素质和知识水平，解决经济建设急需的技术力量严重不足的问题。（06-08）

06. 列宁观看苏俄第一部电犁试验（1921年10月22日）
07. 列宁在办公室会见英国作家赫·威尔斯（1920年10月6日）
08. 接见高尔基率领的科学家代表团（素描）　И.涅兹纳特全

> *全体青年的任务，尤其是共产主义青年团及其他一切组织的任务，可以用一句话来表达：就是要学习。*
>
> ——列宁《青年团的任务》

1920年10月2—10日，俄国共产主义青年团第三次代表大会在莫斯科斯维尔德洛夫共产主义大学举行，列宁出席了这次代表大会并作了题为《青年团的任务》的著名讲话。这篇讲话是党培养青年一代共产主义建设者的纲领性文献。列宁在讲话中提出了对青年进行共产主义教育的任务和原则，阐明了共青团的性质以及它在社会主义建设时期的基本任务。列宁指出：真正建立共产主义社会的任务要由青年一代来担负；青年必须懂得他们的任务是学习；只有接受了现代教育，掌握了一切现代知识，他们才能担当起建设共产主义社会的重任。列宁认为，青年要成为共产主义者，必须用人类创造的全部知识财富来丰富自己的头脑。他要求青年刻苦学习现代科学技术和文化知识，掌握建设祖国的本领。（09-10）

09. 列宁会见参加俄国共产主义青年团第三次全国代表大会的代表（油画）
Π. 别洛乌索夫

10. 列宁《青年团的任务》封面（1920年版）

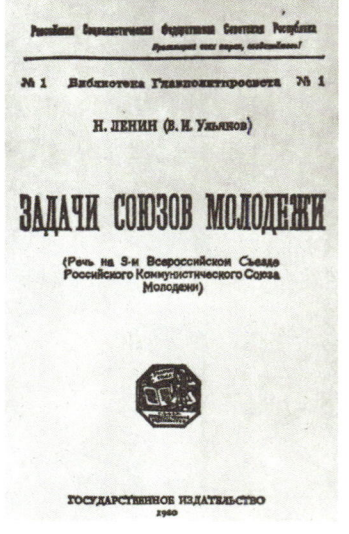

在着手恢复国民经济的初期，苏维埃政权继续实行战时共产主义政策。这种政策作为在战争环境中采取的应急措施，曾经发挥过重要作用，而在转入和平建设轨道之后，它的弊端就逐渐显现出来：农民种粮积极性受到抑制，农业生产连年歉收；燃料和原材料短缺，工业生产出现萎缩；食品和日用品供应不足，人民群众生活困难。这种经济危机很快就演化为政治危机，群众中的不满情绪日益蔓延，罢工和军队哗变时有发生。严峻的形势促使列宁进行反思，他深刻地认识到，党的政策思路必须转变，如果继续实行战时共产主义政策，那就势必违背经济发展规律，损害工农群众利益，危及整个社会主义事业。因此，列宁和布尔什维克党准备停止实施战时共产主义政策，用粮食税代替粮收集制。根据列宁的指示，《真理报》1921年2月发起公开讨论，探讨改行新经济政策的问题。（11–12）

11. 和农民伊·切库诺夫（1921年起担任农业人民委员部部务委员）交谈（素描）　П.瓦西里耶夫
12. 1921年2月17日《真理报》第1版刊载的《收集制还是税收制？》、《摆脱困境》等讨论文章。

1921年3月8—16日，俄共（布）第十次代表大会在莫斯科举行。列宁领导了代表大会的工作，并就大会议程上所列的重要问题作了报告。根据列宁的报告，大会通过了关于以粮食税代替余粮收集制等一系列重要决议，表明党向新的经济政策的根本转变迈出了决定性的一步。这次代表大会标志着苏维埃俄国从战时共产主义政策向新经济政策过渡的历史转折。同年5月26—28日召开的俄共（布）第十次全国代表会议，重点讨论了新经济政策的贯彻执行问题。列宁在会上论证了新经济政策的实质，对诽谤和歪曲新经济政策的言论进行了坚决的回击，指出新经济政策要"认真地和长期地"实行。代表会议通过了列宁起草的《关于经济政策的决议》，进一步肯定了新经济政策的基本原则，对新经济政策的实施作了一系列具体指示。（13-14）

13. 列宁在俄共（布）第十次代表大会上讲话
14. 列宁《论粮食税》封面（1921年版）

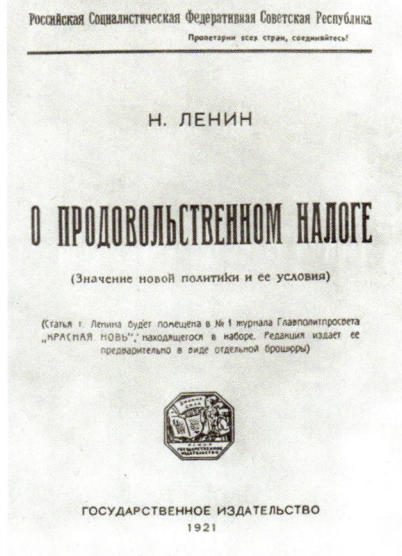

农民问题是列宁在经济政策调整中密切关注和深入研究的首要问题。在列宁看来，这个问题关系到工农联盟的基础和苏维埃政权的巩固。为此，列宁利用一切机会收集相关情况。他认真阅读农民的来信和申诉，频繁地会见来自各地的农民代表，了解他们的要求和情绪，并深入思考农民在社会主义建设中的重要地位和作用。列宁在一系列文章和报告中强调，要恢复国民经济和奠定社会主义经济基础，就必须真诚地关心农民、尊重农民，处理好同农民的关系。在俄共（布）第十次代表大会上，列宁指出：农民"这个问题对苏维埃政权来说，是当前最重要的经济问题和政治问题"。

党的第十次代表大会以后，列宁撰写了《论粮食税》这篇重要文章，论证了用粮食税代替余粮收集制和利用国家资本主义的必要性和可能性。列宁详细评述了国家资本主义的四种主要形式——租让制、合作制、代购代销制和租赁制，同时指出，只要无产阶级牢牢掌握国家政权，我们就一定能防范和克服资本主义的消极影响，利用国家资本主义来促进社会主义建设。（15）

15. 同贫苦农民谈心（素描）　　尼·茹科夫

> 不实行租让，我们就不能实行我们的纲领和国家电气化；没有租让，就不能在10年内恢复我国的经济，而只有我们恢复了经济，我们才不会被资本打败。
> ——列宁《在俄共（布）莫斯科组织积极分子大会上关于租让的报告》

列宁认为，社会主义共和国不同世界发生联系是不能生存下去的，不利用资本主义的文明成果就不能把社会主义建立起来。为了利用外国的资金、先进技术和管理经验，恢复和发展大工业生产，加快经济建设，列宁提出实行租让政策，草拟了租让合同的基本原则等文件，并强调这是实行新经济政策的重要环节。列宁从政治上、经济上阐明了以租让制为中心的对外开放政策对发展社会主义事业的重要意义，批评了那种认为对外开放必将造成苏维埃国家对资本主义国家的依赖性，甚至会导致资本主义复活的"左派幼稚病"观点。1921年3月17日，列宁就苏俄同美国的贸易问题致信美国实业家华·万德利普。同年10月22日，他专门为租让谈判事宜接见了美国实业家阿·哈默。（16—17）

16

16. 列宁给万德利普的信
17. 列宁会见哈默（中国画）　韩国臻

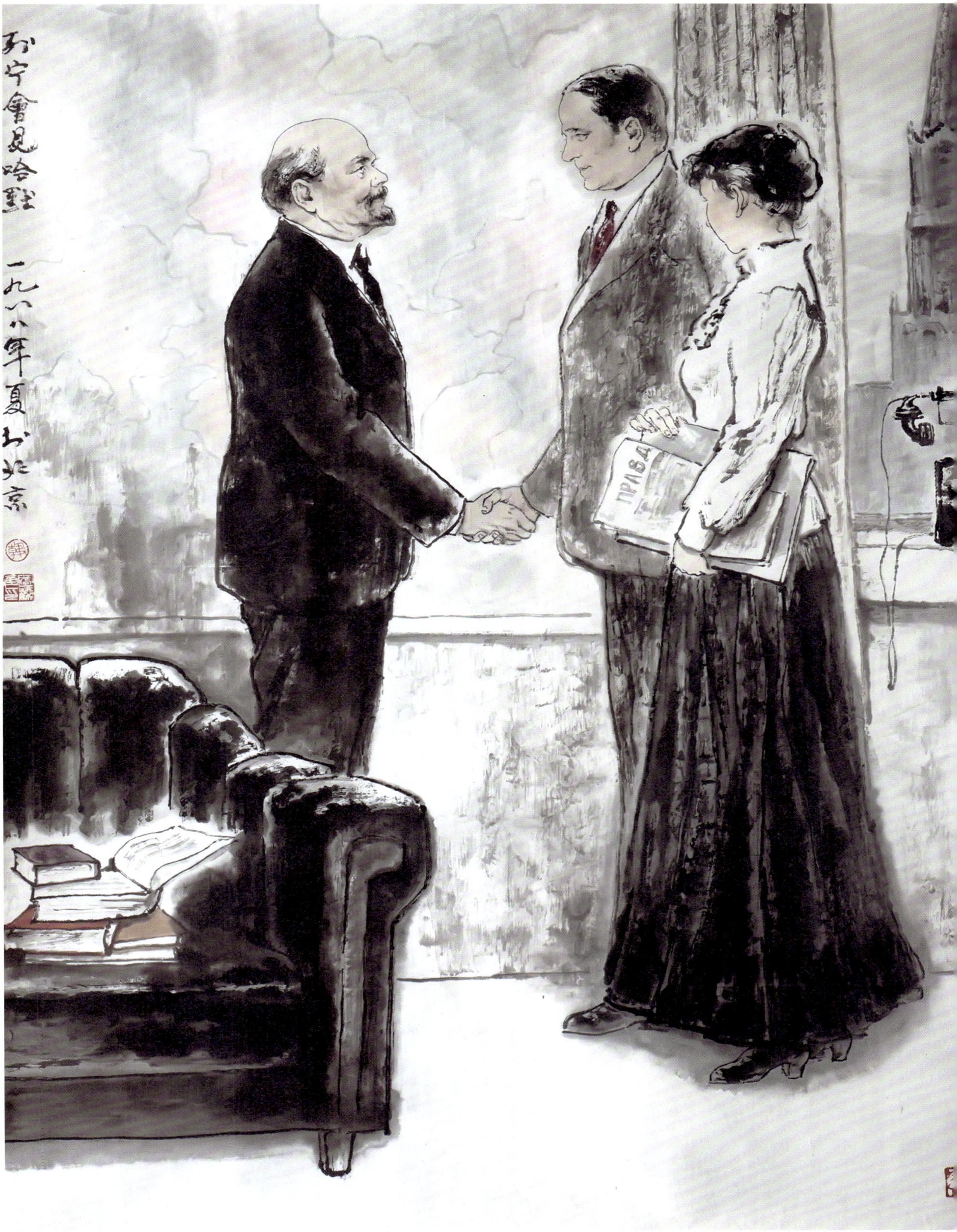
列宁會見哈默
一九八八年夏於北京

*三四年来我们稍稍学会了实行急剧的转变（在需要急剧转变的时候），现在我们开始勤奋、细心、刻苦地（虽然还不够勤奋，不够细心，不够刻苦）学习实行一种新的转变，学习实行"新经济政策"。……现在，在我们和资本主义的（暂时还是资本主义的）西方并存的条件下，没有其他道路可以过渡到共产主义。*

*——列宁《十月革命四周年》*

1921年秋，在十月革命四周年前夕，列宁相继发表《十月革命四周年》、《新经济政策和政治教育委员会的任务》、《在莫斯科省第七次党代表会议上关于新经济政策的报告》、《论黄金在目前和在社会主义完全胜利后的作用》等文章，回顾了苏维埃政权四年来领导经济建设的艰辛历程，总结了新经济政策实施半年多的成就和经验，阐明了新经济政策的意义和作用，并针对存在的问题提出了进一步调整的措施。

列宁关于新经济政策思想的提出和完善，是对经济文化相对落后国家建设社会主义规律性认识的一次重大飞跃。新经济政策的实施，激发了工人、农民的生产积极性，活跃了城乡市场，改善了人民生活，促进了国民经济的恢复和发展，巩固了工农联盟和无产阶级专政，为建设社会主义创造了条件。（18—20）

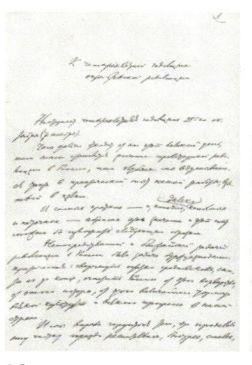

18. 列宁《十月革命四周年》手稿第1页
19. 列宁关于新经济政策的三篇文章：《新经济政策和政治教育委员会的任务》、《在莫斯科省第七次党代表会议上关于新经济政策的报告》、《论黄金在目前和在社会主义完全胜利后的作用》。
20. 列宁在狄纳莫工厂举行的庆祝十月革命四周年大会上讲话（油画） И.拉季莫夫

列宁深刻分析了苏维埃俄国所处的国际形势,认为应当充分利用资本主义国家之间的矛盾,加以区别对待,以便打破帝国主义的政治和经济封锁,争取苏维埃国家的平等国际地位。为此,他亲自为苏维埃政权制定了和平外交政策。1922年4月,苏俄首次参加重要的国际财政经济会议——热那亚会议。列宁认为,这次会议对于巩固和平和发展各国相互关系会起重大作用。他为这次复杂的外交斗争作了细致准备,为苏俄代表团周密地制定了工作要点和斗争策略。(21-23)

21. 1921年11月28日列宁在办公室接见美国工农党代表、社会活动家帕·克里斯坦森(右一)
22. 1922年出席热那亚国际会议的苏俄代表团部分成员:瓦·瓦·沃罗夫斯基、马·马·李维诺夫、格·瓦·契切林。
23. 1922年2月1日列宁《给热那亚代表团副团长和全体团员的指示草案》手稿第1页

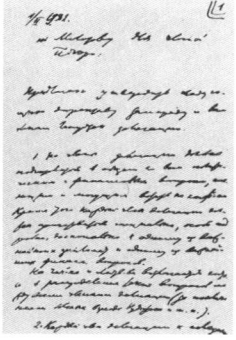

21

22  23

1921年底，列宁得了严重的头痛病和顽固的失眠症，在莫斯科郊外疗养，但他实际上继续领导着党和苏维埃国家的工作。1922年3月27日—4月2日，列宁主持召开俄共（布）第十一次代表大会，对执行新经济政策一年来的工作进行了总结。列宁指出：新经济政策是找到建设社会主义经济、建立社会主义经济基础真正途径的唯一办法，"新经济政策的全部意义就在于而且仅仅在于：找到了我们花很大力量所建立的新经济同农民经济的结合"。列宁强调共产党人要从头学起，努力提高经营管理能力，要通过国营企业同资本主义企业的竞赛来检验共产党人的经营管理水平。列宁还进一步论述了资本主义制度下的国家资本主义和无产阶级专政条件下的国家资本主义的根本区别，指出：我们应当充分运用无产阶级掌握的政治权力和经济手段，合理地利用国家资本主义，使之为社会主义服务。这是列宁亲自领导和出席的最后一次党代表大会。（24-26）

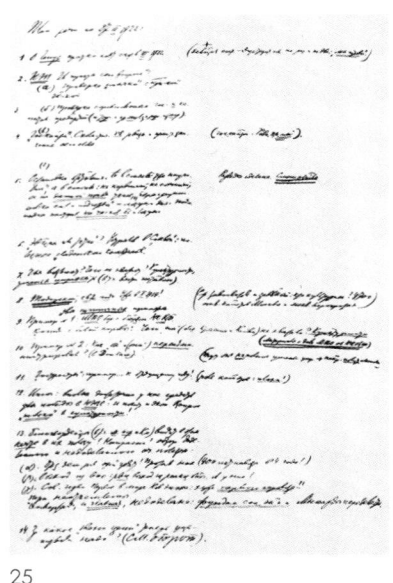

24. 列宁出席俄共（布）第十一次代表大会的代表证和列宁的党证
25. 列宁向俄共（布）第十一次代表大会作的中央委员会政治报告的提纲手稿第1页
26. 列宁在俄共（布）第十一次代表大会上的闭幕讲话手稿

1922年5月下旬至10月初，列宁健康状况恶化，在莫斯科近郊哥尔克疗养。他在疗养中仍然关心和指导党和国家的工作。他阅读有关党和政府工作情况的材料，通过电话同许多领导干部谈话，或者同到哥尔克来看望他的党和国家领导人当面交谈，给政府机关布置任务，并就重要的政治和经济问题作出指示。（27—31）

27. 列宁在哥尔克（1922年8月初）
28. 列宁和克鲁普斯卡娅、侄儿维克多、工人之女薇拉在哥尔克（1922年8月初）

他的脑子始终都在紧张地工作。……不论是躺在床上，散步或谈论简单的日常生活上的问题时，他总是不倦地考虑着他毕生所从事的事业，他为这一事业付出了自己的一切力量、自己一生的每一分钟。

——克鲁普斯卡娅《论列宁》

29. 列宁和高尔基在哥尔克（油画） B.叶法诺夫

30. 列宁在哥尔克（1922年）

31. 列宁和克鲁普斯卡娅在哥尔克（1922年8月底—9月初）

经过几个月的疗养，列宁的身体有所好转，他迫不及待地要返回工作岗位。1922年10月2日，列宁从哥尔克返回莫斯科，立即投入紧张的工作，主持各种会议，批阅和起草文件。据列宁的秘书莉·亚·福季耶娃记录，从返回莫斯科到列宁12月再次患病的两个月中，列宁写了224个公文信件和便条，接见了171个人（125次），主持了32次人民委员会、劳动国防委员会、政治局和各种委员会的会议。（32-34）

32. 列宁主持人民委员会会议（1922年10月3日）
33. 列宁出席俄共（布）中央全会（1922年10月5日）
34. 列宁从哥尔克返回莫斯科时乘坐的机动雪橇

在实施新经济政策的过程中，列宁十分关注广大党员和工农群众对中央部署的态度。他不顾自己的疾病尚未痊愈，抓住时机与党员、群众进行交流，引导他们正确认识新经济政策的内涵和意义。1922年11月20日，列宁出席莫斯科苏维埃全会，并作了重要讲话。列宁刚一上台，整个会场就响起了热烈的欢呼声和嘹亮的《国际歌》歌声，他的讲话被一次又一次的掌声打断。列宁在讲话中说明了制定新经济政策的原因和背景，分析了实施这一政策的重点和难点，表达了克服困难、争取胜利的决心和信心，指出"不管这个任务是多么困难，不管它和我们从前的任务比起来是多么生疏，不管它会给我们带来多少困难，只要我们大家共同努力，不是在明天，而是在几年之中，无论如何会解决这个任务"。在讲话结束时，列宁满怀豪情地说："新经济政策的俄国将变成社会主义的俄国。"这是列宁一生中最后一次对公众讲话。这次讲话使广大党员和群众受到了深刻的教育和巨大的鼓舞，从而使新经济政策的实施和经济建设的推进获得了更加强劲的动力。（35–37）

35. 最后一次讲话（油画） E.伊利英
36. 《真理报》刊载的列宁《在莫斯科苏维埃全会上的讲话》（1922年11月20日）

目前我们踏上了实干的道路，我们必须走向社会主义，但不是把它当做用庄严的色彩画成的圣像。我们必须采取正确的方针，必须使一切都经过检验，让广大群众、全体居民都来检验我们的道路，并且说："是的，这比旧制度好。"这就是我们给自己提出的任务。

——列宁《在莫斯科苏维埃全会上的讲话》

37. 新经济政策的俄国将变成社会主义的俄国（宣传画）

1922年12月30日召开的苏联苏维埃第一次代表大会宣告苏维埃社会主义共和国联盟成立，列宁因病未能出席大会，但被选为大会名誉主席，同时当选为苏联第一届中央执行委员会委员。1923年7月6日，苏联第一届中央执行委员会第二次会议选举列宁为苏联人民委员会主席。(38-40)

38. 苏联人民委员会主席列宁
39. 关于苏维埃社会主义共和国联盟（简称苏联）成立的宣言和条约（1922年12月30日）
40. 《苏维埃社会主义共和国联盟宪法》封面（1924年莫斯科版）

1922年12月15日深夜至16日凌晨，列宁的病再次发作，此后健康状况日益恶化。他清楚地意识到病情的危险，一方面以顽强的意志和乐观主义精神与疾病作斗争，另一方面决定通过口授的方式把最重要的想法和考虑记录下来。在征得医生的同意以后，他从1922年12月下旬至1923年3月上旬，陆续口授了一系列重要的书信和文章，对关系到党和国家前途命运的重大问题作了深刻阐述。这些重要文献是列宁留给全世界无产阶级和劳动人民的宝贵思想财富。（41-42）

41. 病中口授文件（油画）　李骏

42. 列宁在哥尔克（1923年夏）

> 为了革新我们的国家机关,我们一定要给自己提出这样的任务:第一是学习,第二是学习,第三还是学习,然后是检查,使我们学到的东西真正深入血肉,真正地完全地成为生活的组成部分,而不是学而不用,或只会讲些时髦的词句(毋庸讳言,这种现象在我们这里是特别常见的)。
>
> ——列宁《宁肯少些,但要好些》

列宁在口授的《给代表大会的信》、《关于赋予国家计划委员会以立法职能》、《我们怎样改组工农检查院》和《宁肯少些,但要好些》等书信和文章中,论述了在党和国家机关内部推进改革的重大意义,指出改革的目标是要促进同人民群众的联系,提高工作效率,加强对领导机关的纪律检查和监督。列宁认为,中央委员会在任何情况下都必须始终贯彻民主集中制和集体领导的原则,这对于保证党的统一和政策的正确性具有决定性的意义。他阐述了对加强中央委员会思想作风建设和组织建设的战略思考,指出党的统一的最重要条件是党的中央委员会的团结和稳定。他建议吸收工人党员参加中央委员会,增加中央委员人数,充分发挥工人和劳动农民出身的共产党员的监督作用,积极推进机关工作的革新和改善。列宁深感可以用来建设名副其实的社会主义国家机关的人才太少,因此他给各级领导和机关干部提出了认真学习的任务。列宁强调指出,只有完成整顿国家机关这一任务,才能顺利实现俄国社会主义建设的宏伟战略计划。为此,列宁提议改组工农检查院,把它同中央监察委员会结合起来,使之改造成为真正的模范机关;扩大国家计划委员会的职权,使之具有一定的独立性和自主性。(43)

43.《真理报》、《共产党人》等报刊发表的列宁口授的《给代表大会的信》、《我们怎样改组工农检查院》和《宁肯少些,但要好些》

> 我们不得不承认我们对社会主义的整个看法根本改变了。这种根本的改变表现在：从前我们是把重心放在而且也应该放在政治斗争、革命、夺取政权等等方面，而现在重心改变了，转到和平的"文化"组织工作上去了。
>
> ——列宁《论合作社》

列宁在口授的《论合作社》、《论我国革命（评尼·苏汉诺夫的札记）》和《日记摘录》中，总结了俄国社会主义革命和建设的经验，驳斥了孟什维克和第二国际机会主义代表人物借口俄国缺乏实行社会主义的客观经济前提来否定俄国革命的论调，运用马克思主义的革命辩证法论证了俄国进行社会主义革命和建设的必要性和可能性，提出了把小农逐步引向社会主义的合作社计划。他论述了合作社的性质和通过合作社来建设社会主义的思路，指出在工人阶级掌握国家政权和生产资料的前提下，在工人和农民结成牢固联盟的形势下，苏维埃政权完全有必要也完全有可能通过合作社来建设社会主义，合作社的发展也就等于社会主义的发展。列宁强调指出：社会主义不仅要求具有新的经济制度和政治制度，而且要求具有高度发达的文化和科学；只有不断提高人民的文化水平，继承全人类积累的文化财富，同时着力推进社会主义文化变革，才能实现党所确定的宏伟目标。（44）

44.《真理报》发表的列宁口授的文章《论合作社》和《论我国革命》

列宁本来希望参加即将召开的党的第十二次代表大会,并且准备在代表大会上讲话,但是,1923年3月10日他的病第三次发作,情况极为严重。他不能说话,右手和右脚完全处于麻痹状态,但他仍以坚韧不拔的意志与病魔作斗争。他一如既往地关心党和国家的前途和命运,同时也关心周围的同志。5月,列宁的健康状况有所好转,开始练习说话,并学会了用左手写字,但他的病情极不稳定。1924年1月21日下午5时30分,列宁感到呼吸困难,逐渐失去知觉。晚上6时50分,列宁在哥尔克不幸逝世。(45—47)

45. 列宁与世长辞
46. 1924年1月22日俄共(布)中央就列宁逝世发布的《告全党和全体劳动人民书》
47. 1924年1月22日苏联政府关于列宁逝世的公告

1924年1月23日，列宁的灵柩运到了莫斯科，安放在工会大厦圆柱大厅。23—27日，苏联各界人士及国外政治组织代表数十万人前往瞻仰悼念。24日，苏联中央执行委员会主席团通过关于建立列宁墓的决定。（48-49）

48. 1924年1月22—23日苏联苏维埃第二次代表大会的代表到哥尔克向列宁的遗体告别
49. 苏联各界人士及国外政治组织代表前往工会大厦圆柱大厅悼念列宁

| 创造性地探索社会主义建设道路 253

1924年1月27日，苏联党和政府在莫斯科红场为列宁举行隆重的国葬。上午9时至10时，列宁的灵柩由工会大厦圆柱大厅移至红场。下午4时，全苏联停止一切活动5分钟。在哀乐、汽笛和礼炮声中，俄共（布）中央政治局委员将列宁的灵柩移至陵墓。（50–53）

50. 苏联民众为列宁送殡
51. 在红场举行的列宁灵柩安放仪式
52. 临时的列宁陵墓

53. 莫斯科红场上的列宁墓

| 创造性地探索社会主义建设道路 | 255

世界各国共产党的报纸刊登了列宁逝世的讣告，各国革命组织和劳动群众纷纷拍发唁电、寄送唁函、举行追悼大会、出版纪念专集，对列宁逝世表示哀悼。（54-58）

54. 德国共产主义青年中央机关报发表的悼念列宁的文章
55. 各国共产党报纸刊登的列宁逝世的讣告

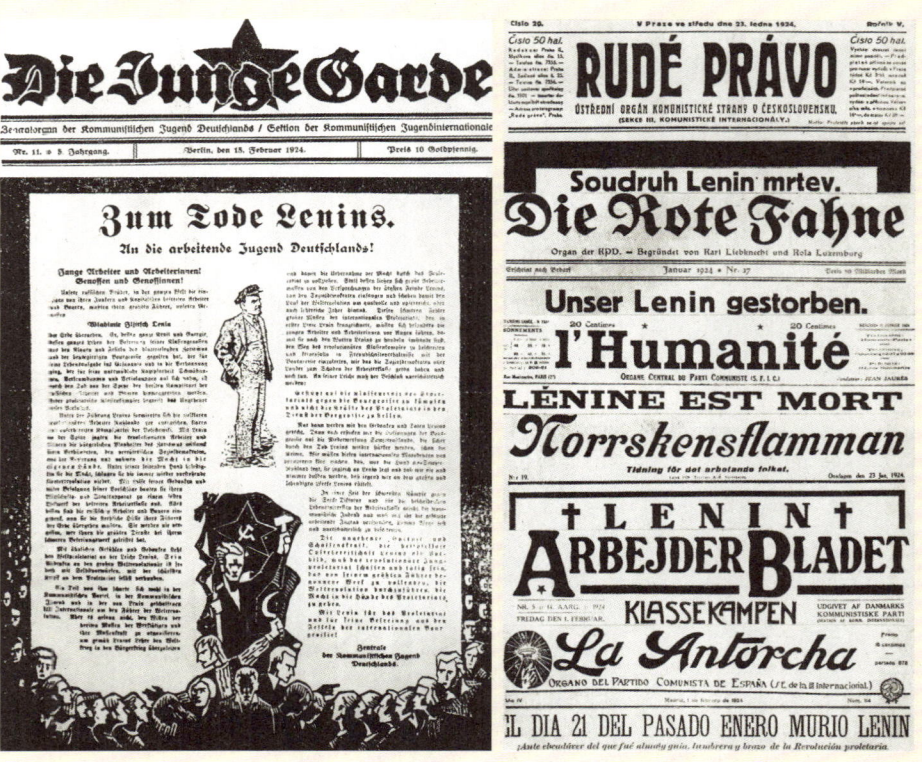

56. 各国报刊关于列宁逝世的报道
57. 1924年1月在柏林举行的哀悼列宁逝世的大会
58. 布拉格街头哀悼列宁逝世的人们

中国共产党获悉列宁逝世的消息后，当即向俄共（布）发出唁电，对列宁的逝世表达沉痛的哀悼之情，同时表示决心继承列宁开创的伟大事业，为中国革命和世界革命的胜利而努力奋斗。列宁逝世以后，孙中山先生在广州参加了追悼会，并亲自书写了挽词和祭文。与此同时，中国各地的工人群众以各种形式举行了悼念活动。（59-65）

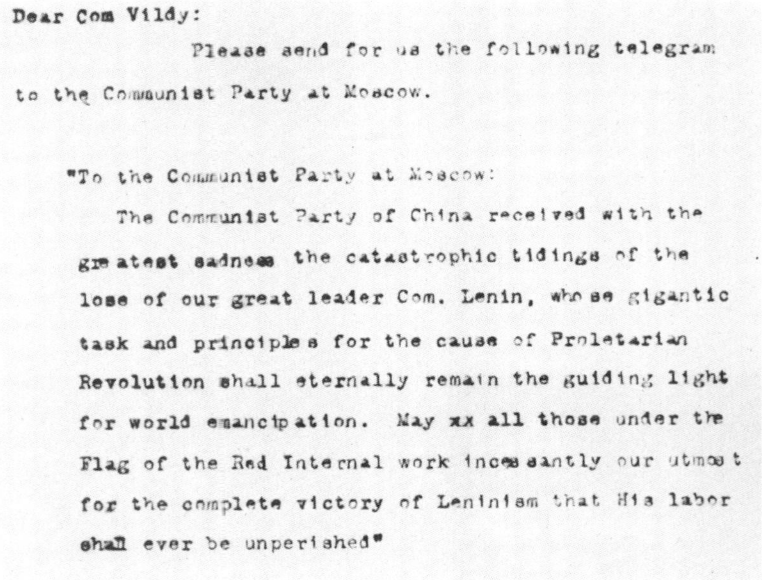

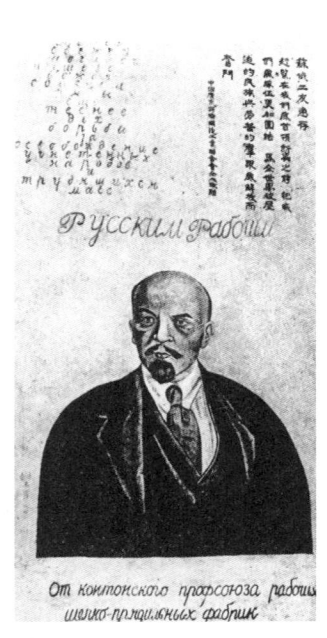

59. 中国共产党哀悼列宁的唁电
60. 中国广东丝织工人为悼念列宁逝世赠送给苏联工人的列宁绣像
61. 1925年4月22日中共中央机关刊物《新青年》为纪念列宁逝世一周年出版的专号

## 追悼列宁祭文
### （一九二四年二月二十四日）

中华民国十三年二月，俄国苏维埃政府领袖列宁先生之丧，孙文既与同人追悼，乃述哀词曰：

茫茫五洲，芸芸众生。孰为先觉，以福齐民。伊古迄今，学者千百。空言无施，谁行其实。
惟君特立，万夫之雄。建此新国，跻我大同。并世而生，同洲而国。相望有年，左提右挈。
君遭千艰，我丁百厄。所冀与君，同轨并辙。敌则不乐，民乃大欢。邈焉万里，精神往还。
天不假年，与君何说。亘古如生，永怀贤哲。

——引自1924年2月25日《广州民国日报》

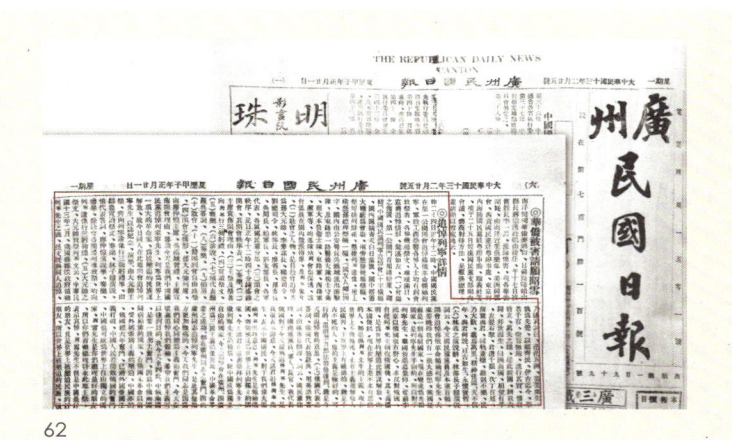

62. 1924年2月25日《广州民国日报》刊发的《追悼列宁详情》
63. 孙中山与夫人宋庆龄在广州举行的列宁逝世追悼会上
64. 1924年2月24日孙中山为追悼列宁大会书写的挽幛
65. 1924年3月为悼念列宁出版的《列宁纪念册》

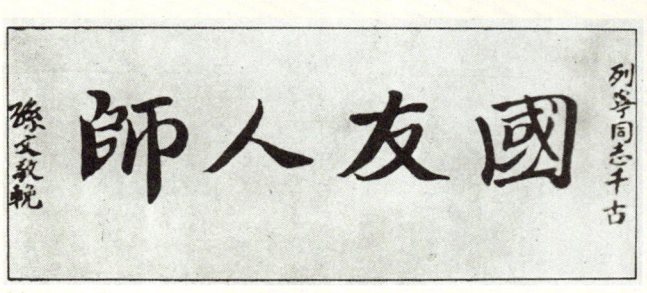

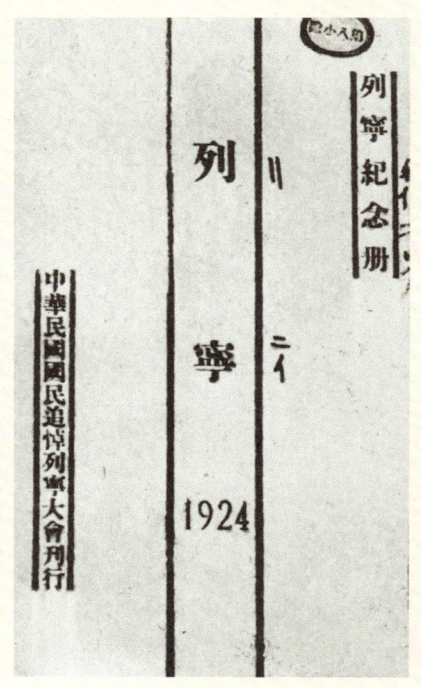

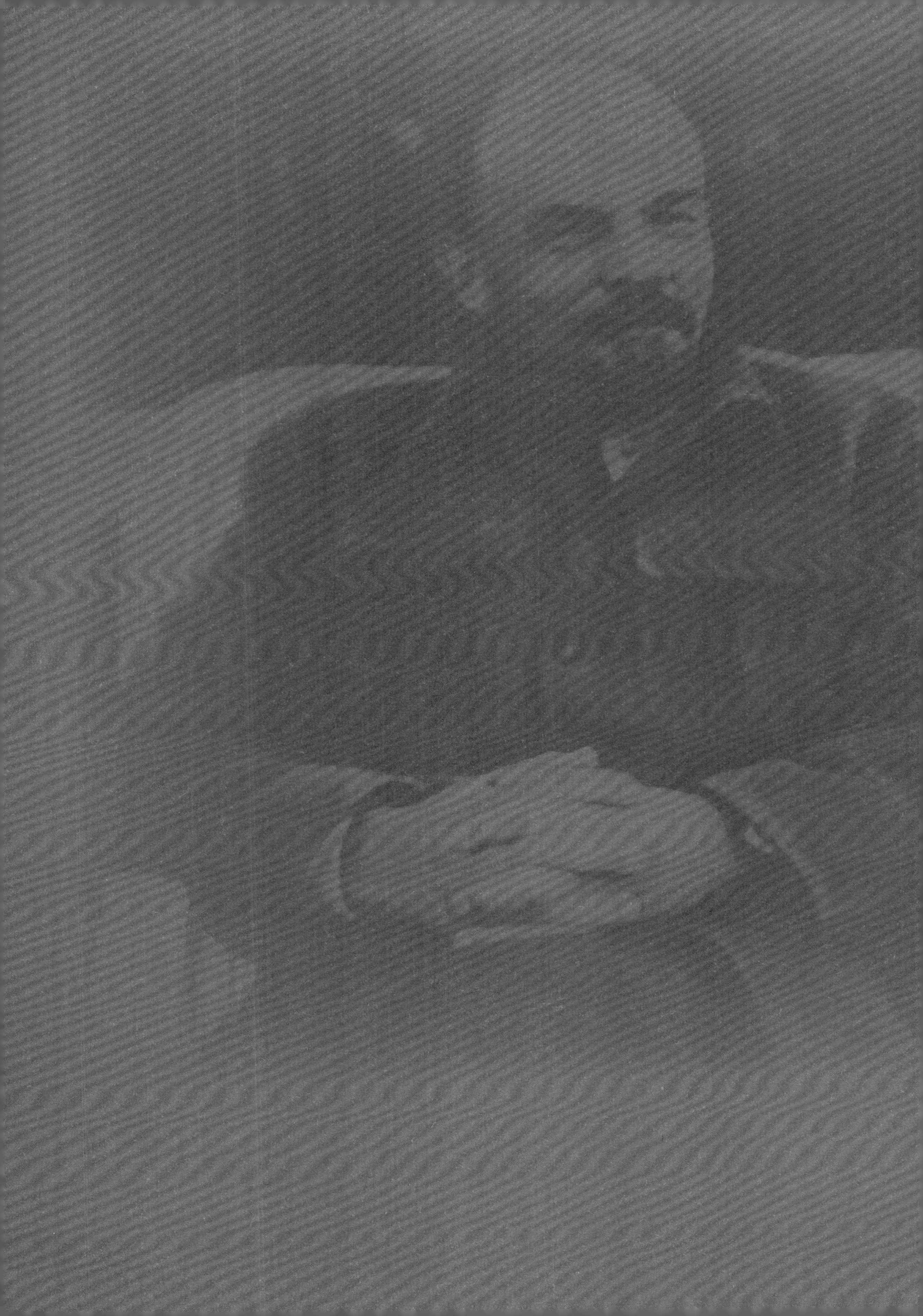

# 第九章
# 列宁著作在中国的传播

列宁领导的俄国 1917 年十月革命取得胜利，建立了世界上第一个社会主义国家，使苦难深重的中国人民受到极大的鼓舞，"走俄国人的路"成为当时一大批中国先进知识分子的呼声和共识，列宁的著作开始在中国广泛传播。正如毛泽东同志所说："十月革命一声炮响，给我们送来了马克思列宁主义。"中国共产党从成立时起就把马克思列宁主义作为指导思想，在革命、建设和改革的伟大历程中，始终坚持把马克思列宁主义基本原理同中国实际相结合，创造性地运用和发展马克思列宁主义，逐步形成了马克思主义中国化的科学理论成果——毛泽东思想、邓小平理论、"三个代表"重要思想、科学发展观、习近平新时代中国特色社会主义思想，为党和人民事业发展提供了既一脉相承，又与时俱进的理论指导。习近平新时代中国特色社会主义思想是马克思主义中国化最新成果，是当代中国马克思主义、21 世纪马克思主义。在马克思主义科学真理指引下，我们这个东方文明古国发生了翻天覆地的巨变。习近平总书记指出："马克思主义不仅深刻改变了世界，也深刻改变了中国。"

中国共产党历来十分重视马列主义经典著作的编译出版。党成立后，立即组织力量推进这项意义重大而又十分艰巨的工作。在反动政府统治下，我们党的马克思主义理论工作者和一批进步知识分子克服重重困难，甚至冒着生命危险，编译出版了各种重要的经典著作，为传播真理之火作出了极其宝贵的贡献。1938 年，党中央在延安组建了第一个经典著作编译机构，有力地推动了马克思列宁主义的传播。新中国成立前，公开出版的马列主义经典著作中文译本已达 530 余种，列宁的许多重要著作已经有了中文译本。这为我们党领导人民革命事业走向胜利提供了强大的思想武器。

新中国成立后，党中央于 1953 年 1 月决定成立中共中央马克思恩格斯列宁斯大林著作编译局，以便有系统有计划地翻译马克思、恩格斯、列宁、斯大林的全部著作。这一决定标志着马克思列宁主义经典著作在中国的传播进入了一个全新的历史阶段，表明我们党旗帜鲜明地把马克思主义作为立国之本。中央编译局成立后，根据党中央的决定，立即启动并有序推进《马克思恩格斯全集》、《列宁全集》和《斯大林全集》的编译工程。20 世纪 60 年代初完成了《列宁全集》中文第 1 版（共 39 卷）的编译工作。按照党中央的要求，先后编译了四卷本《列宁选集》第1版、第2版，以及各种单行本和专题读本。列宁的著作由人民出版社出版并大量发行，其中的重要著作还被翻译成少数民族文字出版。这些重要举措为广大人民群众学习和研究马克思列宁主义基本理论提供了基础文本，对推进党的思想理论建设发挥了重要作用。

党的十一届三中全会开启了中国改革开放和社会主义现代化建设的历史新时期。马列主义经典著作编译出版事业也出现了崭新局面。中央编译局在大量搜集整理列宁文献的基础上，自行编译《列宁全集》第2版（共60卷），并于1990年完成。1995年编译出版了《列宁选集》第3版。2004年，党中央为进一步加强思想理论建设，巩固马克思主义在意识形态领域的指导地位，决定实施马克思主义理论研究和建设工程，并把编译十卷本《马克思恩格斯文集》和五卷本《列宁专题文集》列为理论工程的重点项目。2009年底，两部文集正式出版。这两部文集选文精当、译文准确、资料详实，是马克思主义理论研究和建设工程的标志性成果，是广大干部群众学习马克思主义经典著作的权威性教材，对于推进马克思主义中国化、时代化、大众化具有重要意义。

"实践发展永无止境，我们认识真理、进行理论创新就永无止境。"党的十八大以来，以习近平同志为核心的党中央高举马克思主义伟大旗帜，开辟了马克思主义中国化和中国特色社会主义的新境界。在实现中华民族伟大复兴的新征程中，马克思主义真理日益彰显出强大的生命力。马列主义经典著作的编译工作也与时俱进，不断取得新成果，《列宁选集》第3版修订版、《列宁全集》第2版增订版（共60卷），以及《马克思主义经典作家文库》中的列宁著作相继出版问世。

党的十九大为马克思主义理论研究和建设指出了更加明确的方向。习近平总书记强调，马克思主义始终是我们党和国家的指导思想，是我们认识世界、把握规律、追求真理、改造世界的强大思想武器。他指出："要加大经典著作编译力度，坚持既出成果又出人才，培养一支新时代马克思主义经典著作编译骨干队伍。要深化经典著作研究阐释，推进经典著作宣传普及，不断推出群众喜闻乐见、贴近大众生活的形式多样的理论宣传作品，让理论为亿万人民所了解所接受，画出最大的思想同心圆。"2018年3月，遵照中央指示和统一部署，中央党史研究室、中央文献研究室和中央编译局合并，成立中央党史和文献研究院。机构的改革进一步凝聚了资源力量，彰显了综合优势，使马克思主义经典著作编译事业增添了新的动力、呈现出新的风貌。面对新形势新要求，经典著作编译工作者深入学习贯彻习近平新时代中国特色社会主义思想，发扬优良传统，积极开拓创新，扎实推进经典著作各种版本的编译或修订工作，不断完善版本体系，促进版本升级，回应实践需求，努力为中国特色社会主义建设事业作出新贡献。

01. 列宁（1918年）

02. 列宁在十月（油画）　В.策普拉科夫

20世纪初，半殖民地半封建的中国灾难日益深重。一批爱国的先进分子努力向西方学习，以寻找救国救民之道。他们当中的一些人在介绍欧洲各种社会主义学说时，也零星介绍了马克思和恩格斯的思想。1917年11月，中国的报纸报道了列宁领导的俄国十月革命胜利的消息后，在中国的先进分子中迅速激起对马克思列宁主义的热烈向往。"走俄国人的路"成为中国先进分子的呼声和共识。随着工人运动的兴起和五四运动的爆发，马克思列宁主义开始在中国广泛传播，成为中国人民彻底改变中华民族命运、实现民族复兴的强大思想武器。（03-04）

03. 1917年11月10日上海《民国日报》报道了俄国十月革命胜利的消息

04. 1917年11月10日上海《申报》报道了俄国十月革命胜利的消息

五四运动前后，以陈独秀、李大钊、毛泽东等为代表的先进分子相继组织马克思主义研究团体和共产主义小组，创办报纸杂志，介绍俄国十月社会主义革命和列宁的生平业绩，积极宣传马克思列宁主义理论。（05—15）

05. 马克思列宁主义在中国的早期传播者、中国共产党创始人之一陈独秀（1879—1942）
06. 陈独秀创办并主编的《新青年》（创刊时名为《青年杂志》）封面

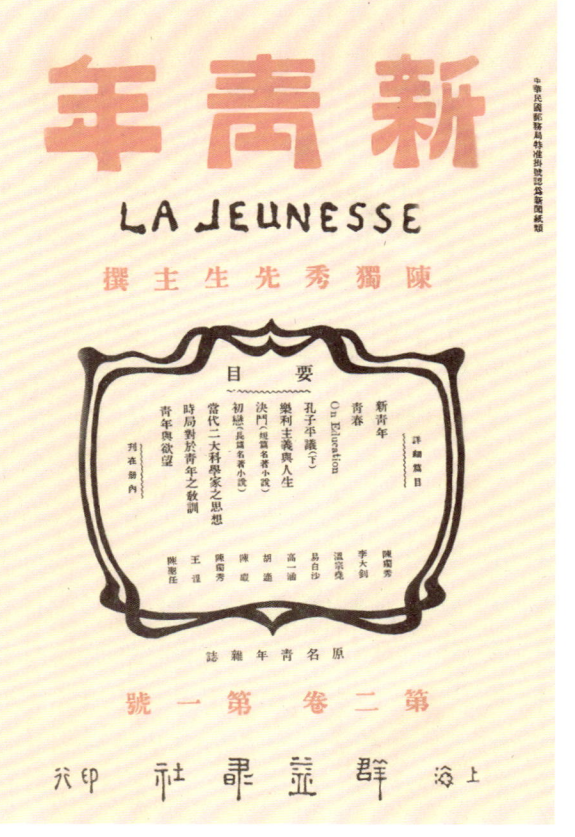

试看将来的环球，必是赤旗的世界！
——李大钊《Bolshevism 的胜利》

07. 马克思列宁主义在中国的早期传播者、中国共产党创始人之一——李大钊（1889—1927）
08. 李大钊主持的马克思学说研究会的办公室和图书室（当时被称为"亢慕义斋"。"亢慕义"为英文 Communism 的音译，意为"共产主义"）
09. 李大钊论述十月革命的三篇文章

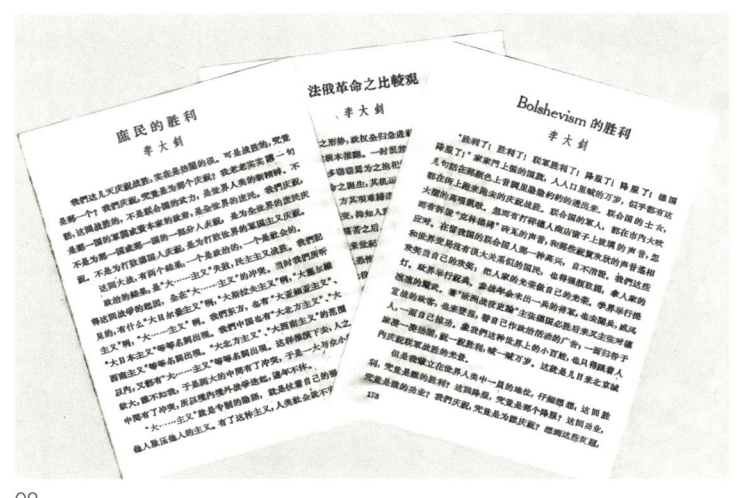

> 自从中国人学会了马克思列宁主义以后,中国人在精神上就由被动转入主动。从这时起,近代世界历史上那种看不起中国人,看不起中国文化的时代应当完结了。
>
> ——毛泽东《唯心历史观的破产》

10. 马克思列宁主义在中国的早期传播者、中国共产党创始人之一毛泽东(1893—1976)

11. 毛泽东主编的《湘江评论》

> 十月革命帮助了全世界的也帮助了中国的先进分子，用无产阶级的宇宙观作为观察国家命运的工具，重新考虑自己的问题。走俄国人的路——这就是结论。
> 
> ——毛泽东《论人民民主专政》

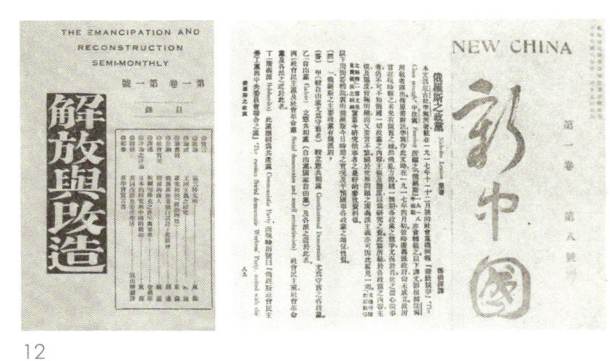

12. 列宁著作最早的中译文：金侣琴编译的《鲍尔雪维克之所要求与排斥》和郑振铎翻译的《俄罗斯之政党》（现译《俄国的政党和无产阶级的任务》），先后刊载于1919年9月1日出版的《解放与改造》第1卷第1号和1919年12月15日出版的《新中国》第1卷第8号。
13. 1920年11月7日出版的上海《共产党》（月刊）刊载了介绍列宁生平的文章
14. 1922年11月7日北京《晨报副镌》为纪念十月革命而出版的《俄国革命纪念》专刊
15. 1924年11月7日《向导》周报为纪念十月革命而出版的《十月革命特刊》

中国共产党自成立之日起，就把马克思列宁主义作为指导思想。1921年9月，党在上海创建了第一个出版机构——人民出版社，由党中央宣传主任李达负责。该社成立后首先确定出版《马克思全书》和《列宁全书》。1923年11月又成立了上海书店，并以此为中心在全国建立了传播马列著作和革命书籍的发行网。（16—20）

16. 党的第一个出版机构——人民出版社旧址（原上海南成都路辅德里625号）
17. 李达（1890—1966）
18. 中国共产党第一次全国代表大会会址

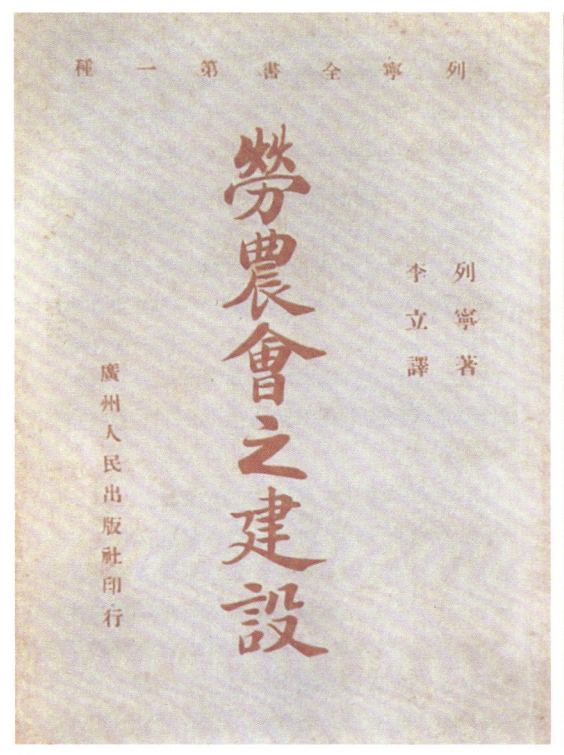

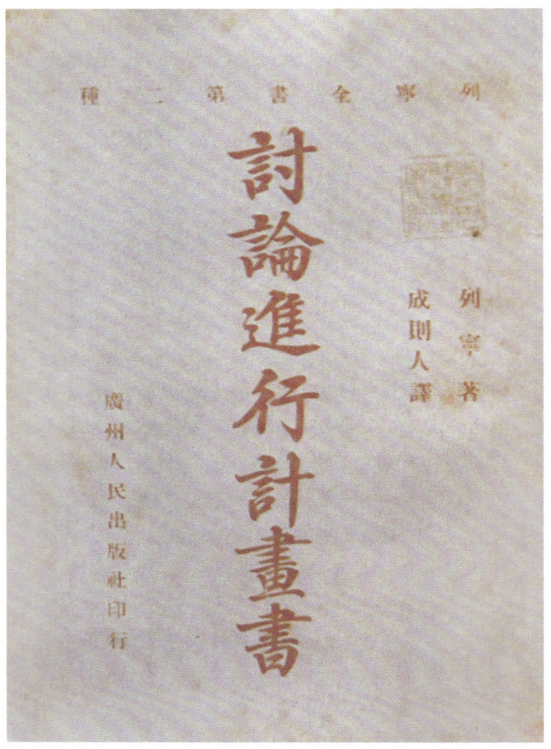

19. 1921年人民出版社出版的《列宁全书》第一种《劳农会之建设》（现译《苏维埃政权的当前任务》）和第二种《讨论进行计划书》（现译《论策略书》）
20. 党的第二个出版发行机构——上海书店旧址（原上海南市小北门民国路振业里11号）

20世纪20—30年代，在国民党反动统治者查禁进步书刊的白色恐怖时期，我们党克服重重困难，组织力量秘密编译出版了数十种马列著作。不少进步知识分子出于对真理的向往，自觉地投身于马列主义著作的编译事业，为传播马列主义作出了重要贡献。（21-25）

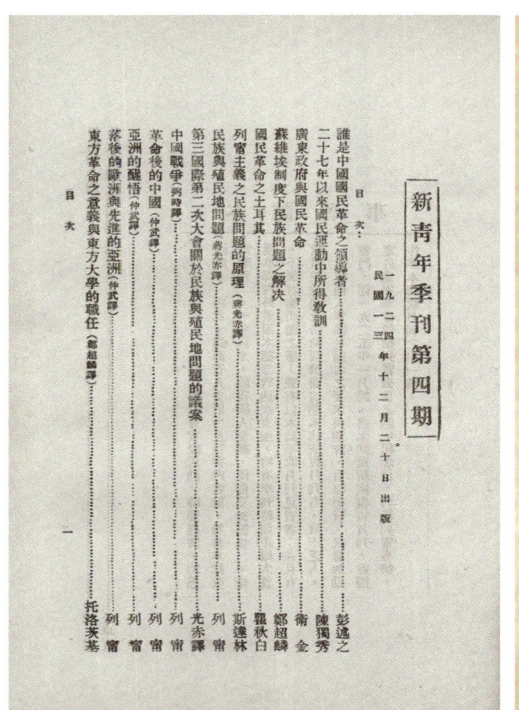

21. 中国共产党机关刊物《新青年》（季刊）1924年12月20日第4期刊载的列宁《对华战争》（任弼时译）、《新生的中国》、《亚洲的觉醒》、《落后的欧洲和先进的亚洲》（李仲武译）和《民族和殖民地问题委员会的报告》（蒋光赤译）

> 反映了全世界无产阶级实践斗争的马克思列宁主义的普遍真理,在它同中国无产阶级和广大人民群众的革命斗争的具体实践相结合的时候,就成为中国人民百战百胜的武器。
>
> ——毛泽东《论联合政府》

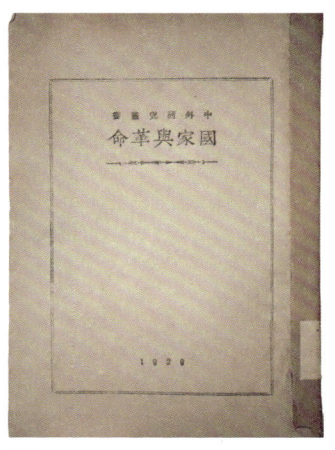

22. 1929年翻译出版的列宁《国家与革命》
23. 1930年翻译出版的列宁《左派幼稚病》(现译《共产主义运动中的"左派"幼稚病》)
24. 1930年翻译出版的列宁《最后阶段的资本主义》(现译《帝国主义是资本主义的最高阶段》)
25. 1937年以前翻译出版的部分列宁著作

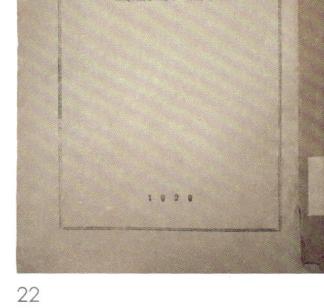

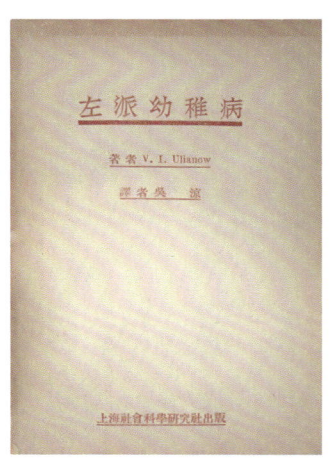

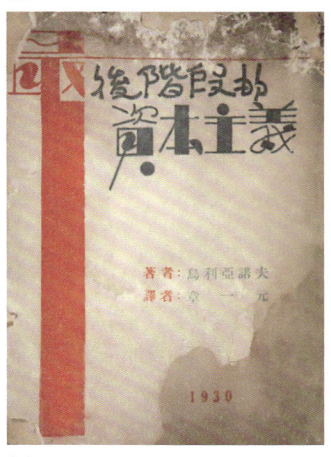

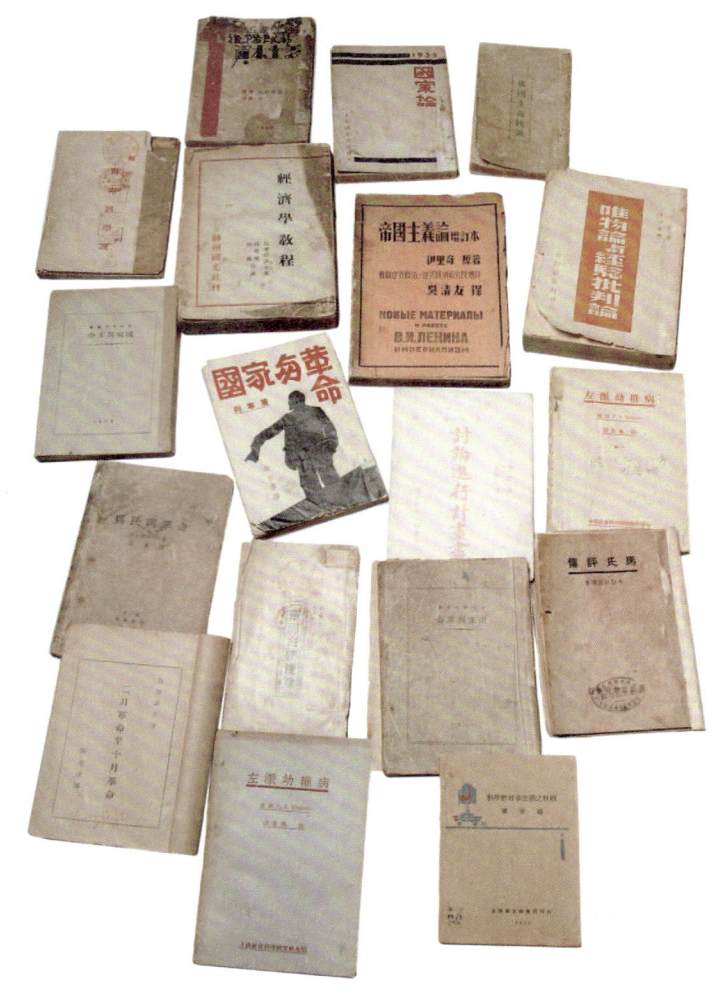

在中国的马克思主义传播史上，大批"伪装书"的出现是一个不同寻常的现象，它证明了反动派的凶残，也体现了革命者的智慧。在国民党统治区，为了避开反动势力的耳目，我们党的出版工作者不得不将革命书刊"伪装"起来。这些书刊题为《世界全史》、《海上花列传》、《东周列国志》、《秉烛后谈》等等，而翻开封面、目录和前言之后，读者看到的却是马克思主义的革命文献，真理之火就以这种方式得到了广泛的传播。（26）

26. 20 世纪 20—40 年代伪装出版的革命书刊

> 如果我们党有一百个至二百个系统地而不是零碎地、实际地而不是空洞地学会了马克思列宁主义的同志,就会大大地提高我们党的战斗力量,并加速我们战胜日本帝国主义的工作。
> ——毛泽东《中国共产党在民族战争中的地位》

党中央和毛泽东同志高度重视马列著作编译出版工作。1938年5月5日,延安马列学院成立,学院下设马列主义经典著作编译部。根据党中央的决定,由张闻天同志任学院院长并兼任编译部主任。马列学院编译部是由党中央正式组建的第一个经典著作编译机构。这个机构的诞生,是中国马克思主义传播史上的创举。(27-29)

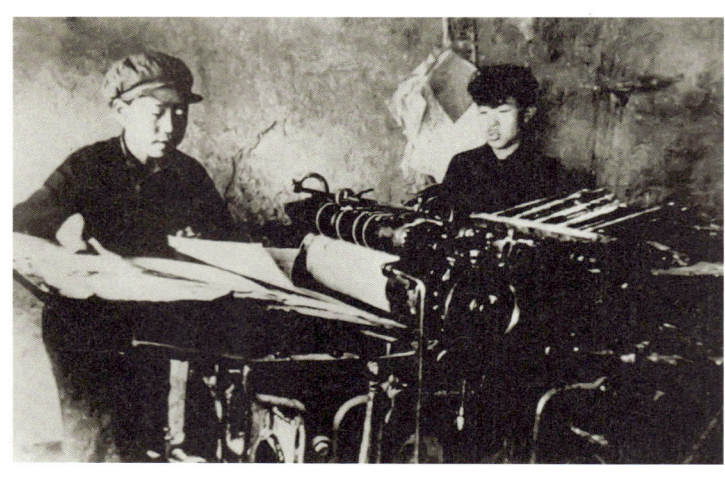

27. 张闻天(1900—1976)
28. 革命根据地的印刷厂
29. 延安马列学院旧址(蓝家坪)

> 作翻译工作的同志很重要,不要认为翻译工作不好。我们现在需要大翻译家。我是一个土包子,要懂一点国外的事还是要靠翻译。我们党内能直接看外国书的人很少,凡能直接看外国书的人,首先要翻译马、恩、列、斯的著作,翻译苏联先进的东西和各国马克思主义者的东西。
> ——毛泽东《在中国共产党第七次全国代表大会上的口头政治报告》

1943年5月,在毛泽东同志提议下,党中央作出关于加强马列主义经典著作翻译工作的决定,毛泽东同志亲自审定了决定的内容。决定要求重新校阅已经出版的马列经典著作,并强调了这些工作的极端重要性。在延安期间,毛泽东同志还经常与翻译工作者研讨经典著作的理论要旨和译文表述问题。(30)

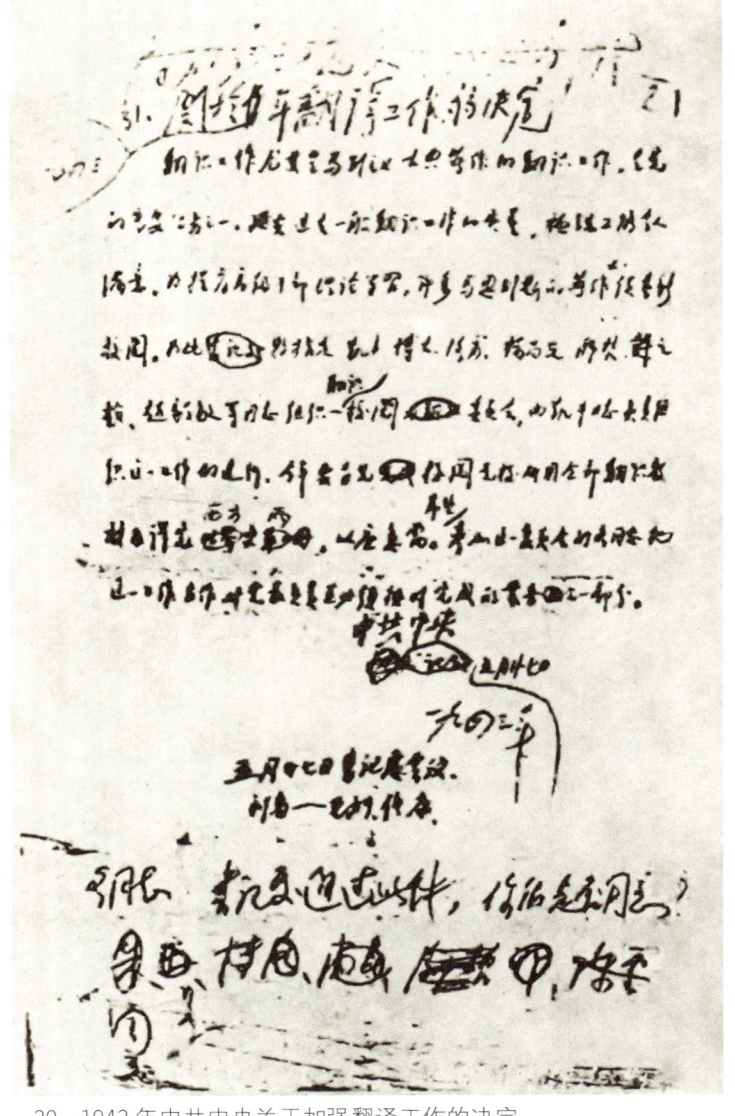

30. 1943年中共中央关于加强翻译工作的决定

马列学院编译部成立后，在党中央的正确领导和关心支持下，马列著作的编译出版工作呈现出前所未有的气象和规模。编译工作者不畏艰难，不辱使命，在极其艰苦的条件下翻译了大量经典著作，推动了中国共产党领导的争取民族独立和人民解放的伟大事业。从1938年到1942年，延安解放社陆续出版了《马克思恩格斯丛书》10种，《列宁选集》16卷及两卷本和六卷本的《列宁文选》等。初步统计，到1949年编译出版列宁著作达90余种。（31-34）

31．六卷本《列宁文选》（部分版本）
32．两卷本《列宁文选》（部分版本）
33．各种版本的《列宁选集》
34．延安解放社出版的《列宁选集》（16卷，原计划出版20卷）

在中国革命的艰苦历程中，以毛泽东同志为主要代表的中国共产党人十分重视学习和运用马克思列宁主义理论。在斗争的关键时刻，党的领导人总是率先垂范，带领全党同志认真学习马列著作。（35–41）

35. 毛泽东同志在抗大成立三周年纪念大会上讲话
36. 毛泽东同志批示印发的干部必读书目
37. 解放社出版的《干部必读》丛书

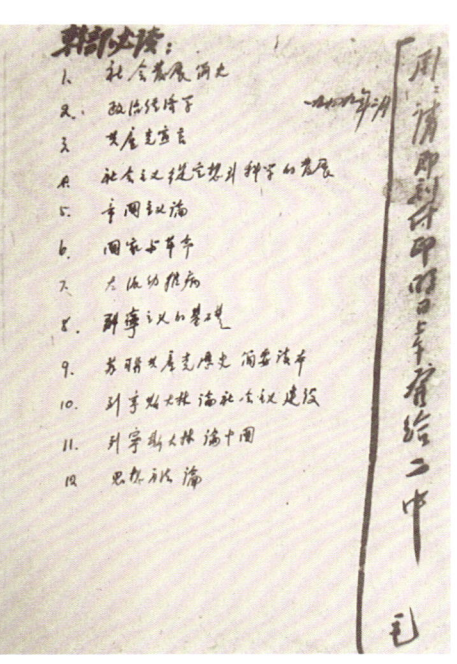

38. 毛泽东同志读过的列宁著作
39. 周恩来同志读过的列宁著作
40. 刘少奇同志读过的列宁著作
41. 朱德同志读过的列宁著作

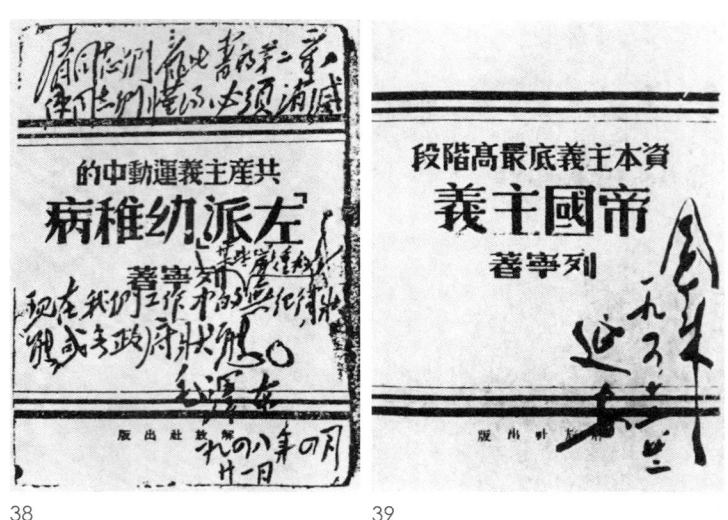

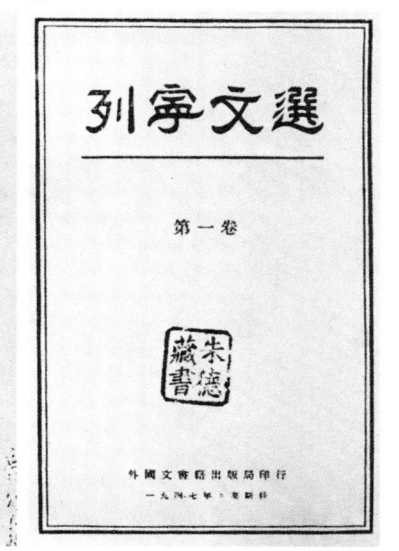

新中国成立前编译出版的部分列宁著作。（42-46）

42. 1929—1949 年编译出版的列宁《社会民主党在民主革命中的两种策略》部分版本
43. 1930—1949 年编译出版的列宁《唯物主义和经验批判主义》部分版本
44. 1925—1949 年编译出版的列宁《帝国主义是资本主义的最高阶段》部分版本
45. 1929—1949 年编译出版的列宁《国家与革命》部分版本

42

43

44

45

我们的同志必须明白，我们学马克思列宁主义不是为着好看，也不是因为它有什么神秘，只是因为它是领导无产阶级革命事业走向胜利的科学。

——毛泽东《整顿党的作风》

46. 1927—1949年编译出版的列宁《共产主义运动中的"左派"幼稚病》部分版本

> 领导我们事业的核心力量是中国共产党。指导我们思想的理论基础是马克思列宁主义。
> ——毛泽东《为建设一个伟大的社会主义国家而奋斗》

1949年10月1日,毛泽东主席在天安门城楼上庄严宣告:"中华人民共和国中央人民政府今天成立了!"中国人民革命的胜利和中华人民共和国的建立,开启了中国历史发展的新纪元。(47)

47. 开国大典(油画) 董希文

1953年1月29日，经毛泽东同志亲自批示，中央决定成立中共中央马克思恩格斯列宁斯大林著作编译局，以便有系统有计划地编译马克思、恩格斯、列宁、斯大林的全部著作，从此马克思主义经典著作在中国的传播进入一个全新的历史阶段。（48—50）

48. 毛泽东同志在开国大典上讲话
49. 党中央关于成立马恩列斯著作编译局的决定
50. 毛泽东同志为中央编译局题写的《学习译丛》刊名

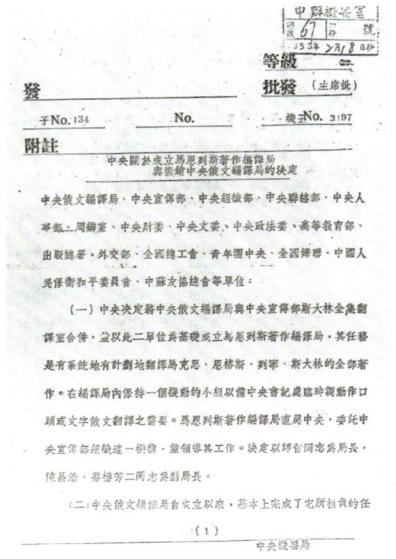

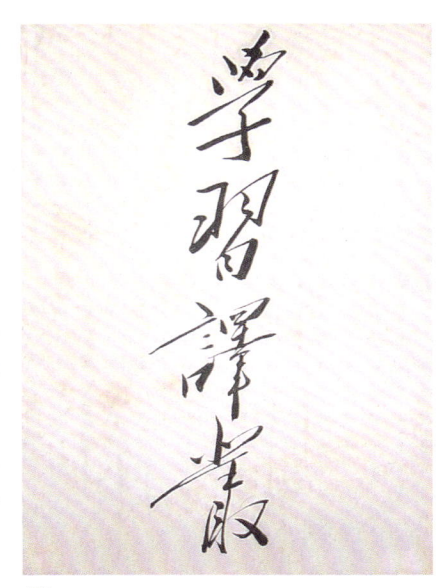

中央编译局成立后，按照党中央要求，有系统有计划地编译出版马克思主义经典作家的著作，为学习、宣传和研究马克思主义提供了扎实可靠的文本基础，有力地推动了马克思主义中国化的进程。（51-52）

51. 20 世纪 50 年代的中央编译局
52. 21 世纪初的中央编译局

在党中央的正确领导和周密部署下，马列主义经典著作的传播事业不断推进。我国思想界、理论界和新闻出版界通过各种形式广泛宣传马列主义经典作家的生平事业和科学理论。（53–55）

53. 1954年中央编译局首次举办的"马克思列宁主义经典著作在中国的传播"展览
54. 1955年中央编译局主办的"列宁生平事业展览"
55. 朱德同志参观"列宁生平事业展览"后的题词

根据党中央的决定，中央编译局成立后立即组织力量投入《列宁全集》中文第1版（共39卷）的编译工作，至1963年全部出齐。为适应不同读者和不同部门的需求，中央编译局在1978年以前先后编译出版了《列宁选集》第1版、第2版和各种专题读本及单行本。这些列宁著作由人民出版社出版并大量发行，其中的重要著作还被翻译成少数民族文字出版。（56-63）

56. 《列宁全集》第1版（共39卷）
57. 20世纪50年代的人民出版社
58. 《人民日报》1959年10月为《列宁全集》第1版第1—38卷出版刊发的公告（第39卷1963年出版）

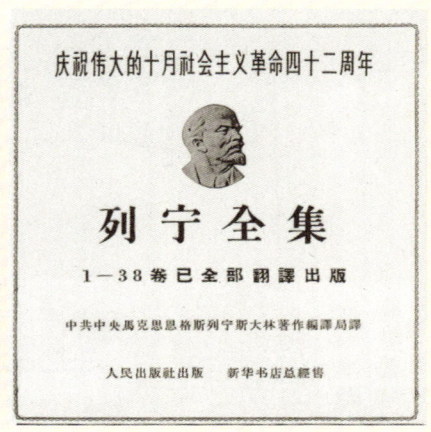

59. 1960年编译出版的《列宁选集》第1版（四卷本）
60. 1972年编译出版的《列宁选集》第2版（四卷本）
61. 为纪念列宁诞辰90周年而编译出版的列宁专题论著

59

60

61

62. 1978年以前编译出版的部分列宁专题读本
63. 1978年以前编译出版的列宁著作部分单行本

62

63

> 我们搞改革开放，把工作重心放在经济建设上，没有丢马克思，没有丢列宁，也没有丢毛泽东。老祖宗不能丢啊！问题是要把什么叫社会主义搞清楚，把怎么样建设和发展社会主义搞清楚。
> ——邓小平《总结经验，使用人才》

1978年12月召开的具有重大历史意义的党的十一届三中全会，开启了中国改革开放和社会主义现代化建设的历史新时期。在建设中国特色社会主义的伟大进程中，以邓小平同志为主要代表的中国共产党人坚持把马克思列宁主义的基本原理同当代中国实践和时代特征结合起来，开辟了理论创新和实践探索的新境界。与此同时，马列主义经典著作编译出版事业呈现出前所未有的新局面。（64-65）

64. 邓小平同志在党的十一届三中全会上讲话
65. 中国共产党十一届三中全会会场

1982年，经党中央批准，中央编译局全面启动了《列宁全集》中文第2版的编译工作。1990年底《列宁全集》第2版出齐，共60卷。这个版本是我国在全面搜集整理国内外有关列宁文献的基础上，自行编辑的列宁著作全集本，共收入列宁著述和各种文献9289件，是当时世界上收录列宁文献最全的列宁著作版本。1991年7月1日，江泽民同志在庆祝中国共产党成立七十周年大会的重要讲话中指出，《列宁全集》第2版的出版是我国政治生活和党的建设中的大事，是马列著作编译出版事业的一大成果，也是中国共产党人对传播马列主义的一大贡献。在此期间，还编辑出版了《列宁文稿》17卷。1995年编译出版了《列宁选集》第3版。根据新发现的列宁文献，2001年又编译出版了《列宁全集补遗》第1卷。（66-67）

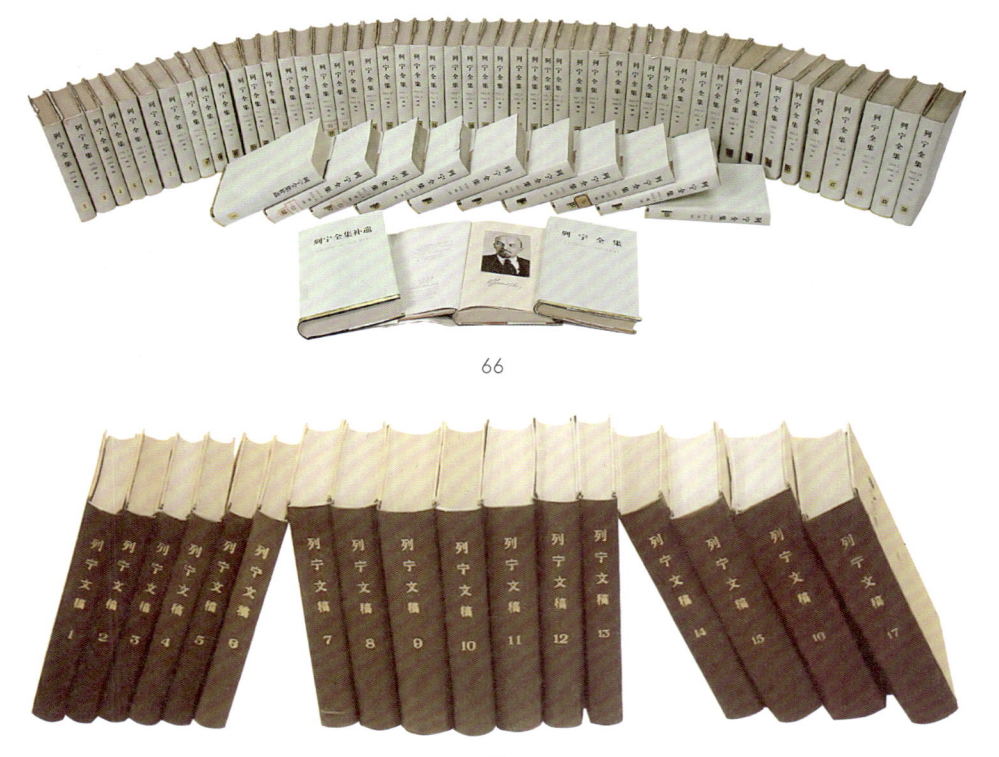

66.《列宁全集》第2版（共60卷）及《列宁全集补遗》第1卷
67.《列宁文稿》（共17卷）

加强党的思想建设，要在全党系统地深入地进行马列主义、毛泽东思想基本理论的教育，特别是马克思主义哲学的教育……我们要组织党员特别是党员领导干部，联系国际国内的形势和矛盾斗争，有的放矢地选读马克思主义经典著作。

——江泽民《为把党建设成更加坚强的工人阶级先锋队而斗争》

　　党的十三届四中全会以后，以江泽民同志为主要代表的中国共产党人面对新时期的伟大任务，明确强调要加强党的思想理论建设，坚持和巩固马克思主义在我国意识形态领域的指导地位，坚持马克思主义的科学原理和科学精神、创新精神，紧密结合中国特色社会主义的伟大实践，不断丰富和发展马克思主义，不断增强马克思主义理论的说服力和战斗力。在党中央高度重视和亲切关怀下，马列主义经典著作编译出版事业取得了新发展和新成果。（68-72）

68．江泽民同志在中国共产党第十六次全国代表大会上作报告
69．江泽民同志为中央编译局成立四十周年题词

70. 1995年编译出版的《列宁选集》第3版（四卷本）
71. 新中国成立后编译出版的少数民族语文版《列宁选集》
72. 1995年10月27日《人民日报》关于新版马列著作出版的报道

> 要坚持把党的思想理论建设放在首位,继续认真学习马克思列宁主义、毛泽东思想、邓小平理论、"三个代表"重要思想以及科学发展观,在实践中不断丰富和发展中国特色社会主义理论体系。努力开拓马克思主义新境界,切实提高全党运用科学理论改造主观世界和客观世界的能力。
> ——胡锦涛《在全党深入学习实践科学发展观活动总结大会上的讲话》

党的十六大以后,以胡锦涛同志为主要代表的中国共产党人在建设中国特色社会主义的实践中,高度重视党的思想理论建设,进一步巩固马克思主义在意识形态领域中的指导地位。2004年,中央作出实施马克思主义理论研究和建设工程的重大战略决策。2004年4月27日,党中央召开实施马克思主义理论研究和建设工程工作会议。胡锦涛同志在会见会议代表时指出,中央实施马克思主义理论研究和建设工程,这是关系党和国家事业发展的战略任务,是中央加强党的理论建设的重大举措。(73—74)

73. 胡锦涛同志在党的十六届一中全会上讲话
74. 2004年4月29日《人民日报》关于胡锦涛同志会见中央实施马克思主义理论研究和建设工程工作会议代表的报道

党中央组织实施的马克思主义理论研究和建设工程,把编译《马克思恩格斯文集》和《列宁专题文集》列为重点项目。经典著作编译工作者勇挑重担,不辱使命,连续奋战了六个春秋,以一丝不苟、精益求精的科学态度出色完成了任务。2009年12月两部文集正式出版发行。党中央对两部文集的编译工作给予高度评价,指出两部文集是马克思主义理论研究和建设工程的标志性成果,是学习马克思主义经典著作的权威性教材。在两部文集出版发行之际,党中央要求全党和全国各族人民进一步学习好、运用好马克思主义经典著作,推动用发展着的马克思主义指导新的实践。

《马克思恩格斯文集》精选了马克思和恩格斯在各个时期写的有代表性的著作,按编年和重要专著单独设卷相结合的方式编为10卷。《列宁专题文集》采用文献选编和重要论述摘编相结合的方式,按五个专题编为5卷:《论马克思主义》、《论辩证唯物主义和历史唯物主义》、《论资本主义》、《论社会主义》和《论无产阶级政党》。(75)

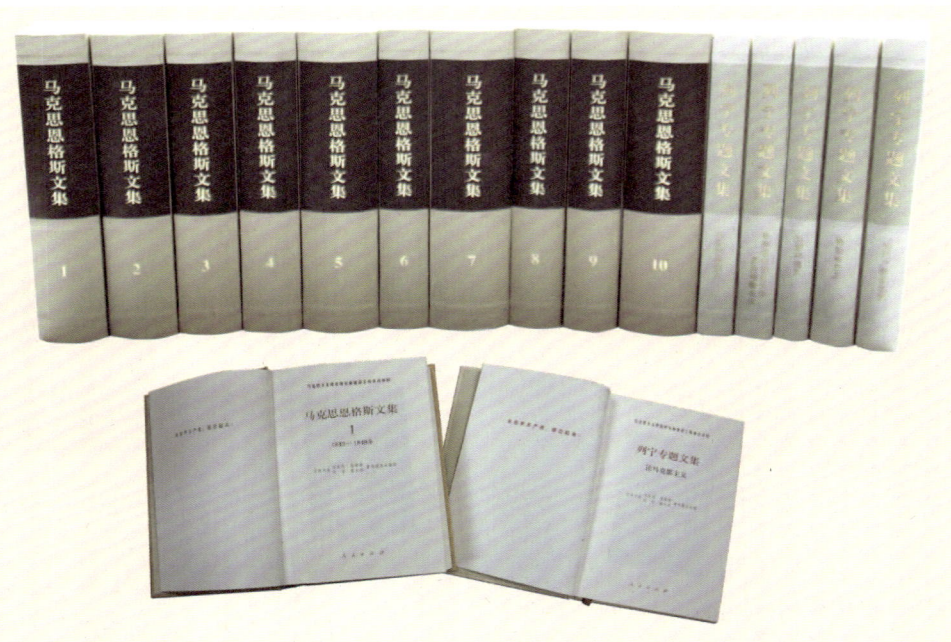

75.《马克思恩格斯文集》(十卷本)和《列宁专题文集》(五卷本)

马克思主义具有与时俱进的理论品质。新形势下，坚持马克思主义，最重要的是坚持马克思主义基本原理和贯穿其中的立场、观点、方法。这是马克思主义的精髓和活的灵魂。马克思主义是随着时代、实践、科学发展而不断发展的开放的理论体系，它并没有结束真理，而是开辟了通向真理的道路。

——习近平《在哲学社会科学工作座谈会上的讲话》

"马克思主义是我们立党立国的根本指导思想。"党的十八大以来，以习近平同志为核心的党中央矢志不渝地坚持马克思主义的指导地位。为了进一步把握时代主题，回应时代挑战，把马克思主义同当代中国发展的实践结合起来，习近平总书记对马克思主义基本理论的科学内涵、思想精髓和指导意义作了深刻的阐述，并对全党同志联系实际学习经典著作提出了明确的要求。为此，党中央作出了周密的部署，中央政治局率先垂范，多次组织专题学习，有力地推动了全党的理论武装和思想建设。（76-77）

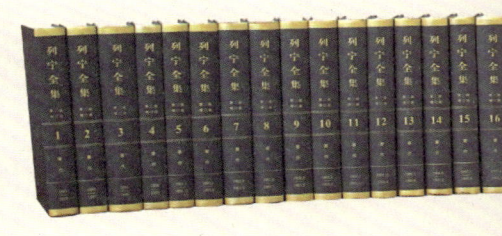

76. 习近平总书记在哲学社会科学工作座谈会上讲话

77. 《人民日报》关于党的十八届中央政治局就历史唯物主义、辩证唯物主义、马克思主义政治经济学和当代世界马克思主义思潮及其影响进行集体学习的报道

2017年9月,《列宁全集》第2版增订版正式出版发行。这个新版本的编译工作是马克思主义理论研究和建设工程的重点项目。实施这个项目的目的,就是为深入学习和研究马列主义理论提供收文更完整、内容更丰富、译文更精准、资料更详实的基础文本。2010年4月,这个项目正式启动。在党中央高度重视和亲切关怀下,经典著作编译工作者齐心协力,攻坚克难,连续奋斗了七年,顺利完成了党和人民交给的任务。

这个新的全集版本精心遴选并增补了具有重要价值的新文献;认真审核并校订了《列宁全集》中出现的马克思恩格斯著作全部引文;审慎分析并处理了全集译文中的各种问题;同时对各卷所附录的资料作了全面的修订和充实。这部新版《列宁全集》是迄今为止全世界各种列宁著作版本中收载文献最丰富的版本,必将对我国马克思主义理论研究和建设发挥重要作用。(78)

78.《列宁全集》第2版增订版(共60卷)

时代是思想之母，实践是理论之源。只要我们善于聆听时代声音，勇于坚持真理、修正错误，二十一世纪中国的马克思主义一定能够展现出更强大、更有说服力的真理力量！

——习近平《决胜全面建成小康社会，夺取新时代中国特色社会主义伟大胜利》

79. 习近平总书记在中国共产党第十九次全国代表大会上作报告

党的十九大深刻阐述了新时代中国共产党的历史使命，确立了习近平新时代中国特色社会主义思想的历史地位，提出了新时代坚持和发展中国特色社会主义的基本方略。习近平总书记在会上代表党的十八届中央委员会所作的报告，是我们党团结带领全国各族人民在新时代坚持和发展中国特色社会主义的政治宣言和行动纲领，是马克思主义的纲领性文献。在十九大精神指引下，我国马克思主义理论研究和建设事业蓬勃发展，呈现出前所未有的新局面和新气象。（79-80）

80. 中国共产党第十九次全国代表大会会场

> 马克思给我们留下的最有价值、最具影响力的精神财富，就是以他名字命名的科学理论——马克思主义。这一理论犹如壮丽的日出，照亮了人类探索历史规律和寻求自身解放的道路。
> ——习近平《在纪念马克思诞辰 200 周年大会上的讲话》

2018 年，是马克思主义的主要创始人、全世界无产阶级和劳动人民的革命导师卡尔·马克思诞辰 200 周年，也是马克思主义的纲领性文献《共产党宣言》发表 170 周年。4 月 23 日，中共中央政治局就《共产党宣言》及其时代意义举行集体学习。习近平总书记在主持学习时强调，学习马克思主义基本理论是共产党人的必修课。我们重温《共产党宣言》，就是要深刻感悟和把握马克思主义真理力量，坚定马克思主义信仰，追溯马克思主义政党保持先进性和纯洁性的理论源头，提高全党运用马克思主义基本原理解决当代中国实际问题的能力和水平，把《共产党宣言》蕴含的科学原理和科学精神运用到统揽伟大斗争、伟大工程、伟大事业、伟大梦想的实践中去，不断谱写新时代坚持和发展中国特色社会主义新篇章。

5 月 4 日，纪念马克思诞辰 200 周年大会在人民大会堂举行，习近平总书记发表重要讲话，深切缅怀了马克思的伟大人格和历史功绩，深情重温了马克思的崇高理想和光辉思想，深刻阐明了马克思主义的强大真理力量，庄严宣示了中国共产党人对马克思主义的坚定信念，为我们在新时代坚持和发展马克思主义指出了明确方向，提供了根本遵循。（81—82）

81. 纪念马克思诞辰 200 周年大会会场

82. 2018 年 4 月 25 日《人民日报》关于中共中央政治局就《共产党宣言》及其时代意义举行集体学习的报道和习近平总书记在学习时发表的重要讲话《学习马克思主义基本理论是共产党人的必修课》（全文载于《求是》杂志 2019 年第 22 期）

回顾一百多年来特别是新中国成立七十年来马克思主义在我国传播和运用、丰富和发展的伟大历程，总结经典著作编译工作在中国革命、建设和改革过程中取得的丰硕成果、积累的宝贵经验、发挥的重要作用，必须高举真理之旗，大力弘扬一丝不苟、精益求精的科学态度和深入实践、面向群众的马克思主义学风，加大经典著作编译力度，不断完善版本体系，促进版本升级，为推进党的思想武装和理论建设提供内容丰富、种类齐全、选材精当、适应需求的经典读本。要紧密团结在以习近平同志为核心的党中央周围，发扬先辈的优良传统，恪守正确的政治方向，不忘初心，牢记使命，扎实工作，奋力开拓，为实现中华民族的伟大复兴不断作出新的贡献。（83）

83. 庆祝中华人民共和国成立 70 周年大会

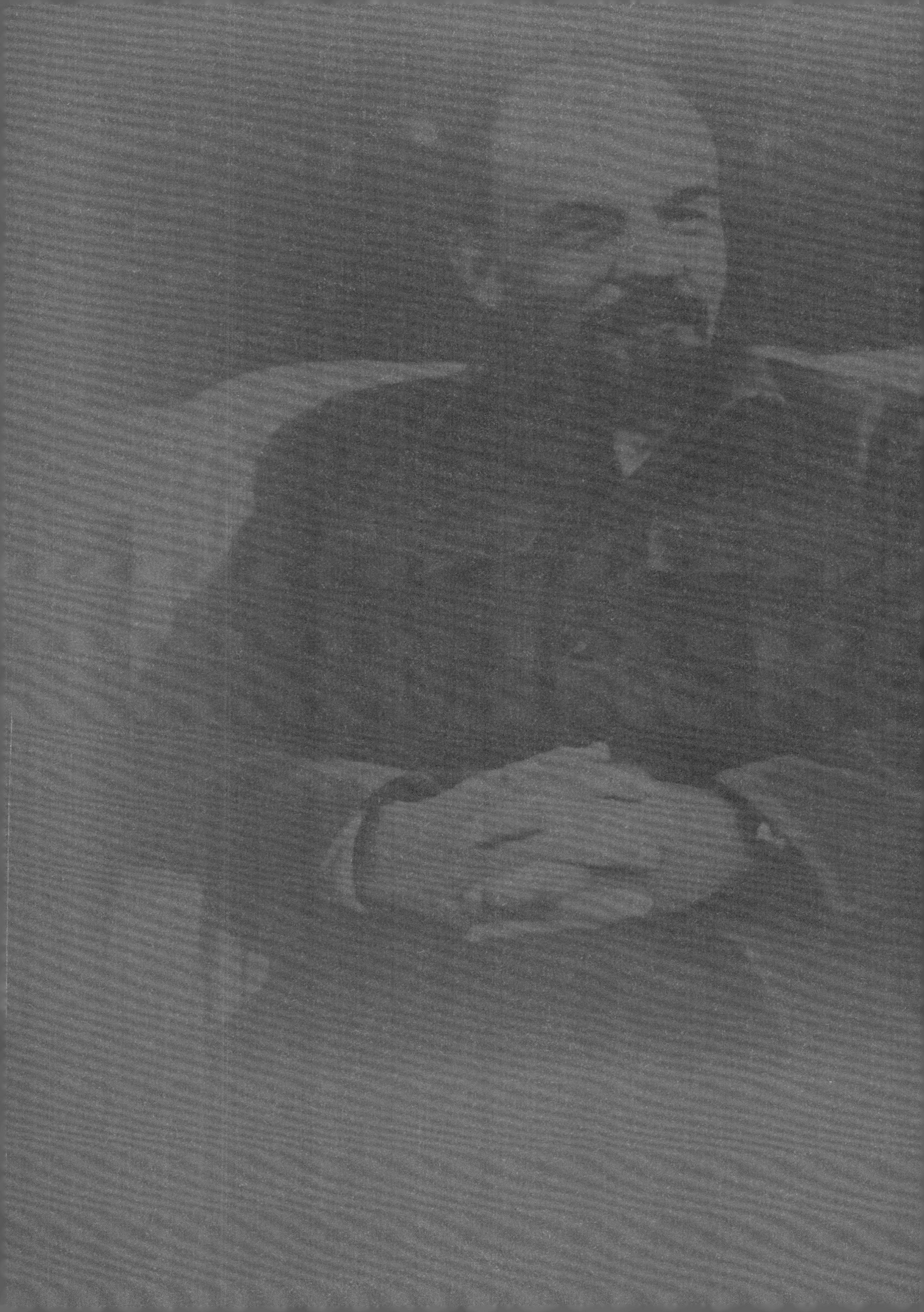

# 列　宁
# 生平大事年表

**1870 年**
- 4月22日（俄历10日）　弗拉基米尔·伊里奇·乌里扬诺夫（列宁）出生于俄国辛比尔斯克市（今乌里扬诺夫斯克市）。

**1879 年**
- 8月28日（俄历16日）　进入辛比尔斯克古典中学学习。

**1887 年**
- 5月20日（俄历8日）　列宁的哥哥亚·伊·乌里扬诺夫因参与谋刺沙皇亚历山大三世被杀害。
- 6月22日（俄历10日）　中学毕业，学习成绩优异，获得金质奖章。
- 7月上旬　举家迁往喀山。
- 8月25日（俄历13日）　进入喀山大学法律系学习。
- 12月17日（俄历5日）　因参加进步学生运动被捕。
- 12月19日（俄历7日）　被喀山大学开除学籍，并被放逐到喀山省莱舍夫县科库什基诺村。

**1888—1890 年**
- 1888年秋—1889年5月以前　获准回喀山居住。在喀山加入尼·叶·费多谢耶夫组织的马克思主义小组。
- 5月15日（俄历3日）　举家迁往萨马拉。
- 1889年底—1890年　在萨马拉研读马克思主义经典著作。
- 1890年6月—1891年4月　自学高等学校法律课程。

**1891 年**
- 当年两次前往彼得堡，以校外生资格参加彼得堡大学法律系课程的春季和秋季国家考试，被授予一级毕业证书。

**1892 年**
- 2月11日（俄历1月30日）　在萨马拉注册为律师助理。
- 当年组织并领导萨马拉马克思主义小组。

**1893 年**
- 春天　撰写《农民生活中新的经济变动（评弗·叶·波斯特尼柯夫〈南俄农民经济〉一书）》一文。
- 9月1日（俄历8月20日）　从萨马拉启程前往彼得堡。
- 秋天　撰写《论所谓市场问题》一文，并在马克思主义小组会上宣读。

**1894 年**
- 1月21日（俄历9日）　在莫斯科的一次秘密集会上发言，批判民粹派分子瓦·巴·沃龙佐夫的观点。
- 3月上旬　参加彼得堡马克思主义者在克拉松工程师家里的集会，第一次同娜·康·克鲁普斯卡娅见面。
- 春夏　撰写《什么是"人民之友"以及他们如何攻击社会民主党人？》一书。
- 秋冬　领导彼得堡的进步工人小组，给维堡、涅瓦关卡等地的工人小组讲课，并参加工人集会。
- 1894年底—1895年初　撰写《民粹主义的经济内容及其在司徒卢威先生的书中受到的批评》一文。

*1895 年*

- 5月7日（俄历4月25日） 为了同在国外的俄国马克思主义团体劳动解放社建立联系并考察西欧工人运动，由莫斯科启程前往国外。
- 5月15日和6月8日（俄历5月3日和27日）之间 访问劳动解放社成员格·瓦·普列汉诺夫（在日内瓦）和帕·波·阿克雪里罗得（在苏黎世），商谈建立经常联系和在国外出版《工作者》文集等问题。
- 6月 在巴黎访问法国工人运动和国际工人运动活动家、马克思的女婿保·拉法格。
- 9月14日和19日（俄历2日和7日）之间 在柏林访问德国社会民主党领袖威·李卜克内西。
- 9月19日（俄历7日）以后 撰写《弗里德里希·恩格斯》一文。
- 10月11日（俄历9月29日）以后 主持彼得堡革命马克思主义者会议。在这次会议上成立了彼得堡全市社会民主党人组织。同年12月27日（俄历15日），该组织正式定名为"工人阶级解放斗争协会"。
- 12月20日（俄历8日） 由于内奸告密而被捕。在单人囚室里被关押了14个月。
- 1895年底—1899年1月 在监禁和流放期间撰写《俄国资本主义的发展》一书。

*1897 年*

- 3月1日—5月20日（俄历2月17日—5月8日） 获释后从彼得堡启程经莫斯科前往西伯利亚的流放地舒申斯克村。
- 年底 撰写小册子《俄国社会民主党人的任务》。

*1898 年*

- 7月22日（俄历10日） 同娜·康·克鲁普斯卡娅在流放地舒申斯克村举行婚礼。

*1899 年*

- 9月1—3日（俄历8月20—22日） 在叶尔马科夫斯克村召集在米努辛斯科专区流放的马克思主义者开会，批判经济派的《信条》。与会者17人一致通过列宁起草的《俄国社会民主党人抗议书》。

*1900 年*

- 2月10日（俄历1月29日） 流放期满，离开舒申斯克村。
- 不晚于7月26日（俄历13日） 启程出国筹办俄国马克思主义者的第一份全俄政治报纸《火星报》，为建立新型无产阶级政党作思想和组织准备。
- 12月24日（俄历11日）《火星报》创刊号在莱比锡出版。

*1901 年*

- 6—9月 撰写《土地问题和"马克思的批评家"》一书前9章。
- 当年秋—1902年2月 撰写《怎么办？（我们运动中的迫切问题）》一书。

*1902 年*

- 2月—3月上半月 撰写《俄国社会民主党的土地纲领》一文。

*1903 年*

- 7月30日—8月23日（俄历7月17日—8月10日） 参加先后在布鲁塞尔和伦敦举行的俄国社会民主工党第二次代表大会的工作。会上，俄国社会民主工党分裂为多数派（布尔什维克）和少数派（孟什维克）。
- 11月1日（俄历10月19日） 向党总委员会主席格·瓦·普列汉诺夫提交辞去党总委员会委员和中央机关报编辑部成员职务的声明。

*1904 年*

- 2—5月 撰写《进一步，退两步（我们党内的危机）》一书。

*1905 年*

- 1—5月 主持布尔什维克秘密报纸《前进报》的工作。
- 1月23日（俄历10日） 在日内瓦得知彼得堡发生1月9日流血事件后，写文章进行评述，号召准备武装起义。
- 4月25日—5月10日（俄历4月12—27日） 出席在伦敦举行的俄国社会民主工党第三次代表大会，当选大会主席，被任命为《无产者报》的主编和中央委员会驻国外代表。
- 5月10日（俄历4月27日）以后　在伦敦海格特公墓拜谒马克思墓。回程途经巴黎时拜谒"公社战士墙"。
- 6—7月　撰写《社会民主党在民主革命中的两种策略》一书。
- 11月15—21日（俄历2—8日）　从日内瓦启程，经斯德哥尔摩回到彼得堡。
- 11月22日和12月16日（俄历11月9日和12月3日）之间　主持《新生活报》编辑部的工作。
- 12月25—30日（俄历12—17日）　领导在芬兰塔墨尔福斯召开的俄国社会民主工党第一次代表会议的工作。

*1906 年*
- 1月　从彼得堡秘密抵达莫斯科，了解莫斯科十二月武装起义后的形势。
- 4月23日—5月8日（俄历4月10—25日）　参加在斯德哥尔摩举行的俄国社会民主工党第四次（统一）代表大会的工作，被选入代表大会主席团。
- 9月　为避沙皇警察的迫害，移居芬兰的库奥卡拉。
- 11月16日（俄历3日）　在俄国社会民主工党第二次代表会议（第一次全国代表会议）上被选入主席团。

*1907 年*
- 5月13日—6月1日（俄历4月30日—5月19日）　领导在伦敦举行的俄国社会民主工党第五次代表大会的工作。
- 8月3—5日（俄历7月21—23日）　出席在芬兰科特卡召开的俄国社会民主工党第三次代表会议（第二次全国代表会议）。
- 8月18—24日（俄历5—11日）　参加在德国斯图加特举行的第二国际第七次代表大会的工作，任大会主席团成员以及关于军国主义和国际冲突问题决议起草委员会成员。
- 9月2日（俄历8月20日）　在俄国社会民主工党中央委员会的会议上被选为党中央机关报《社会民主党人报》的主编。
- 11月18—25日（俄历5—12日）　出席在芬兰赫尔辛福斯召开的俄国社会民主工党第四次代表会议（第三次全国代表会议）。

- 12月　第二次流亡国外。由芬兰的奥布（图尔库）启程，在前往纳古岛时，徒步走过海峡薄冰层，险些遇难。从纳古岛乘轮船前往斯德哥尔摩。

*1908 年*
- 1月初　同克鲁普斯卡娅抵达日内瓦，主持迁至这里出版的布尔什维克秘密报纸《无产者报》的工作。
- 2—10月　撰写《唯物主义和经验批判主义》一书。
- 3月底—4月16日（俄历3月下半月—4月3日）　撰写《马克思主义和修正主义》一文。
- 4月23日和30日（俄历10日和17日）之间　应阿·马·高尔基的邀请，由日内瓦去意大利的卡普里岛小住。同亚·亚·波格丹诺夫、弗·亚·巴扎罗夫和阿·瓦·卢那察尔斯基争论哲学问题。
- 12月14日（俄历1日）　同克鲁普斯卡娅迁居巴黎。

*1909 年*
- 1月3—9日（俄历1908年12月21—27日）　出席在巴黎举行的俄国社会民主工党第五次全国代表会议。
- 6月21—30日（俄历8—17日）　主持《无产者报》扩大编辑部会议。
- 夏天　同克鲁普斯卡娅到巴黎近郊德拉韦尔拜访拉法格夫妇。

*1910 年*
- 8月28日—9月3日（俄历8月15—21日）　参加在哥本哈根举行的第二国际第八次代表大会的工作。

*1911 年*
- 春天和8月30日（俄历17日）之间　创建和领导设在巴黎郊区的隆瑞莫党校，并亲自讲课。
- 12月27—30日（俄历14—17日）　在巴黎主持布尔什维克国外小组会议。

*1912 年*
- 1月18—30日（俄历5—17日）　出席俄国社会民主工党第六次（布拉格）全国代表会议并主持各次会议。
- 5月5日（俄历4月22日）以前　筹备出版合法的布尔什维克日报《真理报》。

- 5月5日（俄历4月22日）《真理报》第1号在彼得堡出版。
- 6月13日（俄历5月31日） 在俄国社会民主工党国外组织巴黎支部会议上作《俄国无产阶级的革命高涨》专题报告。
- 6月22日（俄历9日） 同克鲁普斯卡娅迁居波兰的加利西亚地区（当时属奥匈帝国），抵达克拉科夫。

### 1913年
- 1月8—14日（俄历1912年12月26日—1913年1月1日） 在克拉科夫主持召开有党的工作者参加的俄国社会民主工党中央委员会会议。
- 3月14日（俄历1日） 在《真理报》第50号上发表《马克思学说的历史命运》一文。
- 3月 撰写《马克思主义的三个来源和三个组成部分》一文。
- 9月25日（俄历12日） 在《劳动真理报》第2号上发表《马克思主义和改良主义》一文。
- 10月6—14日（俄历9月23日—10月1日） 在波罗宁主持召开有党的工作者参加的俄国社会民主工党中央委员会会议。

### 1914年
- 1月26日—2月2日（俄历1月13—20日） 参加拉脱维亚边疆区社会民主党第四次代表大会的工作，代表俄国社会民主工党中央委员会在代表大会上作报告。
- 8月8—19日（俄历7月26日—8月6日） 被诬从事间谍活动，遭奥地利当局逮捕入狱。
- 9月5日（俄历8月23日） 举家迁往伯尔尼。
- 9月5—6日（俄历8月23—24日） 撰写关于战争问题的提纲《革命的社会民主党在欧洲大战中的任务》。
- 9月6—8日（俄历8月24—26日） 领导在伯尔尼举行的布尔什维克会议，作关于布尔什维克党对战争的态度问题的报告。
- 9—12月 作《黑格尔〈逻辑学〉一书摘要》。
- 11月14日（俄历1日） 为《格拉纳特百科词典》撰写的词条《卡尔·马克思(传略和马克思主义概述)》完稿。

### 1915年
- 5—8月 撰写《第二国际的破产》《社会主义与战争(俄国社会民主工党对战争的态度)》、《论欧洲联邦口号》等著作。
- 9月5—8日（俄历8月23—26日） 出席在瑞士齐美尔瓦尔德举行的国际社会党代表会议，会上形成了齐美尔瓦尔德左派，建立了以列宁为首的齐美尔瓦尔德左派常务局。

### 1916年
- 2月初 同克鲁普斯卡娅迁居苏黎世。
- 4月24—30日（俄历11—17日） 出席在瑞士昆塔尔举行的国际社会党代表会议。
- 7月2日（俄历6月19日）《帝国主义是资本主义的最高阶段》一书完稿。

### 1917年
- 3月15日（俄历2日） 获悉俄国二月革命取得胜利，决定立即回国。
- 3月20日（俄历7日） 开始为《真理报》撰写总标题为《远方来信》的一组文章。
- 4月9日（俄历3月27日） 同克鲁普斯卡娅和一批政治流亡者离开瑞士，取道德国、瑞典、芬兰回国。
- 4月16日（俄历3日） 撰写《四月提纲初稿》。深夜抵达彼得格勒芬兰车站，站在装甲车上向欢迎群众发表演说。
- 4月17日（俄历4日） 在塔夫利达宫作报告，逐条阐述《四月提纲》。
- 5月7—12日（俄历4月24—29日） 主持俄国社会民主工党（布）第七次全国代表会议（四月代表会议）。
- 6月4日（俄历5月22日） 出席全俄农民第一次代表大会，发表关于土地问题的讲话。
- 6月16日—7月7日（俄历6月3—24日） 参加在彼得格勒举行的全俄工兵代表苏维埃第一次代表大会的工作。
- 7月18日—11月6日（俄历7月5—10月24日） 七月事变后资产阶级临时政府实行白色恐怖，列宁为避开搜捕而转入地下。
- 7月23日（俄历10日） 撰写《政治形势》一文，明确提出布尔什维克党准备武装起义夺取政权的策略路线。

· 8月8—16日（俄历7月26日—8月3日）  在匿居状态下领导俄国社会民主工党（布）第六次代表大会的工作，被选为大会名誉主席和党中央委员。

· 8月22日（俄历9日）晚  乘火车秘密前往芬兰。

· 8—9月  撰写《国家与革命》一书。

· 9月下旬  写小册子《大难临头，出路何在？》和《布尔什维克应当夺取政权》《马克思主义和起义》两封信。

· 10月20日（俄历7日）  从芬兰秘密回到彼得格勒。

· 10月23日（俄历10日）  参加俄国社会民主工党（布）中央委员会会议，提出关于武装起义的决议案。在这次会议上，成立了以列宁为首的中央政治局，对起义进行政治领导。

· 10月29日（俄历16日）  出席俄国社会民主工党（布）中央委员会扩大会议，就武装起义的决议作报告。

· 11月6日（俄历10月24日）  致信中央委员，认为拖延武装起义等于自取灭亡。深夜来到起义领导中心斯莫尔尼宫，直接领导彼得格勒工人、士兵和水兵的武装起义。

· 11月7日（俄历10月25日）  以彼得格勒工兵代表苏维埃军事革命委员会的名义起草《告俄国公民书》，宣告资产阶级临时政府已被推翻，政权转到军事革命委员会手中。

· 11月8日（俄历10月26日）  出席全俄工兵代表苏维埃第二次代表大会第二次会议。大会通过列宁起草的《和平法令》《土地法令》和《关于成立工农政府的决定》。大会宣布组成世界上第一个工农政府——以列宁为首的人民委员会。

· 11月9日（俄历10月27日）  主持人民委员会第一次会议。

· 11月15日（俄历2日）签署《俄国各民族权利宣言》。

· 不早于12月27日（俄历14日）  拟《关于实行银行国有化及有关必要措施的法令草案》，并作关于苏维埃国家经济政策问题的笔记。

## 1918 年

· 1月6—9日（俄历1917年12月24—27日）  在同克鲁普斯卡娅和妹妹度假期间撰写《政论家札记（待研究的问题）》、《被旧事物的破灭吓坏了的人们和为新事物而斗争的人们》、《怎样组织竞赛？》等文章。

· 1月23—31日（俄历10—18日）  领导全俄工兵农代表苏维埃第三次代表大会的工作，当选为大会名誉主席。

· 1月28日（俄历15日）  签署人民委员会关于建立工农红军的法令。

· 2月18日  出席俄国社会民主工党（布）中央委员会会议，在会上两次讲话，主张立即接受德国提出的和约条件。

· 2月21日  起草人民委员会的法令《社会主义祖国在危急中！》。

· 3月4日  签署关于签订对德和约的通告。通告说，苏维埃俄国已于3月3日下午5时在布列斯特-里托夫斯克签订了苏俄同德国及其盟国的和约。

· 3月6—8日  出席俄共（布）第七次（紧急）代表大会，作《关于修改党纲和更改党的名称的报告》，提出关于战争与和平的决议草案。

· 3月10日  由于迁都，离开彼得格勒前往莫斯科。

· 3月11—16日  领导全俄工兵农代表苏维埃第四次（非常）代表大会的筹备工作和大会工作。大会通过列宁起草的以共产党党团名义提出的关于批准布列斯特和约的决议。

· 4—5月  撰写《苏维埃政权的当前任务》、《论"左派"幼稚性和小资产阶级性》等文章。

· 5月1日  在霍登卡广场检阅部队。

· 5月8日  主持人民委员会会议，撰写《关于粮食专卖法令的要点》。

· 6月4日  在全俄中央执行委员会、莫斯科苏维埃和工会联席会议上作《关于同饥荒作斗争的报告》和总结发言。

· 7月5日  在全俄苏维埃第五次代表大会上作人民委员会工作报告。在这次大会上通过了俄罗斯社会主义联邦苏维埃共和国宪法。

· 7月10日  同约·约·瓦采季斯谈东线的局势、苏维埃共和国的国防体系和红军建设等问题。

· 8月6日以后  撰写号召书《工人同志们！大家都来进行最后的斗争！》。

· 8月28日  在全俄教育工作第一次代表大会上发表讲话。

- 8月30日　在莫斯科河南岸区米歇尔逊工厂群众大会上发表讲话。离开工厂时，遭社会革命党恐怖分子范·耶·卡普兰枪击，受重伤。
- 8月30日—9月15日　受伤后接受治疗。
- 10—11月　撰写《无产阶级革命和叛徒考茨基》一书。
- 11月6日　出席全俄工人、农民、哥萨克和红军代表苏维埃第六次（非常）代表大会第一次会议，当选为大会名誉主席，发表庆祝十月革命一周年的讲话。
- 11月7日　先后在马克思恩格斯纪念碑揭幕典礼和十月革命烈士纪念碑揭幕典礼上讲话。
- 11月19日　在全俄女工第一次代表大会上讲话。
- 11月30日　签署全俄中央执行委员会关于成立工农国防委员会的决定。

### 1919年
- 3月2日　出席共产国际第一次代表大会并致开幕词，当选为大会主席团常务主席。
- 3月18日　在全俄中央执行委员会举行的雅·米·斯维尔德洛夫追悼会上致悼词。
- 3月13—23日　出席俄共（布）第八次代表大会，致开幕词，并代表中央委员会作总结报告和关于党纲的报告。
- 3月底　多次灌制录音讲话。
- 5月1日　出席在红场举行的五一阅兵式和庆祝游行并多次发表讲话。
- 5月6日　在全俄社会教育第一次代表大会上致贺词。
- 5月25日　参加在红场举行的庆祝普遍军训一周年的群众大会，检阅工人营、各区共产主义分队和莫斯科军事学校学员，并发表讲话。
- 6月28日　写完小册子《伟大的创举（论后方工人的英雄主义。论"共产主义星期六义务劳动"）》。
- 7月4日和7日之间　代表俄共（布）中央给各级党组织写《大家都去同邓尼金作斗争！》一信。
- 10月11日　撰写《工人国家和征收党员周》一文。
- 10月16日　在莫斯科苏维埃大楼阳台上对应征入伍的工人共产党员发表讲话。
- 10月30日　撰写《无产阶级专政时代的经济和政治》一文。
- 11月19日　接见旅俄华工联合会会长刘绍周（刘泽荣）。
- 12月2—4日　领导俄共（布）第八次全国代表会议的工作。

### 1920年
- 1月23日　写信给格·马·克尔日扎诺夫斯基，建议他在为《真理报》写的文章中阐述国家电气化计划。
- 2月　接受美国《世界报》记者林·埃尔的采访。
- 3月底—4月初　领导俄共（布）第九次代表大会的工作，并作报告和发言。
- 4—5月　撰写《共产主义运动中的"左派"幼稚病》一书。
- 5月1日　在克里姆林宫院内参加五一节全俄星期六义务劳动。
- 春天　接见苏俄红军中国团团长任辅臣烈士的遗属。
- 7月19日　在共产国际第二次代表大会第一次会议上作关于国际形势和共产国际基本任务的报告。
- 8月11日　再次接见旅俄华工联合会会长刘绍周（刘泽荣）。
- 9月下旬　主持俄共（布）第九次全国代表会议。
- 10月2日　出席俄国共产主义青年团第三次全国代表大会，发表题为《青年团的任务》的讲话。
- 10月6日　接见英国作家赫·威尔斯。
- 11月14日　同克鲁普斯卡娅参加莫斯科省沃洛科拉姆斯克县卡希诺村电站的落成典礼。
- 12月22—29日　领导全俄苏维埃第八次代表大会的工作。

### 1921年
- 1月28日和2月2日之间　两次接见全俄矿工第二次代表大会的代表。
- 2月8日　出席俄共（布）中央政治局会议。在讨论春播运动和农民生活状况时，撰写《农民问题提纲初稿》，规划从战时共产主义向新经济政策的转变。
- 3月8—16日　领导俄共（布）第十次代表大会的工作，作关于以实物税代替余粮收集制的报告。这次代表大会标志着苏维埃俄国从战时共产主义政策转向新经济政策。
- 3月17日　写信给美国实业家华·万德利普，表示苏维埃俄国愿意同美国建立贸易关系和事务关系。
- 3月底—4月21日 撰写小册子《论粮食税（新政策的意义及其条件）》。
- 5月26—28日 领导俄共（布）第十次全国代表会议的工作。
- 6月14日和22日之间 同德国统一共产党出席共产国际第三次代表大会的代表克·蔡特金谈话。
- 6月22日—7月12日 领导共产国际第三次代表大会的工作，当选为大会名誉主席，并在大会上作报告。
- 不晚于7月6日 在共产国际第三次代表大会会议休息时，同中国《晨报》记者瞿秋白交谈。
- 10月14日 撰写《十月革命四周年》一文。
- 10月17日 在全俄政治教育委员会第二次代表大会上作题为《新经济政策和政治教育委员会的任务》的报告。
- 10月22日 就租让谈判事宜接见美国实业家阿·哈默。观看全俄第一部电犁试验。
- 10月29日 出席莫斯科省第七次党代表会议，作关于新经济政策的报告。
- 11月5日 撰写《论黄金在目前和在社会主义完全胜利后的作用》一文。
- 11月27—28日 两次接见美国工农党代表、社会活动家帕·克里斯坦森。
- 12月23—28日 领导全俄苏维埃第九次代表大会的工作。

### 1922年

- 3月27日—4月2日 领导俄共（布）第十一次代表大会的工作，被选入主席团，作政治报告，当选为俄共（布）中央委员。
- 4月3日 出席俄共（布）中央全会会议，被选为中央政治局委员。全会通过关于设立党中央总书记和两名书记的职务的决定，任命约·维·斯大林为党中央总书记。
- 5月下旬—10月初 因健康状况不佳在莫斯科近郊的哥尔克疗养，但仍未放下工作。
- 10月3日 结束疗养后第一次主持人民委员会会议。
- 10月5日 出席俄共（布）中央全会会议。
- 11月13日 出席共产国际第四次代表大会，用德语作《俄国革命的五年和世界革命的前途》的报告。
- 11月20日 出席莫斯科苏维埃全会并发表关于苏维埃政府对内对外政策的讲话，这是列宁一生中最后一次对公众的讲话。
- 12月30日 因病未能参加苏联苏维埃第一次代表大会，被选为大会名誉主席。这次代表大会宣布成立苏维埃社会主义共和国联盟，并选举列宁为苏联第一届中央执行委员会委员。
- 1922年12月—1923年3月 病中口授一生中最后的书信和文章：《给代表大会的信》、《关于赋予国家计划委员会以立法职能》、《关于民族或"自治化"问题》、《日记摘录》、《论合作社》、《论我国革命（评尼·苏汉诺夫的札记）》、《我们怎样改组工农检查院（向党的第十二次代表大会提出的建议）》和《宁肯少些，但要好些》。

### 1923年

- 3月上旬 病情恶化，丧失语言能力，右半身瘫痪加重。
- 4月17日 俄共（布）第十二次代表大会开幕。列宁因病不能出席，被选为代表大会主席团委员。
- 5月15日 在医生陪同下去哥尔克疗养。
- 7月6日 苏联第一届中央执行委员会第二次会议选举列宁为苏联人民委员会主席。

### 1924年

- 1月21日 18时50分于哥尔克逝世。

# 编后记

为纪念列宁(1870—1924)诞辰150周年,我们编纂了这部《列宁画传》纪念版。

中共中央编译局先后编纂过两部列宁的画传。1990年,为纪念列宁诞辰120周年,中央编译局编纂了《弗·伊·列宁画传》,由人民美术出版社出版,当时参加编辑工作的有李洙泗、刘丕烈、闫殿铎、丁世俊、刘彦章、郭值京、王锦文、项国兰。2012年,在党中央大力推进马克思主义中国化时代化大众化的形势下,为适应广大干部群众学习和研究马克思主义的需要,中央编译局编纂了《马克思画传》、《恩格斯画传》和《列宁画传》,由重庆出版集团和中央编译出版社出版。2012年版《列宁画传》由韦建桦、顾锦屏同志主持编纂,参加编辑和资料工作的有:魏海生、王学东、翟民刚、张海滨、李桂兰、张忠耀、侯静娜;参加图片收集和编务工作的有:李跃群、寿自强、戴淑英、张小明、彭晓宇、张炳辉等。

2012年版《列宁画传》在编纂过程中,除了以1990年版《画传》为主要基础,还参阅了国外出版的有关著作,其中主要有《列宁传》(Биография В. И. Ленина,1960年莫斯科国家政治书籍出版社版)、《弗拉基米尔·伊里奇·列宁的生平事业(文献和照片)》(Владимир Ильич Ленин Жизнь и деятельность Документы и фотографии,1985年莫斯科进步出版社版)、《列宁在莫斯科》(Ленин в Москве,1957年莫斯科工人出版社版)等。

为了适应广大干部群众学习和研究马克思列宁主义理论的需要,我们对2012年版《列宁画传》作了全面修订和大量增补。这部新版《列宁画传》对列宁生平事业、重要著作和理论观点的介绍,主要依据五卷本《列

# 图书在版编目（CIP）数据

列宁画传：列宁诞辰150周年纪念版 / 中共中央党史和文献研究院编. —重庆：重庆出版社, 2020.4 (2021.12重印)
ISBN 978-7-229-14994-9

Ⅰ.①列… Ⅱ.①中… Ⅲ.①列宁 (Lenin,Vladimir Ilich 1870—1924)—传记—画册 Ⅳ.① A736

中国版本图书馆 CIP 数据核字 (2020) 第 060169 号

## 列宁画传 列宁诞辰150周年纪念版
LIENING HUAZHUAN
中共中央党史和文献研究院 编

责任编辑：徐 飞　魏桃兰
责任校对：夏 春 容
装帧设计：重庆出版社艺术设计有限公司·刘泽蓉

重庆出版集团 出版
重庆出版社

重庆市南岸区南滨路 162 号 1 幢　邮政编码：400061　http://www.cqph.com
重庆出版社艺术设计有限公司制版
重庆真鹏印务有限公司印刷
重庆出版集团图书发行有限公司发行
E-mail:fxchu@cqph.com　邮购电话：023-61520646
全国新华书店经销

开本：787mm × 1092mm　1/16　印张：21
2020 年 4 月第 1 版　2021 年 12 月第 3 次印刷
ISBN 978-7-229-14994-9
定价：78.00元

如有印装问题，请向本集团图书发行有限公司调换：023-61520678

版权所有　侵权必究

学术顾问文集》（2009年版）和《刘亚楼文集》第2版重印出版（2017年版）的编辑出版。编入本《图传》的美术作品，大多是2012年版《图传》中的作品，其中部分作品是中央美术学院为纪念刘亚楼诞辰120周年向美术家征集的。本《图传》新增加的美术作品选自徐文涛文章《十月的风——并赋近来先·伯里舍·刘于：事件与回忆》一书。所作主要收藏于乌克兰敖德萨美术馆及乌克兰各大博物馆；部分画作为文物局珍藏的博物馆、图文中央档案馆等和俄罗斯国家管理档案馆历史政治档案博物馆。书中部分美术作品和先生和先后先的德译后由1954年生于其父米特罗芳·鲍里索维奇·格列科夫，随老父亲在自己的祖籍画和书院艺术家们来华为"弓克雷洛夫主义美术流派在新中国的传播"，据此可从后的作作俄罗斯在本书出版之际，谨答各谅向先们表赚自己的崇敬和对先俄罗斯艺术家们来华为先生地的敬意。

本书的编撰工作得到重视领导的精诚支持和大力扶助，出版者图作确作。专家以及从事编绘设计和推印的人员为本书的视图传的漂亮等和不懈的名，援出了许多宝贵的建议，编者各向他们表示衷心的谢意。本书由本书编辑出版工作执持了，参加编写、编辑和资料工作的有：周兆，徐方国、张海涛、次红工义、李京洲、魏凯旋、付村、霍静娴、晋修勤、蕾倩萱、李晓娜、李宏楠、王明东、李楠、李日新。